世界研究生教育经典译丛

CHANGING PRACTICES OF
DOCTORAL EDUCATION

博士生教育的变迁

[澳]大卫·鲍德（David Boud）
[澳]艾莉森·李（Alison Lee） 编

蔺亚琼 译

北京理工大学出版社
BEIJING INSTITUTE OF TECHNOLOGY PRESS

版权专有　侵权必究

图书在版编目（CIP）数据

博士生教育的变迁 /（澳）大卫·鲍德,（澳）艾莉森·李编；蔺亚琼译. —北京：北京理工大学出版社，2019.9
（世界研究生教育经典译丛）
书名原文：Changing Practices of Doctoral Education
ISBN 978–7–5682–7620–7

Ⅰ.①博… Ⅱ.①大… ②艾… ③蔺… Ⅲ.①博士–研究生教育–教育史–研究–世界 Ⅳ.①G643.7

中国版本图书馆CIP数据核字（2019）第200086号

北京市版权局著作权合同登记号　图字：01-2016-9099
Changing Practices of Doctoral Education 1st Edition/ by David Boud and Alison Lee/ ISBN: 9780415442701
Copyright © 2009 by Routledge
Authorized translation from English language edition published by Routledge, part of Taylor & Francis Group LLC; All Rights Reserved.本书原版由Taylor & Francis Goup旗下Routledge出版公司出版，并经其授权翻译出版。版权所有，侵权必究。
Beijing Institute of Technology Press is authorized to publish and distribute exclusively the Chinese (Simplified Characters) language edition. This edition is authorized for sale throughout Mainland of China. No part of the publication may be reproduced or distributed by any means, or stored in a database or retrieval system, without the prior written permission of the publisher. 本书中文简体翻译版授权北京理工大学出版社独家出版并仅限在中国大陆地区销售，未经出版者书面许可，不得以任何方式复制或发行本书的任何部分。
Copies of this book sold without a Taylor & Francis sticker on the cover are unauthorized and illegal. 本书贴有Taylor & Francis公司防伪标签，无标签者不得销售。

出版发行 /	北京理工大学出版社有限责任公司
社　　址 /	北京市海淀区中关村南大街5号
邮　　编 /	100081
电　　话 /	（010）68914775（总编室）
	（010）82562903（教材售后服务热线）
	（010）68948351（其他图书服务热线）
网　　址 /	http://www.bitpress.com.cn
经　　销 /	全国各地新华书店
印　　刷 /	北京地大彩印有限公司
开　　本 /	710毫米×1000毫米　1/16
印　　张 /	18.75
字　　数 /	277千字
版　　次 /	2019年9月第1版　2019年9月第1次印刷
定　　价 /	79.00元

责任编辑 /	李慧智
文案编辑 /	李慧智
责任校对 /	周瑞红
责任印制 /	李志强

图书出现印装质量问题，请拨打售后服务热线，本社负责调换

《世界研究生教育经典译丛》编委会

总 顾 问：赵沁平（中国工程院院士，中国学位与研究生教育学会会长）
总 译 审：张　炜（西北工业大学党委书记，北京理工大学原党委书记，教授）
编委会主任：方岱宁（中国科学院院士，北京理工大学副校长）
　　　　　　王战军（北京理工大学研究生教育研究中心主任，教授）
委　　　员：麦瑞思·内拉德（Maresi Nerad）（美国华盛顿大学教授）
　　　　　　凯瑟琳·蒙哥马利（Catherine Montgomery）（英国巴斯大学教授）
　　　　　　李　军（加拿大西安大略大学教授）
　　　　　　陈洪捷（北京大学教育学院教授）
　　　　　　施晓光（北京大学教育学院教授）
　　　　　　袁本涛（清华大学教育研究院教授）
　　　　　　秦惠民（中国人民大学教育学院教授）
　　　　　　刘宝存（北京师范大学教育学部教授）
　　　　　　周海涛（北京师范大学教育学部教授）
　　　　　　李　镇（北京理工大学发展规划处处长，研究员）
　　　　　　王军政（北京理工大学研究生院常务副院长，教授）
　　　　　　周文辉（学位与研究生教育杂志社社长）
办　公　室：周文辉　沈文钦　李明磊　黄　欢　王佳蕾

丛书序

世界研究生教育经典译丛

随着社会生产力日新月异的发展，高水平原始创新能力和拔尖创新能力成为世界各发达国家人才竞争的核心。研究生教育位于教育"金字塔"的顶端，是科技创新和拔尖创新人才培养的关键载体，发达国家和世界顶尖研究型大学无不将研究生教育作为提升自身实力和国际竞争力的重要抓手，高度重视研究生教育，形成了比较完善的研究生教育体系和推进研究生教育发展的国家战略。

中国研究生教育起源于 20 世纪 30 年代，当时规模极小，受时局影响时续时断。中华人民共和国成立以后，特别是 1980 年建立学位制度后，我国研究生教育取得长足发展，基本形成了学科门类齐全、基本满足社会需求的研究生教育体系。2016 年我国在校研究生人数达到 200.4 万人，成为世界研究生教育大国。

纵观世界发达国家研究生教育的发展和国家重大发展战略需求，以及"双一流"建设的目标，我国的研究生教育还面临着诸多问题和发展的制约瓶颈。随着国家治理体系和治理能力现代化建设的深入推进，解决我国研究生教育的难点和深层次问题，实现研究生教育强国时代目标的综合改革也进入了关键阶段。

要解决我国研究生教育改革与发展中的诸多难点和深层次问题，需要我们承担起历史的责任，有更大的勇气和智慧，付出更多努力，加强研究生教育理论研究，探索研究生教育发展规律，创新、构建符合我国国情的研究生教育学理论和学科体系，从而走出我国研究生教育改革和发展的新路子。

"他山之石，可以攻玉"，学习借鉴国际上研究生教育研究的有关成果，推动我国研究生教育的研究，促进我国研究生教育的改革和发展，是建设研究生教育强国的必经之路，也是提升我国研究生教育的国际地位和影响力，推动中国研究生教育研究国际交流与合作的客观需要。

为此，北京理工大学研究生教育研究中心组织有关专家精心遴选发达国家近年来研究生教育研究和实践领域有影响力的著作，翻译出版了《世界研究生教育经典译丛》。本丛书为我国研究生教育学的研究和发展提供了重要参考，也为研究生教育人才的培养提供了高水平教材和智力支持，在我国尚属首次，并将产生重要影响。

希望编委会各位国内外专家、译者继续开拓创新、精益求精，踏踏实实地做好"丛书"的选题、翻译、出版等工作，为我国研究生教育的研究和发展做出贡献。

2017 年 10 月于北京

目 录

第 1 章　导论 ……………………………………………………………… 1

第 2 章　实践视角下的博士生教育 ……………………………………… 13

第 3 章　自然科学与人文学科博士培养模式的趋同 …………………… 33

第 4 章　学科之声：21 世纪英文领域博士生教育的变迁图景 ………… 49

第 5 章　作为课程的博士生教育：博士生教育目标与成果的视角 …… 65

第 6 章　改善博士生的学习体验——基于学系层面的探讨 …………… 85

第 7 章　为博士学位而写作及其超越 …………………………………… 105

第 8 章　科学领域的博士生教育：生物医学中科学思维的培养 ……… 121

第 9 章　实验室科学中的博士生实践研究 ……………………………… 137

第 10 章　反思性空间下的指导发展与认知 ……………………………… 153

第 11 章　英国专门职业中的专门知识：国家、大学与工作场所间的关系 …… 169

第 12 章　项目式博士学位：基于项目的建筑设计研究 ………………… 185

第 13 章　围绕候选人的专业经验构建博士学位…………………… 201

第 14 章　风险时代的博士生教育…………………………………… 221

第 15 章　欧洲博士生教育的新挑战………………………………… 235

第 16 章　政策驱动下的博士生教育变革：澳大利亚的个案研究…… 247

第 17 章　博士生教育的管控制度…………………………………… 265

第 18 章　引人深思的观点，变化的实践：转型中的博士生教育…… 279

各章作者简介（按作者的姓氏字母排序）

1. Claire Aitchison，西悉尼大学学生学习中心（the Student Learning Unit）高级讲师。
2. Brent Allpress，墨尔本皇家理工大学建筑学研究主任。
3. Robyn Barnacle，墨尔本皇家理工大学研究生研究办公室高级研究员。
4. Rosa Becker，就职于伦敦市内的无国界高等教育观察组织（the Observatory on Borderless Higher Education）。
5. Alexandra Bitusikova，斯洛伐克班斯卡·比斯特里察马特伊贝尔大学（Matej Bel University，Banska Bystrica，Slovakia）社会人类学高级研究员，位于比利时布鲁塞尔的欧洲大学协会（the European University Association）顾问。
6. David Boud，悉尼科技大学研究生院院长与成人教育领域教授。
7. Angela Brew，悉尼大学教学与学习研究所（the Institute for Teaching and Learning）副教授。
8. Andrew Brown，伦敦大学研究生院院长兼教育学所教育学教授。
9. Carol Costley，米德尔塞克斯大学准教授（Reader）。
10. Anna Cowan，澳大利亚国立大学医学与健康科学学院副院长。
11. Jim Cumming，就职于澳大利亚国立大学教育发展与学术方法中心（the Centre for Educational Development and Academic Methods）。
12. Rob Gilbert，昆士兰大学教育学院教育学教授。
13. Bill Greent，查尔斯·斯特大学教育学院教育学教授。
14. Laura Jones，斯坦福大学文化遗产与大学考古学家组织（Heritage Services and

University Archaeologist）主任，卡内基教学促进基金会（the Carnegie Foundation for the Advancement of Teaching）咨询专家。

15. Alison Lee，悉尼科技大学人文与社会科学学院教育学教授。
16. Diana Leonard，伦敦大学教育学院教授，研究领域为教育社会学与性别研究。
17. Adrian Liston，华盛顿大学免疫学系与澳大利亚国立大学约翰·科廷医学院高级研究员。
18. Ingrid Lunt，牛津大学教育研究系教育学教授。
19. Lynn McAlpine，麦吉尔大学教育学教授。
20. Erica McWilliam，昆士兰科技大学教育学院教授兼助理院长。
21. Ruth Neumann，麦考瑞大学高等教育与管理副教授，并兼该校高级学位办公室主任。
22. Anthony Paré，麦吉尔大学的教育学教授，并担任该校写作学习与教学中心（the Centre for the Study and Teaching of Writing）的主任一职。
23. Margot Pearson，澳大利亚国立大学教育发展与学术方法中心（the Centre for Educational Development and Academic Methods）访问学者。
24. Tai Peseta，悉尼大学教学与学习研究所讲师。
25. David Scott，伦敦大学教育学所教授，研究方向为课程、教学法与评估。
26. Doreen Starke-Meyerring，麦吉尔大学修辞与写作研究助理教授，兼任该校写作学习与教学中心（the Centre for the Study and Teaching of Writing）副主任。
27. John Stephenson，米德尔塞克斯大学名誉教授，曾任该校自主学习国际中心（the International Centre for learner Managed Learning）的主任以及该校专业博士学位项目的学术主任。
28. Mark Tennant，悉尼科技大学教育学教授、教育学院院长，曾任该校研究生院院长。
29. Lucy Thorne，兰卡斯特大学科学与技术学院资深人事主管。

第 1 章

导　论

David Boud，Alison Lee

　　大学里的研究正经历前所未有的监督。是否所有的大学以及大学的每个部分都能够且应该被资助去做研究？如何最好地支持科研？它生产什么？在何种条件下可以生产得更好？什么应该受到鼓励？在这些讨论中，"培养下一代的研究者"这一话题占据着至关重要的位置。应该如何培养未来的研究者？由谁来培养？在何种情况下进行？研究型博士学位，这一在传统上被视为大学范畴内的学术实践领域，现在成为公共政策的焦点，受到政府部门的关注。在不同的国家，博士学位以不同的方式引发争论：它服务于什么？应该如何实现？它不再仅仅是关乎学科自身再生产的问题，随着科研成为全球竞争性的知识经济的重要部分，博士学位日益受制于政策制定者及其他试图决定其发展方向之人的影响。

　　过去 10 多年日益强化的监督及对博士学位的介入，引发了一个重要的后果，即出现了一系列与*博士生教育*有关的实践做法，它们明确地将注意力集中在了培养博士生所涉及的教育工作上。实际上，这一术语标志着一种转变，从主要关注研究生科研成果产出的理念转向关注培养博士生所涉及的活动与关系。在此之前，关于研究生科研的知识零星分散，并且是非正式的，文献也相对较少。同时，关于博士生教育的预期成果——无论主要关注的是研究产出还是有证书资格的研究者，即博士毕业生——总是存在着一些模糊性。受社会和政策导向的影响，博士生研究与实践领域出现了一系列重要的变化，博士项目的教育活动也随之产生了新的兴趣关注点。我们认为，鉴于规模扩张，以及知识生产模式、体制和国家治理模式、博士项目和教学方式的变化，我们越来越需要对这一领域内实践的范围和程度进行系统的解释。

在这些不断变化的条件下，一系列问题随之产生：博士生教育培养了什么样的人？新的研究和工作环境需要博士生具备什么特征？在这种环境下，科研过程中的日常活动以及在此过程中的监督也越来越重要。那些旧的、非正式的做法，是否足以培养出知识经济中的高水平人才以及新问题的研究者，正日益受到政策的质疑。是否应该有一种不同的教育——如新的课程、其他类型的培训项目以及新的产出？这些应该如何同课题的推进以及指导关系产生关联？

一个相关的问题是，学者的再生产是否是，或者应该是博士学习的唯一目标？传统上，哲学博士（Ph. D.）历来服务于"学科看护者"的培养（Golde 和 Walker，2006），其实践也在相当大的程度上受此目标的塑造。然而，时至今日，获得哲学博士学位的许多人——如果不是大部分的话，并不遵从此道（Wulff 和 Austin 等，2004）。博士学位培养了谁？服务于什么？这是如何变化的？

为了将这些变化与更广泛的背景联系起来，有必要对现代博士学位的起源以及它在何时何地成为大学授予的最高级别的正式教育资格进行简要回顾。研究型博士，通常被称为哲学博士（Ph. D.），被普遍认为代表着"学术的顶峰"（Gilbert，2004）。它被定性为一个研究学位，这将其与起源于中世纪的博士区分了开来。19世纪初期欧洲的知识生产转变为以学科为基础，哲学博士以及博士生教育的早期历史也受此影响，其特征是研究导向、独立负责，对普遍的知识进行专门化的探究（Cowan，1997）。美国早在19世纪中叶就引入了欧洲这种高级学习的新形式，而在英国及包括澳大利亚在内的大英帝国辖内，则要晚得多：英国是1917年，澳大利亚晚至1948年，世界其他地区就更迟了。那些教育历史曾中断的国家（比如东欧），以及研究型学位项目正迅速发展的国家（比如许多亚洲国家），有助于推动博士学位的全球化，也为博士学位研究提供了新的参照框架。这些多样化的历史，有许多尚未被记录于文献之中，可以说，现代博士学位的近代发展史常让那些没有研究过其历史的人感到惊讶。

自哲学博士诞生以来，在不同制度的国家、不同的学科和研究领域就发展出相当大的差异（Noble，1994）。典型的差异体现在学位的结构之中，体现于课程以及相关的教育方法（例如整合到核心知识中）或者是与此相关的"训练"方法（例如科研方法与程序）上，这种差异也体现在研究论文的相对权重中。然而，在学科再生产、维持以及变迁的过程中将这些不同且多样的实践联系起来，已经成为博士学位的一个核心目标。博士学位的作用是授权学者从事某一学科的教学，为大学内的学者群体补充力量并促进学科知识的生产（Golde 和 Walker，2006；Parry，2007）。

在过去的 20 年间，博士毕业生的数量大幅增加，同时，新学科和跨学科的分支数量也显著增加（如表 1.1 所示）。这一点，再加上全球博士生候选人情况的迅速变化，描绘出一幅显著变化的图景。研究型博士学位曾是少数精英的领地，如今已成为大量的高阶知识、专门职业与工作领域的专业资格。

表 1.1 国际范围内博士生教育规模的增长情况（1991—2005 年）

年份	1991	1995/1996	2002	2005
澳大利亚	—	2 905	4 291	5 244
中国	2 556	4 363	14 706	27 700
法国	7 198	9 801	10 000	—
德国	19 100	22 300	23 000	—
英国	—	7 559	—	16 515
美国	—	42 437	39953	43 354

数据来源：澳大利亚的数据来源于澳大利亚教育、科学与培训部（DEST，2007）；英国的数据来源于英国高等教育统计局（HESA，2007）；中国、法国和德国 1991 年、1995/1996 年的数据来源于美国国家科学基金会（NSF，2000）；中国 2002 年、2006 年的数据来源于 Ma（Ma，2007）；美国的数据来源于美国国家科学基金会（NSF，2006）；法国和德国 2002 年的数据来源于 Nerad（Nerad，2006）。

最近，为响应上述的广泛变化，新的"博士学位"（Park，2007）和"新模式的哲学博士学位（new route Ph. D.）"应运而生，前者包括专业博士学位和其他基于实践的博士学位，后者是影响到研究生经历的一整套活动（Park，2007：28），包括讲授的课程和评估。这些新的博士学位通常是特定专业领域（profession）的，更直接地针对处于职业生涯中期的专业人员或作为特定专业群体的高级培训场所。它们为博士生研究和博士生教育创造了一个不同但同时是多样的形态，质疑迄今为止未被怀疑的"学科—学术"这一首要关注，并为知识的创造和文凭获得提供了一系列替代式的途径。

这些新的博士学位应该遵循与哲学博士相同的形式和路径吗？传统的毕业论文能满足这些不同类型学生的需要吗？答案如果是否定的话，又需要怎样的形式和路径？上文中提到的博士学位所面临的空前压力，正推动着变革的发生，在世界各地都被不同程度地感知到了。Chris Park简要总结了推动变革的关键"驱动力"：

● 维持研究人员的供应链：重要的问题包括招聘、资助、效率和成本效益、研究人员的地位以及跨学科和应用研究的增长；

● 为就业做准备：重要的问题包括作为劳动力市场资格的博士学位、对博士候选人的期望、雇主的期望和要求、转变与流动；

● 国际化：重要的问题包括对博士生的全球竞争以及对具有国际竞争力的博士项目的需求；

● 欧洲的统一：特别是通过博洛尼亚进程（Park，2007：2-3）。

这些变化的驱动力伴随着知识生产和传播模式的重大变化，这一变化充分体现于10年前从"模式一"（即学科知识生产）向"模式二"（即在应用背景下的跨学科知识生产）的转变。如上所述，博士学位在服务国家（和地区）的经济方面越来越重要，也日益被博士证书的全球"统一"过程所形塑。由于相互竞争政策的推动，博士学位日益受困于"追求竞争力及独特性"与"趋向标准化"之间的张力。这些力量向着不同的方向推动博士项目，导致目前的实际进展出现了一定程度的混乱。我们越来越迫切地需要对博士学位的未来和格局开展一场国际辩论。

博士学位曾经是大学学习的私密领地，是受到保护的圣地，在21世纪初期，它却面临着一个又一个问题。它应该做什么，应该怎么做，应该采取什么形式，这些问题不仅困扰着学术界，也同样困扰着政府。为了缩短完成时间，提高完成率，增加博士毕业生人数，提升重要经济领域的入学率以及最后但重要的一点——提高毕业生本身的满意度，一些干预措施已经相继出台。当博士生教育逐渐成为一个国家竞争优势的标志时，我们不能再将其认为是理所当然的。而且，它似乎也不再是学者可以独自负责的了。

这本书的写作正是基于这些变化。它的前提首先是承认博士生教育在全球舞台上发挥的作用，它处于变化之中，而且很可能在未来 10 年乃至更长时间内持续发生变化。它已经从一个特定的、学科的内部实践转变为一个受到学界之外监管、问责、审查和关注的实践领域。虽然培养学科的学者和学界成员仍然是博士生教育的重要功能，但即便是这一功能也需要有所改变，以适应学术职业更为广泛的要求，它不仅仅要关注学科内的科研，还要关注教学与学习，关注交叉学科和跨学科的研究，关注不同背景与情境下知识的产生。

本书作者们关注的焦点是博士生教育正在发生变化的多种方式。这些变化发生在各个层面，从各国政府的公共政策，到院校对新情况的反应，再到学系和研究群体内部这些微观层面的经历。本书试图纠正政策叙事的主导地位，对于培养研究人员以支持高科技经济的发展、博士生教育能做什么，政策叙事施加了种种限制与约束；另外，本书也对学科再生产的措辞和单一指导关系的至上地位提出疑问。作者们对博士生教育的实践很感兴趣——尤其是博士生教育做了什么、能做什么，以及如何以多种方式提高博士生教育的效率。他们记述了正在发生的变革、出现的问题以及它们发生的背景。

随着博士生教育成为迅速扩张和变化的全球现象，这本书开启了有关这些发展的国际对话。本书主要聚焦于北美、欧洲和澳大利亚，因为这些地区关于这一话题的著述最为丰富，相关的辩论也很活跃。然而，在这些讨论中，有许多是在本国之外难以接触到的，它们也没有出版的途径。因此，本书的一个重要目标是让对博士生教育感兴趣的普通读者了解这些对话的性质及其产生的影响。与最近出版的许多手册不同，这不是一本手册，而是一部基于研究的、有助于这一对话的作品，它引入了一些核心观点，集中讨论并提出了一些替代性的方案。本书还讲述了有关博士生教育目前走向何方的故事。书中讨论了一些实践案例，并以其他学科和不熟悉它们发生背景的人可以理解的方式做了介绍。

为实现这一目标，本书重点关注博士生教育的实践。其中的文章都是由过去

10 年间对博士生教育的变化进行过系统研究的学者撰写而成。这些文章围绕一系列关键的主题编排，这些主题将博士生教育置于高等教育的重大变化以及全球范围内大学角色和宗旨不断变化的背景中。本书涉及工程、生物科学、英语、建筑、教育等多个学科，以及跨学科和新兴专业领域。与此同时，对于什么可以算作博士生教育中的实践，本书持有广义的观念，既包括对博士学位背景和环境变化的宏观社会分析，也包括对学生体验的微观研究。因此，这些文章不仅体现学科视角，还体现政策分析师、博士项目管理者、教师发展人员、导师以及教育研究人员的视角。书中有一章由当时的一位博士生（Cumming）执笔，他的博士研究就是关于博士生教育实践的。这本书将不断增多的研究工作呈现出来，这些研究对作为一项制度和一系列文化实践的博士生教育提出了新的见解。

  本书的标题是《博士生教育的变迁》，从实践的角度对博士生教育进行了解读，并将其广义地界定为一种或一组社会实践。实践是构成本书的一系列关键主题的总体概念框架。正如 Schatzki 所言，实践可以被理解为"围绕着共享的认知而组织起来的一系列具体的、受物质调节的人类活动"（Schatzki，2001：2）。实践是有目的的，人们投入其中，它产生意义和结果。在认可这一实践框架的基础上，我们在第 2 章中讨论了实践范围的扩大，以涵盖这个领域内的一系列行动者的工作，正如上文中提到的；还讨论了一些有活力的理论，它们能为博士生教育领域提供高水平的研究基础。

  接下来的三章构成了本书的第二部分，题为"学科性及变化"，关注的是在所谓的"传统"学科中，知识生产性质的变化以及使这些变化更加明晰的举措。在第 3 章中，基于卡内基基金会对美国博士生教育的大型调查（CID，卡内基博士生计划），Laura Jones 阐述了近期出现的一些做法，它们挑战了人们对自然科学与人文学科博士学位的传统认识。本章讨论了从卡内基博士生计划中得到的洞见，即在不同学科中用一种新的、混合的方法去培养"有创造力的学者"，这种混合方法借鉴了两类传统学科各自的优势。第 4 章通过一个加拿大的案例，阐述了英语博士生教育的"变化格局"。Lynn McAlpine、Anthony Paré 和 Doreen Starke-Meyerring 描述了在流行文化、出版和毕业生就业市场发生巨大变化的时代，一门学科在重新定义的过程中所遭遇的困境。

在第 5 章，Rob Gilbert 阐述了在大学日益重视"科研训练"的背景下，博士项目中知识构建方式的变化。科研训练试图阐明学科内科研实践所隐含的理念和技能。本章回顾了近些年来的一些尝试，它们试图确定构成博士生科研训练的目标、知识和技能，并且也对将知识以不同的方式纳入博士生"课程"进行了探讨。

本书第三部分题为"教学法与学习"，共分 5 章。这些章节突破了传统上对指导关系的理解，即将指导的本质理解为导师与学生的私人关系。相反，他们关注的是在英国和澳大利亚既有的和新兴的博士项目中，教与学的分散式实践。第 6 章采取了一系列措施来纠正博士生教育中被普遍忽视的学生视角，Diana Leonard 和 Rosa Becker 描述了系、学院、研究小组和跨学科中心如何在个体学习或者与导师的关系之外为博士生创造复杂的机遇和挑战。Claire Aitchison 和 Alison Lee 在第 7 章中对这一主题进行了进一步阐述，他们将重点放在了博士生写作上，他们认为，尽管这一问题经常被忽视，并且尚未完全被理解，但写作是博士生学习和博士产出的主要途径。这一章提出了提高博士写作水平的有效策略，这些策略对论文写作以及后期的论文发表同样适用。

接下来的两章特别关注实验室科学领域的博士生教育，目前关于这一问题的系统性文献比较缺乏，这两章在这方面做出了重要贡献。在第 8 章中，Margot Pearson、Anna Cowan 和 Adrian Liston 探讨了生物医学学科中培养专业技能和知识的复杂性，这些专业技能和知识用于培养独立的研究者而不仅仅是"超级技术人员"。他们为博士候选人提供了各种与辅导技巧、指导策略相关的介绍，包括实验室会议和期刊俱乐部，这些活动旨在开发一些策略，以最大限度地促进博士候选人的专业和职业生涯的发展。第 9 章是关于分子生物学博士研究的一个详细的案例分析，从主要参与者的角度探讨了一名博士候选人的学业进展情况。作者 Jim Cumming 本人也是一名博士候选人，其学位论文对科学领域内的博士生科研做了深入细致的叙事案例研究。在这章中，他对分子生物学中博士候选人所涉及的复杂而分散的实践以及关系的诸多细节，提供了重要的见解。

这一部分以近年来博士生教育实践领域内相对较新的一个发展话题作为结束，即博士生导师的专业发展。在第 10 章，Angela Brew 和 Tai Peseta 描述了在一个大型的研究型大学中开展的一个导师"培训"项目，这一项目旨在让导师们做出改变，不再简单地复制他们自己被指导的经历，而是以更加理论化，更深思熟虑的自我定位，利用本领域的学术文献，系统地、批判性地反思他们的指导实践。

第四部分考察了新出现的博士项目，它们作为一种科研训练形式，对博士生教育产生了明显的影响。这包括基于发表的博士学位，这种学位发展迅速，明显是在"绩效性（performative）大学"内对政策主导的科研生产压力的一种回应。此外，新出现的项目还包括基于实践的、基于项目的以及专业的（professional）博士学位。本部分的三章所描述的博士项目，目标都不是培养在大学中以学科为基础进行研究的科研人才，而是培养能够直接对专业工作领域内的知识工作做出贡献的人。

第 11 章主要关注专业博士项目，基于英国两个职业领域——教育学和工程学——的专业博士学位，讨论了三个知识生产场所（研究、教学和工作场所）之间的紧张关系。在这项研究中，David Scott、Andrew Brown、Ingrid Lunt 和 Lucy Thorne 解释了知识在每个生产场所的内外压力之下是如何重新构建的，以及在每种情境下，解决这些冲突会对专门的知识体系产生怎样的影响。与他们不同，Brent Allpress 和 Robyn Barnacle 在第 12 章大胆尝试以"设计研究"和"创意实践研究"为重点，描述了建筑学中一种"项目式博士学位"的培养模式。本章重点关注的是研究过程中学科认知方式的作用，并勾勒出在这种学科内项目式研究的理解方式。

第 13 章通过详细介绍一个致力于高级职业发展的博士项目，进一步对比了此前案例中专门职业与学科的关注重点。Carol Costley 和 John Stephenson 详细介绍了米德尔塞克斯大学的专业研究博士学位。本章展示了该博士学位的具体实践是如何从基于工作的学习中产生的，并且通过案例分析了该项目的构建、实施和评估。

第五部分题为"政策与治理"，探讨了国际背景下博士生教育的变化产生的影响和博士生教育的内部张力。这 4 章将博士生教育置于当代"绩效型"大学和全球性大学中讨论。在第 14 章中，Erica McWilliam 提出，风险意识作为（后）现代大学的一种组织动力，对世界范围内博士生教育中的知识生产以及知识的合法化具有深远影响，对于各个层面中博士项目的实践及参与也具有重大影响。

在第 15 章中，Alexandra Bitusikova 介绍了可谓近年来对博士生教育最具影响的大规模干预，即《博洛尼亚协议》在欧洲的实施。该协议旨在推进学历资格在国家间的"协调统一"，促进博士候选人的流动，并增强地区竞争力。博洛尼亚进程及随后的政策在将博士生教育带入欧洲之外的全球对话方面产生了广泛的影响。这一章讨论了这些变化产生的影响，并详细阐述了在此过程中博士项目的一系列发展策略。

接下来的两章讲的是博士项目管理的变化速度和范围。在第 16 章中，Ruth Neumann 详细描述了随着从基于博士生注册进行资助的时代转入基于绩效而进行竞争性分配的时代，大学所做出的调整。她指出了在这些背景下，多元化所面临的风险，因为大学管理层在更具竞争性的资助和狭隘的基于结果的业绩考核的压力下，倾向于采取风险最小化的战略。在第 17 章中，Mark Tennant 详细介绍了在大学中设立研究生院或类似机构的情况，这些机构的职责是对研究生在读期间进行管理，把握政策和战略方向，提供管理信息，并促进博士生教育中的创新。

最后一章回顾了前文的贡献并指出博士生教育的发展方向，为本书画上了句号。Bill Green 对这个问题的思考是基于博士生教育日益全球化的背景，包括博士项目中教职人员与学生的国际流动，不同国家、不同学科实践中更广泛的交流，以及对博士生教育除了培养下一代学者之外实现更多目标的要求。本章讨论了下列几个方面所蕴藏的含义：博士生教育在知识经济中作用的扩张及其目的，知识生产在大学、专门职业和产业中的分布，以及知识生产在传统的学科内以及学科间的分布。此章最后将本书的贡献概括为想象并记录了博士生教育多样化的未来。

参考文献

[1] Cowan, R. (1997) Comparative perspectives on the British Ph. D., in N. Graves and V. Varma (eds), *Working for a Doctorate: A Guide for the Humanities and Social Sciences,* London: Routledge.

[2] Department of Education, Science and Training (DEST) (2007) Australian

Government, Canberra, at: http://www.dest.gov.au/sectors/higher_education/publications_resources/p-rofiles/students_2005_award_course_completions, htm.

[3] Gibbons, M., Limoges, C., Nowotny, H., Schwartzman, S., Scott, P. and Trow, M. (1994) *The New Production of Knowledge: The Dynamics of Science and Research in Contemporary Societies,* London: Sage.

[4] Gilbert, R. (2004) A framework for evaluating the doctoral curriculum, *Assessment and Evaluation in Higher Education,* 29(3): 299-309.

[5] Golde, C. M. and Walker, G. E. (2006) *Envisioning the Future of Doctoral Education: Preparing Stewards of the Discipline*, San Francisco, CA: Jossey-Bass.

[6] Higher Education Statistics Agency (HESA) (2007) at: http://www.hesa.ac.uk/index. php?option=com_datatables&Itemid=121&task=show_category&catdex=3#quals.

[7] Labi, A. (2007) As Europe harmonizes degrees, report calls for more cooperation among Ph. D. programs. *Chronicle of Higher Education,* 5 September, at: http://chronicle.com/daily/2007/09/2007090503n.htm.

[8] Ma, W. (2007) *The Trajectory of Chinese Doctoral Education and Scientific Research,* Research and Occasional Paper 12.07, August, Center for Studies in Higher Education, University of California, Berkeley, at: http://cshe.berkeley.edu/news/ index.php?id=34.

[9] McAlpine, L. and Norton, J. (2006) Reframing our approach to doctoral programs: an integrative framework for action and research, *Higher Education Research and Development*, 25(1): 3-17.

[10] National Science Foundation, Division of Science Resources Statistics (NSF) (2006) *Science and Engineering Doctorate Awards*: 2005, NSF 07-305, Susan T. Hill, project officer, Arlington, VA.

[11] National Science Foundation, Division of Science Resources Studies (2000) *Graduate Education Reform in Europe, Asia, and the Americas and International*

Mobility of Scientists and Engineers: Proceedings of an NSF Workshop, NSF 00-318, Jean M. Johnson, project officer, Arlington, VA.

[12] Nerad, M. (2006) Globalization and its impact on research education: trends and emerging best practices for the doctorate of the future, in M. Kiley and G. Mullins(eds), *Quality in Postgraduate Research: Knowledge Creation in Testing Times*, CEDAM, Australian National University, Canberra, pp. 5-12.

[13] Noble, K.A. (1994) *Changing Doctoral Degrees, An International Perspective*, Buckingham: Society for Research into Higher Education/Open University Press.

[14] Park, C. (2007) *Redefining the Doctorate*, London: Higher Education Academy, at http://www.hea.ac.uk.

[15] Parry, S. (2007) *Disciplines and Doctorates,* Dordrecht: Springer.

[16] Schatzki, T.R. (2001) Introduction: practice theory, in T. Schatzki, K. Knorr Cetina and E. von Savigny E (eds), *The Practice Turn in Contemporary Theory,* London: Routledge, pp. 1-14.

[17] Wulff, D. H., Austin, A. E. and Associates (2004) *Paths to the Professoriate: Strategies for Enriching the Preparation of Future Faculty*, San Francisco, CA: Jossey-Bass.

第 2 章

实践视角下的博士生教育

Alison Lee，David Boud

为了对博士生教育做出清晰的思考，确定变革的重要事项，我们有必要以某种方式来构建博士生教育，以便引起关于博士生教育能做什么以及该如何做的有效讨论。我们将在社会实践的视角下来理解博士生的科研以及博士生教育。我们这么做是为了理解当前争论的复杂特征，引起对有关如何进行博士生教育的各种新问题的关注。

在进行相关的讨论时，我们主要集中于博士生教育实践的扩张、分布以及多元化，尤其关注广义的经济、政治、知识议程如何改变知识生产与交换的方式，博士毕业生如何被培养成特定的自我——主要指身份、技能、能力与性情，以及博士生训练所涉及的活动。当然，这些所涉及的领域彼此之间重叠嵌套、相互包含，没有一个领域与其他领域截然分离。本章的重点是阐述变革的多重决定因素及其对实践的影响。

当前对博士生培养的概念理解往往局限于特定的不同层面上——政策、学位项目的开发、院校支持、学生的学习经历，但通常很少关注跨层面的阐释。尽管在政府、高校以及院系层面的博士生教育已经取得实质性发展，但它们通常服务于不同的目的：在政策层面，博士生教育的发展是为了满足人力资源规划及经济发展的需要；在高校或类似组织的层面，博士生教育的发展是出于满足问责制以及风险管理的需要；在院系层面，博士生教育的发展则是为了学科的维持、再生产和转型，以及为博士生提供适当的经历。

通常而言，政策的制定过程对于"博士生教育是什么以及它做什么"的理解比较薄弱，大多数政策是对研究生学位的一系列规定，这些规定遵循了经济的逻辑，但对于博士生训练过程涉及的多重复杂议程而言，这些规定却显得过于简单。这种简化的方式给政策发展带来的一个结果是对体制"投入"的过分强调，例如对战略性的学科领域进行有差别的资助，对某种"科研训练"提出了一整套要求，如要求进行一整年的研究学习（如英国的研究型硕士）；要求培养更多的通用技能或更广泛的技能（如澳大利亚的研究商业化训练）。我们无意说这种课程可能没有太大的价值，而是认为这些针对在博士生教育中所感知到的不足之处而采取政策驱动的"解决办法"较为生硬，这种方法假定更多前沿的"训练"本身就是"好"的。政策过程缺乏对博士生训练实际上在生产什么及其方式的关注。缺乏合理的政策过程，导致政府的规定常常受到抵制，那些直接参与博士项目过程的人们感觉政府规定有不少不妥之处。

在院校开发与提供学位项目这一层面，情况往往是被动的，学界也缺乏较多的信息。在不少领域，虽然信息不够充足，但是仍有很多再创造（如增加研究方法与方法论方面的课程）。博士生工作的旧有传统注重研究甚于教育，在大学与系所层面，导师和项目协调员复制了他们自身被纳入其所在学科的方式（见 Brew 和 Pearson）。很少有好的研究对不同学科领域的回应以及创新实践做出详细记载与讨论。

与此同时，大学对政策与资助的反应很强烈。通常，问责要求的强化会引发变革，例如政府加强了对一些事项的审查，诸如学位完成期限、关键领域中博士候选人的分布、研究生就业所需要的技能如何，等等。这使得大学感觉受到的管理很细且负担过重，例如有关"能力驱动"课程的相关要求。压力主要在于产出方面，这不仅仅要求培养出的博士生完成一篇成功的博士论文以证明对某一领域的知识做出了原创性贡献，还要同时培养出已做好工作准备并对研究政策非常了解的毕业生，让他们知晓包括诸如知识产权以及商业转化等政策。大学负有学科及其他事务的"管理职责"，但它缺乏可以就这些事项与政府进行沟通的空间。

在博士生教育的研究方面，知识是碎片化的、难以适用于整体的。虽然在研究数量和范围上有可喜的增长，但是对博士生培养的国际情景至多有一个不完整的经验描述，概念术语缺乏一致性。在当前的知识基础上进行推进和扩展是困难的。美国人的研究如此，在英国、欧陆国家以及澳大利亚进行的研究也如此。例如，在美国，有关毕业生去向的大规模调查不适用于其他地方；在英国和澳大利亚，有关"博士生培养的本质与目的""博士生培养的教学法"这些重要概念的争论、对各种新型博士项目的一些探究，也不适用于其他国家的体制。在欧洲，受重大政策的影响，出现了关于博士工作之地位的争论，还有关于多样性和一致性的重要争论。此外，几乎没有对亚洲、非洲及其他地方的博士生教育发展进行的系统调查。

那么，研究上的不足，如何成了一个问题呢？试举一例。在许多研究和政策中隐含着一个假设——项目间的差异源于学科差异（Pearson，2005a）。然而已经开始有大量的研究质疑该假设，他们通过详细的实证研究使得人们注意到不同学科之间在指导的实践方面存在很大程度的重叠（如本书中 Jones 所做的研究）。

到目前为止，大多数博士生教育方面的文献仅专注于一个庞大且复杂的领域中的某个方面或者层面。大多数文献主要关注政策驱动的变化，因此许多研究报告了在学生数量、项目类型、学科和研究领域等方面所出现的系统变化，探讨了推动这些变化的因素，分析了变化在诸如流失率方面所产生的影响。在另一端，大量研究描述了博士生培养过程中参与者之间的微观互动——通常是导师和学生之间，或者学生群体之间的微观互动。介于这两端之间，越来越多的文献关注对指导实践以及候选人管理的改进。然而，总体来讲，对这些要素之间关系进行的研究比较缺乏，而且大多数关于这些关系的假设未经检验。

换言之，作为一个复杂的社会领域，博士生教育由一系列位于不同抽象水平上的相互联系的各种活动构成，这些活动的目的经常相互矛盾，并且它们对结果持有不同的期待，然而现有的研究对此并未给予足够的理论关注。为此，我们将重申 Pearson 的担忧：对博士生培养实践进行的理论解释中存在着"局限性的断裂（limiting gaps）"。Pearson 认为，"对于教育实践以及博士生学习经历的微观研究经常脱离语境，而学科差异在解释实践的差异上被认为是最重要的"（Pearson，2005a：130）。为了解决这一问题，并为博士生教育的研究带来一个更加全球化

的视角,她提倡:

> 更多互补的宏观和微观研究,更多基于经验数据的批判性分析,更多对于院系甚至实验室活动和机构的精细分析,以及对更大范围内利益相关者利益的更多承认。这种研究将会为许多层面上的变化与发展如何发生、选择如何做出提供更为丰富和重要的解释。
>
> (Pearson,2005a:130)

在这一章,我们主要探究博士生教育的实践视角将如何帮助我们回应这一挑战。

为什么关注实践?

实践是一个常见的术语,大量分布在博士生教育领域已发表的文献中。它指很多事情,并且以不同的方式被使用,一些经过了深思熟虑,而另一些却并非如此。事实上,任何事情从原则上讲都可以是实践,因为从字面理解,这个术语仅指做某事的行动。然而,越来越多的与社会生活息息相关的学科将人类活动——实践视为社会构建的基础。正如第1章所提到的,在理论意义上,实践"体现为围绕着共享的认知而组织起来的一系列具体的、受物质调节的人类活动"(Schatzki,2001:2)。实践可以被进一步理解为"由认识、规则和情感的结构所组成的言语和行动的联结体"(Schatzki,1997:283)。Schatzki 这里指的是"适合于某一项或某一组特定实践的目的、手段和情绪的联结体,该联结体支配着人们去做超出由特定的认识和规则所规定的有意义的事情"。也就是说,实践是有目的的(teleo)、人们投入其中(伴随着感情)并且产生了自身意义的认识和行动。

实践发生在某一特定领域的任何一个方面。实践涉及行动者、行动、环境、工具以及产品、规则、角色和关系。在此意义上,博士生教育超越了微观环境中任何特定的实例或表现形式,可以被理解为一个由交叉重叠的、不断变化的实践构成的多样化的复杂领域。我们看到博士生培养的核心是一组生产客体(知识、产品、制度)和主体(具有技能、能力和特征属性的人)的实践。

采取广义的实践视角来看日益发展的博士生教育领域,具有重要的益处。

在开头一章我们指出"博士生教育"（doctora education）这个术语在过去 10 年左右已经出现，以便引起大家对教育在博士生培养中的角色的明显关注。事实上，这标志着院校转向关注博士生训练和培养博士毕业生所涉及的实践，而非仅仅关注研究成果的产出。此前有关研究生科研的认识往往是零星的、非正式的。文献相对较少，而且受限于一些不确定性，即它生产了什么——是博士毕业生还是研究成果？当博士研究与实践领域出现了重大的社会与政策驱动的变化时，人们对于博士项目的教育工作产生了新的兴趣。鉴于博士生教育实践的发展与扩张，以及知识生产模式、院校和国家治理形式、博士项目种类及其教学方式的变化，我们越来越需要对这一领域实践的程度和范围做出系统说明。

首先，关注实践要求我们注意构成博士生训练各个方面的活动及经历的物质层面（materiality），关注所谓的博士生训练日常状态，包括迥异的观念空间与物理空间，此外还有迥异的活动领域——实验室、"领域"（无论这可能是什么）、学科（无论这可能是什么）、政策文本、会议、研讨会、考场、教学、指导、管理、写作和博士"学习"（在其所有未被详细阐述的秘密中）（Green，2005）。关注物质层面，这意味着探究实践是如何分布和完成的，探究在这些活动领域中什么可以算作实践性知识，等等。

其次，关注实践要求我们在一个更大的活动范围和网络中，理解处于当地特定环境中的博士生训练活动和经历的变化，例如《博洛尼亚协议》中的全球化政策过程（European University Association，2005）、国家政策过程中的高等教育与研究，以及大学、产业、职业与国家之间不断变化的关系（Etzkowitz 和 Leydesdorff，2000；Lee 等，2000）。这种关注将博士生培养领域理解为一个复杂的交叉实践网或者一个动态变化的开放系统，由此扩大实践领域的范围，并使之进入研究博士生教育的学者们的视野。

最后，对实践的关注将我们的注意力转向生产的主体与客体。可以说，博士生训练的核心是生产拥有知识的主体——毕业生。博士毕业生的技能、性格、知识与能力越来越多地通过有关毕业生特质以及博士指标方面的政策而受到监测。不同的研究生议程彼此竞争，它们之间的冲突和交叉，在关于博士生培养目的的争论中已经非常明显。预期的培养成果包括"学科的守门人"（如 Golde 和 Walker，2006）、

"知识工作者"(Usher，2002)、"自我管理的学习者"(Stephenson 等，2006)等。

我们在其他地方已经指出实践在有关博士生培养的学术文献中被运用的一系列方式(Boud 和 Lee，2006)。首先，通常该术语与实践/理论的对立体相联系，例如 Evans 和 Kamler 对博士生培养的"实践智慧"与"系统学问"做出的区分(Evans 和 Kamler，2005：116)。也就是说，"实践"或者是与所谓深奥理论或空洞言辞相对的"实在"(real)，或者其日常逻辑与动力(imperatives)被视作从属于严谨的学问，甚至为严谨学问带来了难题。其次，实践也被用于有关高等教育质量保障的话语之中，这体现于最佳实践(best practice)的概念以及问责关系的规则化，例如导师、博士候选人及院校的实践规范。再者，文献中一个新兴的主题是"实践共同体"(Lave 和 Wenger，1991；Wenger 等，2002)。通常在博士生教育文献中，"实践共同体"指的是院系、学科或研究团队内的学生和研究者群体(如 Pearson，2005b)。然而，它也可以指外部的、有针对性的"实践共同体"，尤其与关注研究实践的博士项目有关，例如专业博士学位 [在此前一系列有关专业博士学位的会议中,有很多这种用法的例子,一个好的例子来自 Green 等(Green 等，2001)]。不过，在大体上，我们可以说在相当多的文献中，重点更多放在对"共同体"的界定而非"实践"的概念化之上。

进一步澄清当前讨论中常见的"实践"一词的用法很重要。"博士生教育的实践"(the practice of doctoral education)与"为了实践的博士生教育理念"(the idea of doctoral education for practice)是有区别的，后者通常关注的是为了在随后的专业实践中应用已获得的知识。政府政策议程通常关注后者，但是我们认为需要多关注前者。很明显，为了追问实践的含义以及在后一种意义上研究实践的含义，需要进行系统的探究(Lee 等，即将出版)。稍后我们将重新讨论实践环境的重要性，但在此处我们的主要观点是：博士生培养自身的教育、管理、政策和研究实践是大学里一个独特的活动领域。这些需要系统的文献记录、分析与批判。

聚焦于博士生教育实践，使得我们一方面能够探究政策、培养质量及院校治理的工具性和技术性的关切，另一方面探讨实践工作者、学生、导师、课程设计者、院校管理者、研究生院院长、学者等的关切所在。聚焦于实践而非将诸如知识等其他事物作为理解和研究博士生教育之核心的组织概念，所带来的一个重要的启示即具体化（embodiment）和实践认知（practical understanding）这两个概念。也就是说，实践一定包含人及其所带来的事物，以及人在做事的过程中又参与了什么。如 Foucault 在其历史研究中表明，实践如何在能力、资质、经验乃至身体的意义上构成可理解的具体化形式（如 Foucault，1985）。Schwandt（2005）和 Kemmis（2005）通过聚焦于对实践的研究而对各种传统进行了分析。

我们认为，有必要将实践扩展至通常所认为的领域之外，并需要将这些领域更有效地组织与关联起来，而不能仅仅依靠偶然。迄今为止，大多数已发表的有关博士生培养实践的文献都集中在管理上，通常是关于学生与导师关系的协议及互动的指南（如 Delamont 等，1998；Phillips 和 Pugh，2000；Taylor 和 Beasley，2005）。近来的研究开始关注政策导向的变化（如 EUA，2005；Nerad，2006；Park，2007）以及管理和发展（如 Green 和 Powell，2005；Pearson 和 Brew，2002）。后者一般关注对实践现状的改进，也广泛地涉及管理、指导和完成博士学位过程的规范化。工作的重点在于"导师专业化"，这主要通过下列几点来实现：要求导师参与专业培训、开发工具与项目以促进教师发展，以及在大学内设置机构——例如研究生院来管理候选人。最近，在政策的引导下，博士候选人有意地被纳入大学重点研究的领域，这一过程引起了学生的筛选、关注的问题、指导以及资助供给的改变。这一切在下列领域和研究范围产生了尤为突出的影响：这些领域更多是以个人兴趣这种个体主义的方式去理解博士研究与博士候选人，而不以建立一套共享的研究成果去理解它们（Golde，2007；Pearson，2005b；Jones，见本书）。

文献方面最近的进展包括一些国际上的相关论著，这些论著关注了博士生教育在大学学科训练中的作用（如 Golde 和 Walker，2006；Parry，2007）。同时，也出现了一批专家论文集，讨论了研究生教育中的一些特殊议题，例如博士生教育的新形式（如 Scott 等，2004），或者博士生教育过程中的某些方面，例如学位论文的审核（如 Tinkler 和 Jackson，2004）。这些文献为博士生教育的国际对话增添了必要的丰富性和复杂性，也提示我们要更好地理解这种复杂性以及这一日益重要的领域。

在所有文献中，可以把有些要素放在一个整体的实践框架中进行解释。一种可能将这些要素联系在一起的方式是通过发展学生的经验和意识。正如我们在其他地方讨论过的（Boud 和 Lee，2005），重要的不仅仅是所提供的内容，还涉及它们被感知和采纳的方式。在博士生训练中，有必要将他人的实践与学生的实践相结合，因为正是学生——他们作为学习者以及将要成为新晋博士，才是实践的主体和客体。事实上，博士生训练的实践可被视为占有和利用种种支持，这些支持来自他们所属的学位项目、所嵌入的研究环境、所遇到的人以及从这些机会中发展出来的实践。

总之，对实践的关注引出了一系列重要问题，涉及很多尚未被探寻的议题，例如博士生培养的活动、大学变化的角色以及大学中博士生训练的场所。博士学习的目的是什么？这些目的如何通过当前的实践实现？博士生培养的目的在如何变化？如何通过关注规定、管理、教学、学习和研究实践去理解这种变化？在博士生培养的双重角色之中——一方面，"训练"学生并使学生为变成研究者做好准备；另一方面，进行原创性的科研，转变的侧重点是什么？如何满足那些不想成为研究者或学者的学生在博士生教育阶段的需求？博士生培养的结果发生了什么变化？学生、导师和监督人员如何理解并践行这些变化？在这些新环境下如何重新思考并指导实践？博士生教育的实践者如何有效参与政策过程？高校和学系在受到重大经济制约的情况下，如何能够有效地支持博士生教育？

在本章下面的部分，我们将简要概述场景变化的两个关键维度：第一，知识的性质及地位的改变；第二，通过研究和教学培养出的、能生产新知识和新知识形式的毕业生的改变。最后，我们重新关注这些变化所蕴含的实践，关注它们如何共同参与到博士生培养的变化之中。

知识生产与知识经济

知识性质、关于知识的作用和价值的理解以及知识生产模式的重要变化，已成为 20 世纪过去几十年以及 21 世纪头 10 年的一个重要特征。这些对博士生培养及其实践产生了重要影响。

这些变化涉及几个不同的方面。第一个转变是知识从受学科逻辑的支配转向受国家政府和体制的经济需求（知识经济）的支配（例如，参见 Marginson 和 Van der Wende 发表于 2007 年的研究）。第二个相关的转变来自学科内部。随着信息与通信科技的发展,知识存量和知识生产能力出现大幅增长;并且随着诸如环境危机等"重大问题"涌现,这些问题需要多个学科参与,相应地,学科知识大量增长且出现转型(如 Moran,2002;Somerville 和 Rapport,2003)。

这些变化被概括为知识生产模式 1 与模式 2(Gibbons 等,1994;Nowotny 等,2001)。模式 1 或者学科模式下的知识生产被视为大学的职责,但是大学的边界日益受到模式 2 的渗透,即在应用情境中进行超学科(trans-disciplinary)的知识生产。随着异质性的实践者围绕着由"特定的以及地方性语境"所定义的问题进行临时合作的情况越来越多,知识日益被视为充满了竞争,而非自主的、普遍的(Gibbons 等,1994)。

根据 Usher 的说法,"知识经济"的理念是"以知识的经济学定义取代认识论定义"(Usher,2002:144)。知识越来越多地成为一个生产问题,随着经济效益日渐依赖知识投入,知识变得越来越重要。大学日益被视为重要的知识生产者,承担着"至今尚未被意识到的经济增长代理人的角色"。

博士生教育影响广泛而深远。知识经济中,知识本身是经济价值最重要的来源。进一步讲,知识具有无限扩张的能力。在国家政策条款中,博士生被视为对国家经济基础的投资,服务于全球竞争日益激烈的知识经济(EUA,2005;Usher,2002)。此事利益攸关,美国、欧洲国家及其他国家在政策驱动下的重大转变已证明这一点。这方面的一个例子是美国发起的"在风暴中崛起"(Rising Above the Gathering Storm)倡议。在该倡议中,理工科博士生在数量、质量、国籍、就业去向这些方面的危机,被视为美国相比欧洲和亚洲失去竞争优势的证据(Committee on Prospering in the Global Economy of the 21st Century,2007)。在大西洋彼岸,Marginsin 和 Van der Wende 向经济合作与发展组织(OECD)提交的"全球化与高等教育"的报告(Marginson 和 Van der Wende,2007),欧洲大学协会(EUA)有关"面向欧洲知识社会的博士项目"的报告(EUA,2005),均反映出对"知识全球流动不均衡"以及美国高等教育全球霸权的持续担忧,这些报告也反映了关注博士生培养以生产更多研究人员的需求。近来,Marginsin 和 Van der Wende 警告可能会出现以盎格鲁和欧洲其他国家为中心的知识战争,并且简要概述了"亚洲-太平洋范围内新的科学大国"(韩国、土耳其、新加坡、葡萄牙、中国、巴西和澳大利亚）的崛起（Marginsin 和 Van der Wende，2007）。

作为"知识密集型"的组织，大学不可避免地参与到知识生产以及向知识工作者颁发文凭的事务之中，并由此卷入经济发展。这意味着大学必须确保工作者拥有适宜的人力资本以开展工作。在这种环境下，正如 Usher（2002：145）写的那样，博士生教育如今"恰好处于传统学术价值观与新知识经济价值观之间激烈对抗的中心地带"。这些冲突在不同国家和地区的政策中清晰可见。它们影响了博士生训练的内容，并清晰地体现于知识创造的实践之中，包括知识生产的学科模式与后学科或超学科模式（或者说，模式2）之间的变化。它们也会影响博士生的选拔、关注的问题、训练与文凭授予，这些问题将在更广泛的进程中得以解决，如今在学系、大学或部门的层面出现了重新界定相关问题以及重新确立关注点的种种尝试。

知识生产的实践视角引起我们关注三个层面的议题：在最高以及最抽象的层面上，关注应对知识生产的方式；在中观层面上，关注政治和经济变化对博士项目的影响，以及政府和院校的应对方式；在最直接的微观层面上，在实践者——生产者的世界里，关注他们在做什么，他们又是如何被形塑的。从实践视角关注项目开发的活动与动力机制，关注学科、跨学科和超学科（inter- and trans-disciplinary）中诸如选题、研究方法论、外部机构的研究合作关系等问题。关注的焦点更多在于知识和身份认同是如何被生产出来的、能力如何培养、如何在那些提出问题的人与有助于解决问题的人之间建立关系。简言之，实践视角引起了对知识生产的内容、场所以及方式的关注。

博士生作为"高级的知识工作者"

随着知识生产的变化，博士生培养的目的和目标、通过博士生训练所培养的毕业生类型也发生了变化。政策日益从人力资本的角度去理解、资助和管理博士生。这意味着博士生教育要培养新型的学生。从传统知识共同体理念来看，新博士生是具有不同的技能、能力、性格、身份与关系的"知识工作者"。那么，这些新的博士是怎样的人？什么环境和实践活动能产出这种新博士？我们对这些实践有多少了解？

知识生产的重心从学科封闭式体系向后学科、跨学科（trans-disciplinary）和超学科（extra-disciplinary）的开放式体系转变，大学、职业和产业之间的联系也发生了变化，政策和资助制度的改变也催生了大学与国家之间的新型关系。随着上述情况的发生，（所需要的）新技能与新能力也随之出现。学科训练与可迁移的、灵活的"软技能"和性情紧密配合，例如沟通技能与问题解决能力。近期政策文本所提出的博士生能力和素质印证了这些品质，可归结为以下几项：

灵活的和多元的技能，保持开放的学习态度。他们必须适应由全球化进程以及信息与通信革命所塑造的工作环境。他们必须最低限度地懂得信息技术。这些所需的技能被描述为"软技能"，并且是知识密集型的技能，诸如与问题解决、协同工作、领导能力及知识应用相关的技能。

（Usher，2002：145）

面对不断加剧的环境变化，国家和地区政府、部门和大学系统的应对方式是根据指标所涉及的成果产出与特征来培养博士生（如 SEEC，2003）。政策条款中已经出现一套"博士生的描述指标"，试图捕捉知识产出的特征以及经由培养过程与实践而在博士生身上形成的品质。博士生培养正在通过这些方式被重新定位，不再像过去一样仅仅强调学位论文这种形式的"产品"并将其作为博士学习期间唯一的测量结果，而是更加明确地趋向于将博士生作为博士生训练的"认知主体"。博士生需要成为某种特定的认知者及某种特定的自我：具有研究能力，具有反思性和灵活性，既具备一般知识和能力，又具备学科或专门领域的知识和能力（Lee，2005）。这些反过来成为导师、学生以及学位项目设立者与管理者"自我塑造的脚本"（Foucault，1985）。

与此同时，新型博士项目也表明大学以及大学系统正在转向新型知识、新的合作关系与新的研究实践，其中重要的一点在于它们正在远离传统上潜在的理念，传统上博士生是作为未来的学者接受训练的。尽管依然有强烈的需求要将博士培养为未来学者，即"学科守门人"（Golde 和 Walker，2006），以及将博士生培养为下一代学生的教师，但当前以及兴起的博士生教育实践却日益卷入为学术界之外培养人才的事业中。例如，美国最近的研究表明，接受调查的美国博士毕业生中只有不到一半的人从事学术职业（Wulff 等，2004）。

总而言之，博士生培养定位在政治和经济上的很多转变，与过去的学徒制形式以及对学科知识、学科的生产模式与学科文化的适应之间存在严重的冲突。这些传统的实践正在逐渐被生产新研究者和认知者的新实践所渗透和彻底改变，在新实践中，态度、能力、性情与专门技术和知识一样重要。我们可以从例如 Wulff 等所做的毕业生去向的调查研究（Wulff 等，2004），通过新型"博士项目群簇"（families of doctorates）的出现（Park，2007）以及大学和不同合作者之间新关系的出现来查探到这些变化。

博士生训练实践的变化

正如我们前面讨论过的，过去 15 年中对博士生教育的关注有所增加，这一转变意味着在日益加速的训练环境下，在监督日益严密的情况下，博士生教育要培养越来越多的学生。其目的不仅仅是培养学科守门人与学术界的再生产。

这一转变使得博士生培养领域成为一个更加复杂的空间，在这个空间中，实践是弥散的（Lea 和 Nicoll，2002）、复杂的，甚至有时是相互矛盾与冲突的。例如，一方面是大学和学科培养学者的需要，另一方面是大学同职业和产业组织建立跨学科合作关系这样更加多样的分散活动的需要，这二者之间具有潜在的冲突。

同样，将博士生训练嵌入现有或新兴的研究密集的领域，这一需求日渐强化，其中也出现了具有潜在冲突的议程。这些变化通过各种方式改变着博士生的筛选、管理、关注点、教学实践与治理，由此所带来的影响至今仍未被证实。此外，学生按时完成博士学业的压力、学习资料数量的激增与多样化所带来的压力，使得对管理正规化和推进教学法工作的关注有所增加。在日益广泛的实践场所里，博士生培养日常活动实践的变化，成为有待进一步进行经验研究的重要问题。

首先，我们可能会跟随 Bernstein 提及的博士生训练的"教学化"来进行讨论（pedagogisation）（Bernstein，1996）。各种类型的结构化项目日益受到重视，包括博士生培养直到最近仍然以个体化的学徒制为主（例如，在人文学科中）。随着在博士资格的透明度、价值对等与转换性方面来自国际的压力不断增强（如通过博洛尼亚进程；见 EUA，2005），新兴项目的结构和重点日益成为一项公共利益。这些发展意味着一种转变——从只关注"研究"转向对"训练"的专注，并且这一转变在研讨会、专题讨论会及考试等实践层面均有体现。例如在英国，科研训练越来越正规化，尤其是通过研究委员会授权的研究硕士学位，明确地专注于帮助学生为研究做好准备。在澳大利亚，这一转变并非如此公开透明，而是通过一种又一种的教育工作为博士研究进行了悄无声息且不可阻挡的变化（Neumann，2003）。

尽管后一趋势被打趣地称为博士生培养的美国化，但这种表述不一定合适。正如英国和澳大利亚的本科学位通常更专门化，美国意义上的"教学化"并非是出于对大容量课程的需求，而是出于培养具有下列特质之人的需要：他们像研究者一样思考和行动，会在工作中运用概念工具与实践工具。更重要的是，一些转变朝向多样化和差异化的活动，这些活动旨在使新型博士生具备在知识经济中就业所需的、各种有效的能力和素质。这些所涉及的能力和素质远远超过生产一篇标准的博士论文的要求。

其次，博士生训练的教学化扩展了实践的范围，博士学习和博士生训练所处的环境和文化也日益受到重视。我们在其他地方已经写到，博士生学习是一种"弥散的实践"（Boud 和 Lee，2005），借鉴 Lea 和 Nicoll 对于学习网络的描述（Lea 和 Nicoll，2002），学习者以多样化的方式利用机会学习，老师或导师并不必须参与其中。在话语的转变中，研究生科研成为教学法关注的空间，这主要按照指导的狭义概念进行理解，然后变成包括理解博士研究所处的整体环境。在早期具有影响力的研究中，Cullen 等并未将博士生作为院校指导被动的接受者来进行解释，而是将其视作"自组织的行动者，他们具有不同的做事能力，可以获得包括导师在内的资源"（Cullen 等，1994：41）。在其研究中，学生说自己在调集资源来满足特定的研究或学习需求方面，就像处于星系网络的中心一样（同上）。

我们曾在其他地方指出，对学生学习实践给予密切的学术关注，对于高等教育系统有效应对研究生教育的变化所带来的各种政策压力是非常必要的（Boud 和 Lee，2005）。我们试图将博士生教育环境定义为教学和学习的场所，而非一种被动的"容器"或者背景。进一步讲，我们试图如实描述扩展的但同时又弥散的教学实践并使其理论化，这些教学实践包括但超越了狭义的传统指导实践。这也包括"同辈学习"概念的扩展，博士生从（学生作为同辈）相互学习的概念与实践转而进入一个扩展的同辈关系网，除了独自做研究和写学位论文之外，还包括做会议报告、在同行评议的杂志上发表论文等——成为一个同行。博士教学法的这一扩展框架，对写作、发表、编辑和评论这些实践给予了明确的关注（Aitchison 和 Lee，2006；Boud 和 Lee，2005；Lee 和 Boud，2003）。

再者，对于博士生教育弥散化训练的关注，还包括扩大对该领域内参与者范围的关注。除了学生及其导师外，还包括其他参与人员，例如项目协调员、学习支持与学术发展人员、管理者、政策制定者等，此外还关注所谓的非人类行动者（non-human actors），例如研究会议、互联网、国际研讨会等。通过高等教育研究政策对博士生教育的描述，可以看到为了管理博士生训练场所及其实践而发展出来的大量实践，包括质量保障、风险管理、商业化和知识产权协议。它们通过大批人员、政策和实践，日渐构成和塑造着博士生经历并充实博士生学习的空间。师生关系被纳入一个由机会、资源、监控过程和期望构成的多样化矩阵之中。Green 提出，要将博士教学法概念化，并且专门将指导理解为研究生研究活动（"学习"）所处的总体环境，这是借用了"生态社会"（eco-social）的术语（Green，2005：153）。Green 解释说："我们尚未把握住这一构想的全部含义，因此这也成为博士生教育研究文献中的未竟之业"。这一想法似乎为进一步研究博士生教育实践指明了方向。

结论

我们提出将博士生教育理解为一种社会实践或实践领域，这一点很有用。这一视角使得我们关注到日益复杂的一系列治理和塑造博士生培养的活动。博士生培养现在远非在封闭的学科和系所范围内进行的、在本质上是个体的私人活动，而是扩大到治理、规制和计划实践的更加复杂的、公共的场所，它也包含研究本身、指导与教学的教育工作以及学位候选人的活动和经历。

有关博士生培养的现有文献通常论及博士生培养的某个方面。由于不同国家的高等教育系统已在经济驱动变化的议程内就大力增加对博士生培养的治理和管制达成一致协议，大多数文献都是基于政策或者由政策主导的；或者重点放在实践的微观层面，通常关注指导的动态过程以及学位候选人的经历。这些所描述的变化讲述了关于博士生培养的不同故事，服务于不同的目的。但是每种研究都限定了范围，结果博士生教育新兴的研究相当零散。任何一个新的学术领域或许都是如此，博士生教育研究在许多方面仍处于萌芽阶段或者不成熟的阶段。

在这重意义上，我们支持文章开头 Pearson 所提倡的进行宏观和微观层面的经验研究（Pearson，2005a：130），包括对地方性实践的细腻分析以及增强对利益相关者利益的识别。然而，在朝着全面综合的实证调查前进的同时，我们也注意到对博士生教育的大多数研究和学术都缺乏坚实的理论基础。鉴于此，我们认为各种形式的实践理论，例如由 Schatzki 和 Kemmis 所提出的理论（Schatzki，2001；Kemmis，2005），都可能会丰富我们的理解。在诸如活动理论、行动者网络理论或者实践共同体理论，以及 Green 所提出的博士生教育环境的"生态社会"概念（Green，2005）等复杂性理论所提供的概念框架内，我们或许可以找到进一步研究所需的有效资源，以探索在很大程度上仍然未被研究的博士生训练活动、大学角色的变化以及博士生训练的场所。

参考文献

[1] Aitchison, C. and Lee, A (2006) Research writing: problems and pedagogies, *Teaching in Higher Education,* 11(3): 265-278.

[2] Bernstein, B. (1996) *Pedagogy, Symbolic Control and Identity*, London: Taylor and Francis.

[3] Boud, D. and Lee, A. (2005) Peer learning as pedagogic discourse for research education, *Studies in Higher Education*, 30(3): 501-515.

[4] Boud, D. and Lee, A. (2006) What counts as practice in doctoral education?, in M. Kiley and J. Mullins (eds), *Knowledge Creation in Testing Times: Proceedings of the Quality in Postgraduate Research Conference, Adelaide, April 2006. Part 2,* Canberra: Centre for Educational Development and Academic Methods, Australian National University, 45-54, at: http://www.qpr.edu.au/ 2006/.

[5] Committee on Prospering in the Global Economy of the 21st Century: An Agenda

for American Science and Technology, National Academy of Sciences, National Academy of Engineering, Institute of Medicine (2007) *Rising Above the Gathering Storm: Energizing and Employing America for a Brighter Economic Future,* Washington, DC: National Academies Press.

[6] Cullen, D., Pearson, M., Saha, L.J. and Spear R.H. (1994) E*stablishing Effective Ph. D. Supervision,* Canberra: Australian Government Publishing Service.

[7] Delamont, S., Atkinson, P. and Parry, O. (1998) *Supervising the Ph. D.: A Guide to Success*, London: Society for Research into Higher Education.

[8] Etzkowitz, H. and Leydesdorff, L. (2000) The dynamics of innovation: from national systems and 'Modez' to a triple helix of university-industry-government relations, *Research Policy*, 29(2): 109-123.

[9] European University Association (2005) *Doctoral Programs for the European Knowledge Society*, final report, at: www.eua.be.

[10] Evans, T. and Kamler, B. (2005) The need for counter-scrutiny: taking a broad view of doctoral education research, *Higher Education Research and Development*, 24(2): 115-118.

[11] Foucault, M. (1985) *The Use of Pleasure: The History of Sexuality, Vol 2* (translated by Robert Hurley), London: Penguin.

[12] Gibbons, M., Limoges, C., Nowotny, H., Schwartzman, S., Scott, P. and Trow, M. (1994) *The New Production of Knowledge: The Dynamics of Science and Research in Contemporary Societies*, London: Sage.

[13] Golde, C. M. (2007) Signature pedagogies in doctoral education: are they adaptable for the preparation of education researchers?, *Educational Researcher,* 36(6): 344-351.

[14] Golde, C. M. and Walker, G. E. (2006) *Envisioning the Future of Doctoral Education: Preparing Stewards of the Discipline.* San Francisco, CA: Jossey-Bass.

[15] Green, B. (2005) Unfinished business: subjectivity and supervision, *Higher Education Research and Development,* 24(2):151-163.

[16] Green, B., Maxwell, T. W. and Shanahan, P. (eds) (2001) *Doctoral Education and Professional Practice: The Next Generation?*, Armidale, NSW: Kardoorair Press.

[17] Green, H. and Powell, S. (2005) *Doctoral Study in Contemporary Higher Education,* Buckingham: Open University Press.

[18] Kemmis, S. (2005) Knowing practice: searching for saliences, *Pedagogy, Culture and Society*, 13(3): 391-426.

[19] Lave, J. and Wenger, E. (1991) *Situated Learning: Legitimate Peripheral Participation,* Cambridge: Cambridge University Press.

[20] Lea, M. R. and Nicoll, K. (eds) (2002) *Distributed Learning: Social and Cultural Approaches to Practice,* London: Routledge.

[21] Lee, A. (2005) 'Thinking Curriculum': framing research/education, in T. W. Maxwell, C. Hickey and T. Evans (eds), *Professional Doctorates: Working Towards Impact, Proceedings of the 5th Biennial International Conference on Professional Doctorates,* Geelong: Deakin University Press, pp. 75-86, at: http://www.deakin, edu.au/education /rads/conferences/publications/prodoc/ index. php.

[22] Lee, A. and Boud, D. (2003) Writing groups, change and academic identity: research development as local practice, *Studies in Higher Education*, 28(2): 187-200.

[23] Lee, A., Brennan, M. and Green, B. (forthcoming) Re-imagining doctoral education: professional doctorates and beyond, *Higher Education Research and Development.*

[24] Lee, A., Green, B. and Brennan, M. (2000) Organisational knowledge, professional practice and the professional doctorate at work, in J. Garrick and C. Rhodes (eds), *Research and Knowledge at Work: Perspectives, Case Studies and Innovative Strategies,* New York and London: Routledge, pp. 117-136.

[25] Marginson, S. and Van der Wende, M. (2007) Globalisation and higher education,

Education Working Party No. 8, Paris: OECD Directorate for Education.

[26] Moran, J. (2002) *Interdisciplinarity,* London and New York: Routledge.

[27] Nerad, M.(2006) Globalization and its impact on research education: trend and emerging best practices for the doctorate of the future, in M. Kiley and G. Mullins (eds), *Quality in postgraduate Research: Knowledge Creation in Testing Times,* Canberra: CEDAM, Australian National University, pp.5-12.

[28] Neumann, R. (2003) *The Doctoral Education Experience: Diversity and Complexity,* Canberra: Department of Education, Science and Training, Evaluations and Investigations Program.

[29] Nowotny, H., Scott, P. and Gibbons, M. (2001) *Re-thinking Science: Knowledge and the Public in an Age of Uncertainty,* Cambridge: Polity Press.

[30] Park, C. (2007) Ph. D. quo vadis? Envisioning futures for the UK doctorate, in R. Hinchcliffe, T. Bromley and S. Hutchinson (eds), *Skills Training in Research Degree Programmes: Politics and Practice*, London: Open University Press.

[31] Parry, S. (2007) *Disciplines and Doctorate*, Dordrecht: Springer.

[32] Pearson, M. (2005a) Framing research on doctoral education in Australia in a global context, *Higher Education Research and Development*, 24(2): 119-134.

[33] Pearson, M. (2005b) Changing contexts for research education: implications for supervisor development, in P. Green (ed.), *Supervising Postgraduate Research: Contents and Processes, Theories and Practices,* Melbourne: RMIT University Press, pp. 11-29.

[34] Pearson, M., and Brew, A. (2002) Research training and supervision development, *Studies in Higher Education,* 27 (2): 135-150.

[35] Phillips, E. and Pugh, D. S. (2000) *How to Get a Ph. D.: A Handbook for Student and their Supervisors,* third edition, Buckingham: Open University Press.

[36] Schatzki, T. R. (1997) Practices and actions: a Wittgensteinian critique of Bourdieu and Giddens, *Philosophy of The Social Sciences,* 27:283-308.

[37] Schatzki, T. R. (2001) Introduction: practice theory, in T. Schatzki, K. Knorr

Cetina and E. von Savigny (eds), *The Practice Turn in Contemporary Theory,* London: Routledge, pp. 1-14.

[38] Schwandt, T. (2005) On modelling our understanding of the practice fields, *Pedagogy, Culture and Society*, 13(3): 313-332.

[39] Scott, D., Brown, A., Lunt, I. and Thorne, L. (2004) *Professional Doctorates: Integrating Professional and Academic Knowledge,* Maidenhead: Society for Research into Higher Education and Open University Press.

[40] SEEC (2003) SEEC Southern England Consortium for Credit Accumulation and Transfer, *Credit Level Descriptors for Further and Higher Education,* at: www.seec-office.org.uk/SEEC%20FE-HECLDs-mar03def-l.doc.

[41] Somerville, M. A. and Rapport, D. (eds) (2003) *Transdisciplinarity: Recreating Integrated Knowledge,* Montreal: McGill-Queens University Press.

[42] Stephenson, J., Malloch, M. and Cairns, L. (2006) Managing their own programme: a case study of the first graduates of a new kind of doctorate in professional practice, *Studies in Continuing Education*, 28(1): 17-32.

[43] Taylor, S. and Beasley, N. (2005) *A Handbook for Doctoral Supervisors*, New York: Routledge.

[44] Tinkler, P. and Jackson, C (2004) *The Doctoral Examination Process: A Handbook for Students, Examiners and Supervisors*, Maidenhead: Open University Press.

[45] Usher, R. (2002) A diversity of doctorates: fitness for the knowledge economy, *Higher Education Research and Development,* 21(2); 143-153.

[46] Wenger, E., McDermott, R. and Snyder, W. (2002) *Cultivating Communities of Practice: a Guide to Managing Knowledge*, Boston, MA: Harvard Business School Press.

[47] Wulff, D. H., Austin, A. E., and Associates (2004) *Paths to the Professoriate: Strategies for Enriching the Preparation of Future Faculty*, San Francisco, CA:ossey-Bass.

第 3 章

自然科学与人文学科博士培养模式的趋同

Laura Jones

美国的博士生教育正处于变革时期。技术的最新发展、新研究领域的出现以及对高等教育行政支持的削减正逐步重塑博士生培养和工作的进程（Bell 等，2007；McGuinness，1999）。美国的博士生教育体系缺乏监管且高度分权，大部分权力都掌握在学院主管人员（博士生导师）手中。在美国，有超过 400 家高校可以授予博士学位，这些高校每年培养的博士毕业生超过 40 000 名（Thorgood 等，2006）。不同于一些国家"提高"学生和导师绩效表现的标准（Parry，2007：16），美国高等教育体系的规模与组织的复杂性限制了那些意图良好的全国性改革的推广（Walker 等，即将发表）。

在大西洋慈善组织（Atlantic Philanthropies）拨款的资助下，卡内基教学促进基金会（the Carnegie Foundation for the Advancement of Teaching）开展了一项为期 5 年的"行动研究"课题，该课题对博士生教育的核心假设进行创造性的重新审视。从一开始，这一研究就认为改革应该在博士项目层面发起，并且不会有适合所有项目的"最佳做法"。在卡内基博士生教育计划（Carnegie Initiative on the Doctorate，CID）这一行动研究中，我们与 80 多个博士项目进行合作，这些项目分布在以下六个学科：化学、教育、英文、历史、数学和神经学。这些项目的培养系科差不多全位于美国境内（其中一个在加拿大）。CID 鼓励在博士项目的层面对博士生教育的实践进行重新反思和改革，因为我们所持有的变革理论认为美国博士项目的变革将是自下而上的。

为了推进对这些"合作"项目当前实践的批判性审视，CID 采用的重要工具是对学科内以及学科间的不同培养模式进行结构化的比较。CID 要求各项目准备一份叙述性的说明，收集数据和其他相关材料，然后将这些培养实践在卡内基基金会主办的会议上"公开"，这些资料之后也会在网络上进行展示（http://gallery.carnegiefoundation.org/cid）。最初的两组会议是分学科组织的，着重对项目的自我分析报告和课程改革设计进行批判性述评。同一学科内的不同实践给很多参与者以启示，激发了很多人从兄弟院校的项目中"借鉴"经验以进行实验的灵感。在分学科的会议中，基本假设几乎不会遭遇挑战，不过，这是开启自我研究和改革实验的好方式。在相互竞争的项目中，参与者有很强烈的动机与同行进行比较，他们乐于分享能够促进共治（collegiality）的参考框架。

然而，CID 希望进入更深层次的批判性思考，而不仅停留于我们在前两年的会议和实地考察中所见到的水平。我们采取的策略是将学科混合，以便看到更加激烈的争论和对基础性原则的真正质疑。第三组多学科会议的组织围绕下述三个议题：学习如何教学、学习如何开展研究，还有如何成为知识社群的一员。不出所料，在这些会议中，参与者们艰难地克服彼此之间的差异，如学术话语风格、对研究的定义和对参与博士项目学生的预期。很多学者对这些分歧做过描述（Becher 和 Trowler，2001；Huber 和 Morreale，2002；Parry，2007）。例如，人文学科的师生会问："给学生布置一个研究课题，这是什么意思？"自然科学领域的师生则会质疑："你真的认为让学生在一个项目里待 10 年是负责任的做法吗？"虽然竭力寻找彼此间的共同点，但参与者们被迫证明其培养模式与前提假设的合理性，这可谓变革的重要一步。

这种鲜明的反差对促进有关博士生教育的创造性思考富有成效：其前提假设需要得到澄清，它们一旦被提出，便会遭到强有力的挑战。虽然我们在某些情况下听到了辩护的声音（比如，"一些问题花费了我们 10 年的时间"），但是这一比较的过程开启了一些对话，这些对话将导向新的可能性与更具雄心的实验。在本章，我们的关注点将聚焦于对博士生教育的重新构想，这种构想主要基于实验室科学和人文学科之间强烈反差的比较。在 CID 中，我们的经验一方面是关于化学和神经学的,另一方面则是关于英文和历史学的;针对这些学科产生的见解也很有可能适用于其他学科。(数学和教育学也是 CID 项目中很重要的合作学科,然而,这两个学科展现出的实践模式不能严丝合缝地符合我们以及其他学者对自然科学与人文学科所做的"基础"划分。)

在 20 世纪中叶,美国的博士生教育明显存在着实验室科学和人文学科之间的分殊,彼时,科学研究的外部资金改变了很多学科的学术工作场所。若我们关注一下最极端的例子,就会发现很多实验室科学的博士生所做的工作就是某项具体的实验分析,这些研究受到了更大项目的资助,并由其导师进行设计和指导。这种范式代表了一种独特版本的学术师徒制,学生和某位指导教师之间存在着很明显的等级关系。在 CID 中,我们对合作项目里超过 2 000 名博士生进行调查,结果显示超过 60%的化学博士生和将近 50%的神经学博士生表示他们只有 1 名指导教师或导师(如图 3.1 所示)。这些学生普遍在实验分析完成(以及经费终止)时拿到博士学位,无论他们是否为之后的职业生涯做好了准备。实际上,在进入大学教师的等级序列之前,很多人会继续从事一系列博士后研究。

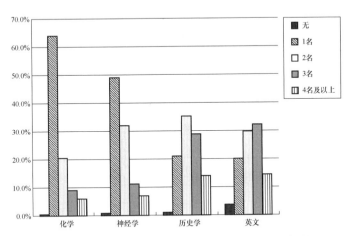

图 3.1 不同学科中博士生的指导教师或导师的数量

在人文学科中,我们发现了另一种不同的模式:学生被期待选择和设计自己的研究,并投入很长的时间进行独立探索。由于缺乏外部资助,学生们经常通过做全职的教学工作以支持自己完成学业。在人文学科里,关于指导的期待是不同的，学生不止有一位指导教师（如图 3.1 所示），这些导师通常是其学位论文答辩委员会的成员。学生与指导教师的互动频率相对较少，在英文和历史学科，教师表示他们在博士项目的后期与学生每月见面一次，而自然科学领域的教师则在早期环节已经与学生有比较频繁的互动（如图 3.2 所示）。

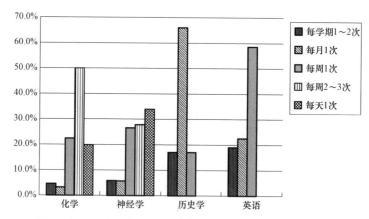

图 3.2　不同学科中导师和博士生在毕业学年内的会面频率

学位论文的差异就更大了：在自然科学领域，一系列已发表的论文（越来越多的论文仅通过网络形式"发表"）——其中可能包括合作署名的报告——构成了一篇可能仅有 50 页的学位论文的基础。人文学科学位论文的篇幅则长达好几百页。合作署名以及其他媒介的学位论文已经开始出现，但依旧寥寥无几，博士项目仍然期待学生的毕业论文是达到书籍体量的专著。

两种范式瑕瑜互见。实验室科学模式的最大优势在于：师生之间的频繁接触（每天见面到每周见面不等）；学生浸润于实验室的小组群体之中，这一群体构成了同辈指导关系并且发展出某种知识共同体感知的基础；合作研究与发表；相对较短的博士就读时间（4～5 年）。这种模式最大的弊端则在于：仅仅深入了解了整个大领域中的某个狭小分支（对其他替代性路径的了解亦如此）；学生发展独立性和创造性的机会较少。人文学科培养模式的优势在于：对独立性的高度期待（从研究到教学）；选择和改变问题的灵活性。其弱势则在于：师生交流不频繁；学生与同辈、导师之间的疏离，这在一定程度上源于经济压力（很多人文学科的学生从事全职工作，还有不少学生在学业的最后阶段离开校园）；获得学位所需的时间很长；过度专业化的趋势，这一点与自然科学领域类似。

　　CID 的报告中提出了一种博士生教育的综合模式，这种模式在博士项目中置入了智识共同体意义上的一种新的师徒制形式：多位导师、非等级性指导、级联式指导（cascading mentoring）（Walker 等，即将发表）。在本章中，我将研究聚焦于两个互有借鉴的特征，这主要从自然科学与人文学科中博士生教育的"特征教学法"发展而来：从自然科学中的合作与人文学科中的独立中吸取经验（来自 CID 的其他例子详见 Golde，2007a；Golde，2007b）。合作与独立两个基本概念看起来似乎是背道而驰的。一项更细致谨慎的分析表明，实际上这两者都可以通过精心的项目设计和恰当的指导关系进行培养。然而，这并非一个简单的问题——对学生个体需求和特定研究问题之特征的关注将影响到团队协作和个人努力之间的平衡。

合作

　　在 CID 项目早期，我们委托这些学科中的权威学者写了一系列文章（Golde 和 Walker，2006），Kenneth Prewitt 是三位受邀对这些文章进行点评的学者之一。Prewitt 评论道："基于卡内基项目有关博士生教育的文集，（我认为）围绕跨学科与合作的实践发展博士生教育是我们未来的方向。"（Prewitt，2006：31）化学教授 Angelica Stacey 则指出"前沿研究需要合作"（Stacey，2006：189），这一呼吁与英文学者 Andrea Lunsford 给学生的建议不谋而合，他建议给予学生"参加多位研究者参与的项目的机会"（Lunsford，2006：366）。美国自然科学基金会（National Science Foundation）最近的一篇报告明确指出了多作者、多学科的发表趋势（Bell 等，2007）。

　　学生们如何发展有助于学术合作的人际交往技能、工作习惯和伦理敏感性？在一些成功的科学实验室，学生们进入了有合作预期的环境，在此种环境下他们参与到一个相互联结的智识共同体之中，在那里合作颇为常见。根据我们在 CID 项目中的经验，这些实践中的下列三项是可以移植到人文学系的：实验室组会、期刊俱乐部和海报展示。

　　实验室小组具有互助性：每个人（与全体）的成功取决于他人的贡献，这就形成了一个合作和相互支持的社会情境，同时也形成了及时推进研究进度的压力。每周一次的实验室组会是帮助成员克服难题的重要场合，同时也是大家共同署名研究的这一复杂问题的商议空间（每篇论文可能由实验室小组全部成员共同署名——以及一些外部合作者，作者的排名顺序则是有关知识所有权的一种精心安排）。教师和资深学生（以及博士后研究人员）的领导对设定成员共治、信任和合作的标准至关重要。一位化学教师指出：

最有效的方式是研究团队中的指导关系，我的学生从经常性的讨论中学习，也从我的示范以及与其他研究生一起工作中学习。

一位神经学教师对这种方法也持有类似看法：

我最有效的教学方法是（学生）与我之间直接且频繁的互动，此外还有他们与我的合作人员与其他学生的互动。

下面是某个实验室关于这些如何运作的详细描述（这是一个教育研究团队）：

实验室有让新生与高年级学生一起工作的氛围。每次实验室组会都会讨论1~2个研究项目的分析和发现，通常由我和3~4位熟悉该分析数据的研究生参与。想法都是通过头脑风暴产生的，有时候会立即进行一些分析，并且讨论新的研究方向。论文初稿也会提交给实验团队以及我项目的合作负责人，然后进行大量的反馈循环。虽然在与学生合作的第一个项目里，我倾向于亲自负责分析和解释的工作，但第二个项目的分析一般会由学生或几个学生形成的小组来完成。对每一个项目，我给予学生的脚手架会逐渐减少。

实验室科学中有关研究的教学法是社交性的，其重要目标之一是学习进行合作研究。另一位化学领域的教师指出：

我非常努力地提供经验，不仅仅是专业技能和数据分析的经验，还包括高效地与他人合作、解决与合作者和同事间冲突的能力。

一位化学教师如此定义"学生的全面成功"：

以诚实有德的方式从事科研；确保相关的背景材料得到理解；与他人高效而和谐地合作，无论是与同辈、上级还是下属；对产出"成果"展示出优秀的职业伦理与高标准要求，无论这"成果"是学生教育、一项研究还是管理一个团队。

自然科学领域的学系也举办一些有组织的团体活动，参加者主要是兴趣领域有交叉的学者，即期刊俱乐部。在期刊俱乐部（有些可能持续了几十年）中，参与者轮流展示最近在本领域主流杂志上发表的某篇重要文章。这种活动的目标是对本领域学术进展方向形成共识，但当学生在一个合作的氛围中参与学术讨论时，教学目标也实现了。这也是学生与其实验室小组之外的同行在一个合作探究的环境中建立关系的机会。在自然科学的博士项目里，参与期刊俱乐部这种智识社群构成了一种强有力的社会化力量。期刊俱乐部有助于解决人文学科博士生提出的一系列困难，比如：

然而我认为在训练学生开展研究和为发表而写作方面，我们更加薄弱了。我说的是一个文学项目，可能很多分支学科已经在这方面做了不少工作。大家或多或少地认为这些过程是理所当然的，而在现实中，有一些可确认的策略，这些策略有助于将课程论文/课题发展为更加专业的工作。我也很想搞清楚我们学术工作的标准是否因为模糊了差强人意的项目与真正有所贡献的研究之间的区别而降低了。

那些希望自己学生成功的教师，比如一位英文教授说道：

成功就是他们有能力将自己的兴趣转化为有价值的问题，知道如何将这些问题纳入更宏大的学术对话之中，并能够在写作过程中有效地分析这些问题……最有效的方法是将学生看成同事。

期刊俱乐部是为解决这些重要问题而设计的——选取近期发表的某篇论文并将其置入整个研究情境，对这篇文章进行批判性评价，所有这一切都发生于社会性的环境中。人们希望参与者能够定期参加与出席，这将有助于解决人文学科高年级学生所提到的疏离感（Golde，2007b）。此处倾听一下英文学科的声音：

令人失望的事情之一是，在我所在的系，不同分支领域之间的学生交流如此之少。我不确定系里如何能够更多地促进相互交流，但有时候我感觉专业化的驱力妨碍了我们对学科共同基础的强调。

另一位来自历史学科的教师谈道：

我们在做真正的研究，以及如何做这样的研究上面，投入的时间太少。当学生结束课程之后，会感到与自己学科圈子脱了节，因为你在自己的学科领域里确实是孤身一人的。

与此相对，健康的科学项目的社会互动程度很高，项目中学生都是活跃的成员。自然科学的学生们将在小规模的实验室小组内定期汇报研究进展，在期刊俱乐部中总结和评论本研究领域的主要贡献，在区域性或全国会议上通过海报展示的方式介绍实验室的研究成果。海报展示是一种在大多数自然科学学科中高度成熟的方式，但在大部分人文学科中则非常罕见。海报可能聚焦于学生博士论文项目的特定主题，但必须将其与该生所在实验室更大的研究问题关联起来（由其导师负责获得经费资助的研究项目）。学生们在实验室小组成员无处不在的帮助下准备海报，他们深知当自己站到海报旁边的时候，他们将代表整个研究团队。在研究生学习的早期，他们学着确定自己在整个课题中的角色，学习信任他人，学着了解学术汇报是与合作伙伴进行沟通协商而得。当他们站在会议大厅的海报旁时，他们既要有力地呈现其实验室的工作，也要留心与那些驻足且询问更多信息的人进行合作的机会。之后学生要向实验室小组汇报海报展示收到的反馈，并经常与海报展示过程中遇到的新同行继续保持联系。

我们在人文学科中发现了类似的做法，例如本科生大规模课程的教师与助教团队的定期会议，学生和教师会讨论近期的工作以及写作小组的问题。一位英文教师描述了如下实例：

我每两周与跟我写论文的博士生们见一次。见面时我们会拿出一半的时间集中探讨其中一位学生的研究，讨论如何设计项目和提高投稿文章的写作水平。在后半段，我们会设置一些目标，诸如经费申请、文章发表、对之前的目标进行检查。这种小组会议对让学生保持在正轨上、互相分享资源和经验非常有价值。

然而，除非他们的研究问题有共通之处，否则不太能够成功构建起驱动合作的社交动力或智识上相互依赖的动力。在合作教学小组里，如果对每位老师进行单独评价，他们可能不会感到对其他人的成功或失败负有责任。人文学科的研讨会可能不会追求推动某个方向的知识进步，它也可能不会确定让所有参与者合作解决的共同问题。通常而言，写作小组的关注点在于为每个作者提供反馈。互惠共治的规范在合作中至关重要。共享的知识责任感是自然科学的实验室小组、期刊俱乐部和海报展示的典型特征，但这在人文学科中则较不常见。

在文学和历史学的出版物中，共同署名仍然很少见。英文和历史学科的博士生教育对阅读和写作能力的强调，训练出了异常精通写作的学者。然而，学生们认识到，隔绝孤立和过度专门化可能成为他们未来成功路上的阻碍。一位英文研究生这么描述他所在的系：

> 在很多方面囿于传统。坚持以文本为中心，不太能接受"文化研究"。这在某种程度上也有好处，考虑到就业市场上也需要那些专攻断代文学且能证明自己是这一领域专家的人，但它对非文学性的历史和文化研究则有一些副作用。并且，文学硕士考试对知识的强调胜过对想象力的看重，这也阻碍着本系的发展及其对真正有创造性的研究的接纳……如果不能跳出思维的条条框框，这对知识又有什么好处？当然，要想跳出思维的条框，你需要知道这个条框是什么，但是你不需要知道这一条框的每一寸是怎样的，以至于在睡梦中都能把它们画出来。

在CID中，有几个人文学系尝试着将实验室小组、期刊俱乐部和海报展示纳入其学科背景中。历史或英文学科的实验室小组是什么样子的？我们发现这样一些例子，通过围绕研究生课程中的共同问题、证据来源或文本材料来布置小组任务，教师将在本科生教育中的学习共同体和基于项目的学习中所取得的成功发扬光大。我们也发现许多将教学作为教师与助教之间形成合作小组机会的例子。大众史学这个分支领域中有学生小组与教师（经常还有其他导师）就一个共同项目一起工作的例子。相互依赖是合作的关键属性，这在人文学科中是有可能的，但是这个领域中个体主义的悠久传统仍然阻碍着这些革新。

在美国，很多人文学科的项目在会议组织或期刊编辑这些工作中给予学生合作的机会。这是学习团队合作中所需的组织能力与专业沟通规则的重要途径。总的来说，学术成果依旧是个体努力的松散联合而非一个合作项目。在人文学科中对团队项目和共同作者的接纳，需要有文化观念的转变，需要将强调作者的个体性——在这些学科中这是根深蒂固的——转变为视学术研究为合作性的社会性努力。

期刊俱乐部似乎更容易被接受，毕竟人文学科也有很多文献。个体主义和专业化（以及研讨会的主流模式）的长期存在面临着一项挑战，即如何在博士项目中摸索出一种有效的形式，这种形式能够兼顾相对独立的学者们的兴趣。由于缺乏共同的课题，人文学科的学者们很难找到评价研究的共同基础，这往往使得彼此不同且又高度专业化的兴趣更为复杂。在很多人文学科的研讨会中，对理论的强调需要在对研究实践和知识创新的讨论之间保持平衡，而这正是自然科学期刊俱乐部之所长，并且这种平衡有可能通过对"这篇文章如何推动了本领域的发展"这一问题的关注而将理论与实践连接起来。在人文学科中，对地理区域、时间阶段或体裁的共同兴趣可能为跨学科的期刊俱乐部提供机会，进而为有意义的合作扩大了机会。在自然科学领域内，一些期刊俱乐部的关注点主要集中于重要的国际期刊，例如《自然》或《科学》，而不怎么关注分支学科中最受关注的出版物。一位化学教师指出，让学生在期刊俱乐部上介绍其他领域的研究，对"建立对科学的广泛理解，以便能够批判性地评价和学习其他学科的经验"非常重要。

在历史学科，将海报展示作为促进学术对话的手段正逐渐流行起来，但在英文学科此方法尚未产生影响。学生们准备海报并参加专业会议的活动，也会逐渐创造出一些围绕着界定研究问题和方法这些困难任务而得到指导的机会，此外，当学生做出了值得汇报的成果并且在更大领域展示这些成果的重要性时，这一经历也创造了他们获得认可的机会。因而，海报是会议论文、期刊文章和学位论文的序章。鉴于历史学科长期以来身负公共科普的责任，准备海报也被视作将复杂观点解释给一般听众不错的方式。合作是必要的吗？在自然科学中，海报展示出来的是合作的成果，甚至海报本身也是通过合作而完成的。在CID中，我们的参与者制作的海报介绍了他们在博士项目中的创新实践，这恰好提供了合作团队工作成果的例子。随着海报在人文学科的会议中逐渐出现，学生运用海报展示合作成果的做法必须得到有意识的培养（由他们就读的项目并/或者会议组织者进行），否则海报将无法发挥其全部的教育潜能。

这些合作实践从自然科学向人文学科的成功传播需要对传统观念的认识有一个转变，即博士生教育的目标是培养有能力从事独立研究与产生原创性成果的学者。这种转变要求我们思考如何培养学生参与合作：为团队项目做出原创性的贡献；满足团队（或合作者）的需求和期望；在合作伙伴各有所长的情况下，确保自己能够做出独特的贡献。

独立

这种合作性互赖的理念与培养能够独立进行原创性研究的学者之间是何种关系呢？我们在 CID 的工作表明，独立是学生发展的必要阶段：理想的情况是，学生从依靠他人的观点和帮助，成长为可以独立提出观点与创造成果，而独立产生高质量成果的能力则构成了互赖合作的基础。我们在上文提到人文学科的博士项目过于强调独立性的养成，忽视了发展学生合作所需技能的机会。与此相对，在自然科学中，很多学生的合作技能炉火纯青，但从未摆脱对他人的依赖，学生和教师双方都意识到，智识上的独立性是成长的重要方面。来自一位化学专业学生的抱怨颇为常见（但并不普遍）：

我觉得我所在的博士项目中，大部分导师将研究生看作廉价的实验室劳动力，不关心他们的智识发展。在我的实验室小组中，设计自己的研究是不被允许的，我们按照被告知的内容进行实验，并且我们对研究方向也没什么发言权。在我的项目中，没有任何激励能让我们成为有能力设计和推进自己研究课题的研究者。

自然科学的教师认为独立能力是逐步获得发展的。一位神经科学的教师如此描述这一过程：

激励学生并让他们感到自己"掌管着"研究项目并对其发现负有责任，也就是说，让学生对其智识贡献拥有所有权，尽管在一开始，这些成果实际上可能并不完全属于这个学生——但是有朝一日，他们将有能力做到这一点。

人文学科的学生如何培养学术独立的能力？这主要通过在学业初期就给予他们大量的自主权和责任来实现，尤其是给予他们选择研究议题与导师的自由。自然科学的学生在这些方面有一些选择权，但是远不及人文学科的学生享有的选择范围广泛。对于设计和开展独立研究课题的能力，人文学科的学生比自然科学的学生更有自信。是否有一些人文学科的经验可以适用于实验室科学呢？

在与我们合作的化学与神经科学的博士项目中，学生会参加一个基于共同内容的考试（在第一学年或者两学期的课程学习之后），还会就一个明确界定的研究课题进行答辩，然后才能获得博士候选人资格。在与我们合作的人文学科的博士项目中，学生被给予了确定考试内容的主要职责，这主要通过让他们完成一个阅读清单来实现，这一清单代表他们掌握了所选领域的基本知识（关于"清单"教学法的论述，详见 Golde，2007a；Golde，2007b）。此外，发展完善研究计划书并就此进行答辩是一项重要考验，这将考察学生"独立提出有趣的研究问题并用合适的理论框架和方法来解决问题"的能力。这一系列努力需要导师的引导，但主动权主要在学生手中。

一些与 CID 合作的自然科学项目尝试了一种新形式的资格考试，其中一项任务是让学生准备一个大规模研究课题的申请书并进行答辩，这个课题比他们毕业论文研究的范围更广，甚至可能是其他分支领域的问题。具体的形式是写一份成熟的、正式的经费申请书（然而这不会用以提交以获取资助）。这种实验的教育目标是让学生了解撰写经费申请书这一重要的实践，鼓励他们拓宽知识的广度，并培养其独立的思考能力。

明尼苏达大学的一个 CID 神经学项目通过一种独特的方式为学生提供培养独立能力的机会。他们建成了一个技术先进的科学实验室，但其建设资金与任何教师、任何课题都无关。在暑假期间，博士生们有机会在这实验室中就其独立（或合作）的课题进行实验。实验室的地点在校外，在该校的艾塔斯卡湖（Lake Itasca）中心，它也部分承担着博士生定向（orientation）的功能（一些教师和高年级学生也会参与其中）。自由探索原则是重中之重。在常规学期里，学生在导师的实验室里研究有基金资助的课题，但实验的自由被这一博士项目予以特别的重要性。作为新生定向的场所，这个独特的实验室在一个期待学生为实验团队贡献原创性见解与独立思考的文化氛围中，为博士生第一年的实验室轮转（rotation）奠定了基础。

那些需要在设备和仪器上耗费巨资的自然科学项目不太可能为学生提供从事完全独立研究的机会。实际上，在博士毕业后作为研究者的职业生涯中，学生们很少独自工作。自然科学的博士项目必须寻求培养独立思考能力的机会，尊重自由探索，允许学生养成其职业成功所必需的主动性和责任感。资格考试的过程和暑期项目是创新的重要机会，能够平衡研究项目受到经费资助而随之产生的局限。人文学科的经验——通常学生自己界定其研究领域——在自然科学博士项目中有限"自由"的空间内，依然可以适用。

展望

无论在人文学科还是自然科学领域内,学术研究都在朝着传统学科间的边界推进,朝着全新且令人惊喜的交叉领域发展。广博的知识面和促进有效合作的技能是成功的必要条件。博士项目对知识广度与合作技能的培养引发了对一对一的学徒制这种传统博士生指导模式的质疑。CID 主张保留学徒制的积极方面——频繁的互动、有意识的模仿和相互的责任。在新的培养框架内,学生是多位导师的学徒(一对多),在原则上学系内所有成员都为每一位成员的成功负有职责(多对多)。我们在项目报告中对共同体中的学徒制模式进行了详细的阐释(Walker 等,即将发表)。

培养学生在快速变迁的世界中为学者、教师和公共知识分子的职业生涯做准备,显示出某种关注重点的转变,博士生训练的终极目标从对独立性的强调转移至为建立自信、增强能力以及合作的技能和实践。对于如何平衡个人努力和团队合作,自然科学与人文学科都有重要的见解。我们在 CID 的工作明确表明,所有博士项目——无论哪个学科——都需要后退一步来审视各自学科的实践和假设。

欧洲各国及澳大利亚近来改革博士生指导标准所做的努力取得了令人瞩目的成就,这些成就在美国高度分权的高等教育体系中可能很难达成。尽管如此,要保持卓越,就需要对现行的实践和长久以来的传统进行批判性的审视。博士生教育的目标——培养能够创造新知识、推进新认识的学者——依然不变。然而,我们的研究表明,当学生步入一个令人兴奋却又不可预知的未来时,该如何支持他们,我们有许多东西需要相互学习——跨越学科、跨越国界。我相信,这样的未来将为博士项目研究提供新的路径,探索的自由与合作研究相辅相成是培养下一代学者的关键。

参考文献

[1] Becher, T. and Trowler, P. R. (2001) *Academic Tribes and Territories,* second edition, Philadelphia: Society for Research into Higher Education and Open University Press.

[2] Bell, R. K., Hill, D. and Lehming, R.F. (2007) *The Changing Research and Publication Environment in American Research Universities,* Working Paper SRS 07-204, Arlington, VA: Division of Science Resources Statistics, National Science Foundation, at: http://www.nsf.gov/statistics/srs09204/.

[3] Golde, C. M. (2007a) Signature practices and disciplinary stewardship: observations from the Carnegie Initiative on the Doctorate, *ADE Bulletin,* 16-23, 141-142.

[4] Golde, C. M. (2007b) Signature pedagogies in doctoral education: are they adaptable for the preparation of education researchers?, *Educational Researcher,* August-September: 1-8.

[5] Golde, C. M. and Walker, G. E. (eds) (2006) *Envisioning the Future of Doctoral Education: Preparing Stewards of the Discipline,* San Francisco, CA: Jossey-Bass.

[6] Huber, M. and Morreale, S. (2002) *Disciplinary Styles in the Scholarship of Teaching and Learning: Exploring Common Ground,* Washington, DC: American Association for Higher Education and Carnegie Foundation for the Advancement of Teaching.

[7] Lunsford, A. A. (2006) Rethinking the Ph. D. in English, in C.M. Golde and G. Walker (eds), *Envisioning the Future of Doctoral Education: Preparing Stewards of the Discipline,* San Francisco, CA: Jossey-Bass, pp. 357-369

[8] McGuinness, A. C. (1999) The States and higher education, in P. G. Altbach, R. O. Berdahl and P. J. Gumport (eds), *American Higher Education in the Twenty-first Century: Social, Political and Economic Challenges,* Baltimore, MD: Johns Hopkins University Press, pp. 183-215.

[9] Parry, S. (2007) *Disciplines and Doctorates: Higher Education Dynamics 16,* Dordrecht: Springer.

[10] Prewitt, K. (2006) Who should do what: implications for institutional and national leaders, in C. M. Golde and G. E. Walker (eds), *Envisioning the Future of Doctoral Education: Preparing Stewards of the Discipline,* San Francisco, CA: Jossey-Bass, pp. 23-33.

[11] Stacey, A. M. (2006) Training future leaders, in C. M. Golde and Walker G. E. (eds), *Envisioning the Future of Doctoral Education: Preparing Stewards of the Discipline,* San Francisco, CA:Jossey-Bass, pp.187-206.

[12] Thorgood, L., Golladay, M. J. and Hill, S. T. (2006) *U.S. Doctorates in the Twentieth Century,* Washington, DC: National Science Foundation Division of Science Resources Statistics, at: http://www.nsf.gov/statistics/nsf06319/pdf/nsf06319.pdf.

[13] Walker, G. E., Golde, C. M., Jones, L., Bueschel. A. C. and Hutchings, P. (forthcoming) *The Formation of Scholars: Doctoral Education for the 21st Century,* San Francisco, CA: Jossey-Bass.

第 4 章

学科之声：21世纪英文领域博士生教育的变迁图景

Lynn McAlpine，Anthony Paré，Doreen Starke-Meyerring

在博士生教育中，做什么是适宜的（Golde 和 Walker，2006；Noble，1994）？学科差异、日新月异的经济状况、科技革命或社会需要在多大程度上影响着这一问题的答案（Woollard，2002）？博士生教育为什么而做准备——学界工作还是社会领域的工作？这些问题凸显了学界内外博士生教育的变化及其颇具争议的性质，这也是我们在学术上（以及专门职业方面）感兴趣的问题。这些问题在加拿大和美国的大学中更为紧迫，它们面临着一些值得关注的难题：获取学位的时间在延长（Elgar，2003），博士学位的流失率高达30%~50%，其中人文学科的流失率更高（Lovitts，2001；Yeates，2003）。

在一个英文系学者和学生的帮助下——英文是人文领域的典型学科，本章探讨了博士生教育性质变化的一些问题。对我们而言，这是一个让我们深入观察另一个学科并且从更广阔的跨学科的视角去了解更多有关博士生教育的机会（McAlpine 和 Harris，1999）。观察与思考另一个与我们截然不同的学科文化，为我们提供了鲜活的例子，因为我们在自己的领域——教育——面临着相当不同但同样有利的政策和社会趋势。

在流行文化、出版业和英文博士毕业生就业市场发生巨变的时代，一门学科苦苦纠结于是否要，以及如何重新定义自己，出现了十分耐人寻味的景象。引用Gerald Graff 的一句话，"英文的博士生教育需要彻底的重新思考"（Graff，2006：

372)。这个不断变动的时代，促使我们思考：学科如何才能改变其博士生教育的实践？这些改变何以可能？具体到英文领域而言，它又将如何设想博士生教育的未来以及做出行动。事实上，我们认为，英文的博士生教育有机会实现复苏和增长，但前提是对该领域的转变进行全盘的审思；这需要改变许多传统的文化实践——这种转变对任何学科来说都并非易事。

如何开展研究

本章运用扎根理论，对一所特定的英文系进行了研究。鉴于我们对共同体中协商与建构的观念感兴趣，我们进行了焦点团体访谈（一名教师，一名博士生）（Wilkinson，2003）。访谈期间，我们向英文领域中发表过博士生教育研究作品的学者或机构寻求建议，以这种方式获取了他们所知晓的文献。

我们首先对访谈转录稿和笔记进行分析，针对每组寻找恰当的主题，之后我们将主题的初稿发给每组受访者，以确保其可靠性。接下来，我们阅读了英文同行们推荐的文献，以了解这一学系面临的问题在同领域其他同行中的经验中是怎样的。在此过程中，我们也依靠自身已有的知识——Anthony 和 Doreen 的"读写研究"、Lynn 的"高等教育教学与学术发展"，通过综合自己的理解和阐释，思考这对博士生教育意味着什么，而不局限于我们做探究的这一个英文系。在使用扎根理论时，我们努力保持对情境的敏感，尽力使自己的表达简明易懂但又不失严谨（Smith，2003），以便尽可能最好地呈现局内人的视角。

学系：学科的哨所

故事发生在特定的时间和地点：2005 年的麦吉尔大学，这所学校位于加拿大法语区，但学校以英文为基础。加拿大的政治体制高度分权，其信托和财政权力的分割——不同于英国和澳大利亚等中央权力相对集中的国家，限制了高等教育国家标准的制定。这似乎为大学和学系创造了更大的自由空间，以决定它们如何应对社会期望以及政府政策。

大约在 13 年前，这个英文系重新修订了其博士生项目的计划，包括 1 年的课程学习、1 年的"田野工作"（撰写大量的报告与参加考试），之后是学位论文，预计整个学制为 5 年。这一项目旨在"使学生了解某一特定的领域,并深刻理解一些对本领域研究产生影响的重要的理论问题"(P)。(大写字母代表人名: D 为 Dorothy,M 为 Maggie,P 为 Paul)

教授的声音:把完成学业当作一种柏拉图式的善

11 月中旬的傍晚。彼时天色已黑,窗外雪花飘落,校园万籁俱寂,我们围坐在 Paul 办公室的桌旁。Paul 是现任英文系主任,其研究兴趣是莎士比亚。他 4 年前才来到麦吉尔大学,相对来说算是个新人。Maggie 在麦吉尔大学工作了近 20 年,曾经担任英文系主任并一直担任研究生督导(Graduate Director)。她的研究兴趣是文艺复兴,与 Paul 的研究兴趣有重叠之处。Dorothy 现任研究生督导,她曾于 1999—2002 年也担任过这一职位。她是一位中世纪专家,在麦吉尔大学工作的时长与 Maggie 不相上下。*基于这些学者的研究兴趣,我们可以看出传统英文学系研究的核心领域。*(斜体的楷体字表示研究者对相关描述与陈述的评论,下文做同样处理,不再一一说明。)

我们问了几个问题,在接下来的一个半小时里进行了一场热情愉悦的聊天并讨论了一系列事情;我们在此将强调两个话题——它们代表了这一焦点团体关注的核心问题,一个是学校和社会对压缩学位完成时间所施加的压力,而这与成为学科成员需要一定时长的学科观念相冲突,另一个议题是关于吸引最优秀的学生。

对于学校日益强调 4 年内完成博士学业而不考虑具体的学科差异,Maggie 和 Paul 表达了强烈的不满。Maggie 将此视为一种"危险的思维"。Paul 认为"大学对人文学科存在着深深的误解","在规定时间内完成学业"是一个错误的命题,应该是"完成学位所需的时间"。受访的三位学者均希望学生在相对较短的时间内完成学业,但并不放弃"跟随其内心直觉"的机会(P)。"在一个相对风险较小的环境中做一些知识的探索,并不牺牲研究质量"(M)。大学的做法"真是令人沮丧,对艺术和人文领域的研究极为不利"。"为了拓展知识、推进学问,知识和思想的前沿探究都发生了些什么?"(D) *这里反映出的问题是知识生产模式一与模式二的对比反差(Gibbons,2000),学者们所秉持的是更为传统的学术知识观,而非看重社会效用的知识观(Golde 和 Walker,2006)。*

此外，还有更大、更长远的隐患："消极影响将传递到下一代学者，我认为这方面并没有得到充分考虑……也未得到理解。行政管理部门似乎并不关心（这些政策）对某些领域所带来的潜在的长期影响，例如那些可能需要实地调研或耗时的档案研究的领域"（M）。"被告知将要花多长时间意味着要做出一些选择……因此，至关重要的是，在那些可以决定未来学术方向的讨论中，我们学科应该得到充分的考虑。"（M）"需要为此发声。"（P）尽管20年来，现代语言学会（Modern Languages Association）一直在讨论学科性质以及博士教育的目的（Delbanco，2000），但这些并没有在英文学科之外引发人们的讨论（Graff，2006）。因此，高校很少意识到不同学科对博士生期望的差异。

当被问到英文学科是否讨论了这些问题时，Maggie 和 Paul 指出各英文系在争夺最优秀的学生。"我参加了一次英文系系主任会议……大家提到了优秀生的问题（指那些已获资助委员会奖学金的学生）——因为各系竞相争取这些学生……一位来自×大学很不错的系主任说'也许我们应该暂停'，我们都看着他且回答说：'好主意！但是我们不打算这样做。'……其中的原因，我们心知肚明……因为这样做将使我们处于劣势……"（P）"那正是你一直在努力且与之竞争的事情……"（M）"我们不仅想要吸引来自加拿大的最优秀的学生，还包括美国和欧洲等地区的学生，所以我们想尽己所能地把他们带到这里来……"（P）"通常而言，这意味着金钱。"（M）全球高等教育日益激烈的竞争（如欧洲的《博洛尼亚宣言》）所带来的挑战，意味着找到"保持优势"的途径。各学系提供的有吸引力的奖助计划，是影响很多学生选定就读项目的一个决定性因素。

总体而言，这些问题代表了对学科未来及学科掌舵人的担忧。它们也主要表现为与学校以及资助委员会的期待之间的摩擦，而博士项目之间的竞争似乎限制了集体行动。他们没有提及学科性质的变化如何影响着博士生，尽管 Graff 和 Lunsford 指出，英文学科不同寻常的变化既引起了英文博士生教育的压力，也成为其调整的动力（Graff，2006；Lunsford，2006）。接下来，我们转向学生的视角。

学生的声音：进入学术职业——我们为什么而做准备？在哪里做准备？

一个月后，12 月中旬，又是一个傍晚，天色已黑；没有下雪，从 Lynn 的窗外可以看到城市的点点灯光。Joel、Jenn 和 Janet 三位学生与 Lynn 一同坐在桌旁。在接下来的一个半小时里，谈话围绕着他们成为学者之路所经受的挑战和压力进行。

Joel 最先开始。他在别处取得了硕士学位，刚刚结束了在麦吉尔大学的第一学期的学习，他谈道："（我）不确定我是否喜欢教学，也不确定将来是否能找到一份学期制讲师的工作……大概到了第三年的时候，这种不确定到达了顶峰……我看不到自己的未来……那时，我想从事更多的研究和写作，认为读博士会是一个很好的起点。"*Joel 代表了英文领域日益普遍的一种职业出路——缺乏职业前景的学期制讲师，兼职或签署年度雇用合同（Graff, 2006; Zimmerman, 2006）——尽管这绝非英文大学教师预想的职业，他们的关注点在于培养学者，且主要是文学领域的学者。*

Jenn 是一名新晋博士后，她在 4 年的时间内完成了她在麦吉尔大学的博士学位。如果她花在博士学位论文上的时间再长一点，就"可以写出一篇'更好'的学位论文"，但是"由于资金的问题，我不得不速速写完"。Janet 很快就要完成学位论文了，她读博时间略超过 5 年，正是教授们所谓的"完成学业所需的时间"。"在我读本科的早些时候，我就想要攻读博士学位，现在……在就要取得学位的时候……我经常评估自己想要的工作是什么样的……确实，我的期望已经改变了。"（如前，大写字母代表受访者：Ja—Janet，Je—Jenn，Jo—Joel。）

这让我们开启对"预期"这一议题的讨论。他们为什么做这些？学生们的回答是："希望找到一份终身教职……"（Je）"是的。"（Jo）"我过去认为我当然能获得一个终身教职的职位。"（Ja）那么，这同他们的博士项目相契合吗？回答是："我们是按照终身教职的要求来培养的，他们并未讨论其他选项。"（Ja）Joel 补充道："因为研究型大学之间存在真正的竞争。这就是为何我们系对我们的培养定位是研究型学者而不是教师型学者（teacher-scholars）。于是，我们学院几乎没有把注意力放在教学上，因为他们默认为要把我们培养成为下一代的研究型学者。这一目标通过'列出最终就职所在学系的名单'得到强化——如果你就职于一所（初级学院），是不算数的……教师没有给予这种工作去向同等的效力。"尽管改革博士项目的呼声四起（Graff，2006），但博士项目尚未考虑其他职业前景而仅关注文学领域的终身教职，这在英文领域的描述中已相当常见（Golde 和 Walker，2006）。与此同时，有些项目在"创作与修辞学"或科学英文中寻找替代方案。然而，考虑到文化模式及实践再生产的总体趋势，这种博士项目的变革困难重重，还可能会引发学系内的分裂以及对雇用、管理等学系优先权进行再思考。

虽然他们希望或曾经希望在研究型大学获得终身教职，但他们也知道实际上未来并不能如愿。在大家的纷纷议论中，这一现实浮出水面。"对于毕业生而言，大概只有一半数量的终身教职虚位以待。"（Ja）"你取得终身教职的院校也许很难如你所愿——并不一定是在研究型大学。"（Je）Janet 补充了从现代语言协会获得的信息（他们三人似乎都有所了解）：在北美每年大约有 900 名博士毕业生和 400 个终身教职空位，算上"很多、很多文理学院……在小镇村庄"（Ja）。Jenn 声称"他们并没有告诉我们：'你们是不可能在麦吉尔大学就职的。'因为你绝不会在比博士就读学校更好的高校工作，在就业市场上，你只能向低处流动。他们并没有说聘用我们的学校不会是麦吉尔大学或加拿大其他的研究型大学"。此外，他们知道这个英文系正在从国外招聘教员；事实上，他们还专就此问题进行了研究，并发现近年来新进教师的 80% 都来自美国——"这又给我们传达了什么信息呢？"（Je）学术聘用越来越国际化，毕业生不仅仅与加拿大的同行竞争职位，还与其他国家，尤其与美国学者竞争。Bidwell 证实了学生们的说法，当年获得加拿大大学终身教职席位的学者中，只有 50% 的人持有加拿大的博士学位（Bidwell，2005）。这与合约职位的雇用情况形成鲜明对比，合约职位全部由持有加拿大博士学位的毕业生占据（Bidwell，2005）。并且，学生们的处境并不乐观；Zimmeroman（2006：42）指出，"每年找工作时毕业生都充满羞辱感，缺乏安全感。由于所在学系对'新鲜血液'的渴望，所以自己的毕业生并没有被录用……有人将此称为封建制度"。

那么，未来会怎样呢？加拿大少量的研究型大学留有终身教职席位，但这些位置并不多。尤其如 Jenn 指出的那样：学期制教师的数量日益增加，在加拿大的一些高校中，这种教师接近学术教员的一半。"你需要降低一些期望"（Je），接受"这样一种现实：在市中心的研究型大学的职位可能并不好获得……不得不降低身段"（Ja）。这种情况在美国同样存在（De Naples，2003）。

在意识到这种令人沮丧的态势后，我们转向博士生教育存在的问题。"由于资助问题，我们面临着很多困难……基本上，我们大多数人清楚资助决定着我们的进退。所以，如果我们得不到不错的资助，就不得不从事（助教）和其他工作，这对我们大多数人来说是宝贵的工作经历。但这对大学才真正有价值，因为我们是如此便宜的劳动力。他们（指行政部门）……竭尽所能地使用我们，无须过多担心研究生 7 年或 8 年后是否仍在学校。"（Jo）North 等（2000）认为，学科内对文字和传播研究的价值缺乏共识，大学利用了这一点以聘请兼职讲师讲授大量的传播和写作课程。Graff 也同意这一分析（Graff，2006）。

"是的，这是一种软性资助……"（Jo）"这种实际上是工作的资助并不奏效，资助与工作很不相同，但并没有得到明确的区分。"（Je）"是的，他们称之为资助，但它实际上意味着'苦役'……"这里的问题并不是说助教工作不尽如人意——实际上助教工作是相当有趣的！只是这些工作量占用了他们作为一名研究生本该用于潜心研究与写作的时间和精力。因此，行政部门迫使学生们在 4 年内完成学位的要求并不合情理，鉴于助教工作占用了大量时间（很多是无偿的），而这是唯一"有保障的资助形式"（Ja）。助教普遍存在于英文博士项目中，一半以上的高校给所有一年级的博士生提供助教岗位（wysiwyg://35/http://wwww.mla.org/ sum_tables）。*确实，在规定时间内完成学业的例子，很可能来自资助状况较好的学科的状况，他们的学生可以在实验室中作为研究助理专注于自己的论文，这与英文领域的状况截然不同，在这里，资助往往与学生研究的相关性更小。*

对学生而言，关键问题在于缺乏职业机会，这与博士项目如何培养他们以便为未来做好（或不做）准备有关。教学是一把双刃剑（生存所需，且被视为学习机会，但另一方面，却挤占了本该用于学习的时间）。这些学生正经历着 Graff（2006）所说的惩诫性的"课程"，即一系列经协商达成的妥协，这些妥协由于信息混杂而引发了学生的迷失和困惑。学生也没有提到学科领域性质的变化（相对于就业市场）如何对博士工作的准备产生影响。

现实经验：宏观环境的映照

在我们看来，这些访谈凸显了在这一学系中英文及其博士生所面临的紧张与压力。这些问题如何与更广泛的英文领域存有关联？英文作为大学里一个学科的地位，日益成为一个问题，教师和博士生两个群体都对此表示同意。尽管考虑到师生不同的身份，其观点各异，但他们都认为大学并未理解或承认自然科学和人文学科之间的差异。实际上，可能正如 Lyotard 的预言：大学可能把自然科学置于人文学科之上（Lyotard，1984）。又如 Hyland 谈到，科学在很多情况下都非常成功地阐明了科学知识在后工业社会中的意义和价值（Hyland，2004）。另外，Delbanco 表达了他对院校压力的担忧。他谴责大学的市场隐喻和管理主义，并坚定地认为，在财政方面人文学科的优先权较小，院校把对科学的羡慕作为发展的推动力（Delbanco，2000）。

学生们从大学得到的资讯杂乱冲突，学生们感到来自学系的讯息也一样。他们理解教授们希望这是"你生命中最美好的一年"。但是，不断地争取资助——做助教，以及在毕业前努力发表大量的文章——如果他们希望竞争到一个终身教职的话，促使他们自问："哪里有时间反思，哪里有时间享受？" Delbanco 指出研究型大学（如麦吉尔大学）的博士生受到发表计划的胁迫，研究生也意识到他们实际上是受压榨的雇员，不过受到了虚假的未来承诺的安抚而已（Delbanco，2000）。Folsom 也阐述了科研竞争日益激烈的结果，其中影响到麦吉尔大学学生（在某种程度上也涉及学者）的特征有：水涨船高的终身教职标准、学科专业化要求的提升（表现在研究生需要的教学能力和发表文章数量相当于 15 年前对终身教职的期望）、那些受聘于学院的学生有着更强的发表表现而不是教学成绩（Folsom，2001）。这些观点均反映出 Graff 所谓的"无情的科研生产力加速"（Graff，2000：1192），即为了获得面试机会，需要发表文章。

至于终身教职，学生和教授再次一致地认为此类职位是希望所在，但是学生们却有一丝失望和上当之感，因为他们看到现实既与他们的期望大相径庭，也与学系里为他们所做的职业准备不相匹配。Delbanco 回应了麦吉尔大学学生的担忧，他指出那些曾经认为自己将会成为著名大学教授的学者其实是学院里低薪的写作课教师（Delbanco，2000）。Folsom——艾奥瓦州立大学（一所大型研究型大学）英文系的前系主任，对当前学院与研究型大学竞争的期望感到惋惜，并认为这种转变源于学院以获得一流人才为院校重要的目标，因此沦为二流的研究型大学而不是一所独特的本科制学院（Folsom，2001）。

知识生产的变迁图景

我们在阅读文献的过程中发现了一个在我们与英文系的学者和学生访谈的过程中未曾提及的问题：知识生产性质的转变及其对英文领域的影响。这种知识生产性质的转变包括诸如读写能力概念的激进变化、新媒体和电子技术的出现、文学与修辞学之间的分化、文学与文化研究之间的分化、传统主义者与后现代主义者的理论鸿沟，等等。知识生产的转变是如何形成或改变学科的？如果学者希望对不断变化的外部环境做出回应，同时坚守学科传统，那么他们该如何回应学科知识生产的潜在分裂？鉴于我们认为这些问题影响着博士生教育（doctorate）的性质和目的，所以将会对其进行进一步思考。

有趣的是，麦吉尔大学英文系位于魁北克省，恰好处于 Lyotard 所言的"后现代状况"的教育环境中（Lyotard，1984），Lyotard 对这种环境变化的分析具有突破性的理论意义。正如 Lyotard 所指出的，在后工业社会，在全球资本主义的条件下，"知识已成为主要的生产力量"，从而引发了知识价值评判的根本性转变。具体来讲，他指出，在后工业社会，知识日益因其具有工具和经济价值而受到重视，而那些纯粹性的知识或为了社会进步、社会解放的知识则日渐受到冷落。"无论现在还是将来，知识为了出售才被生产，为了在新生产中增值而被消费。在这两种情况下，知识生产的目的都在于交换。知识本身不再是目的；它已经失去了它的'使用价值'"（Lyotard，1984：4-5）。

也许没有什么学科比英文更能反映这种转变所产生的紧张。一方面，这一领域的传统研究方向，诸如古代或现代文学作品、批判理论、文化诠释学，难以受到后工业社会日益强调知识交换价值的支配。另一方面，随着修辞与创作、文字研究、读写研究、文化研究、媒介研究、技术与专业传播以及科学修辞学等各分支学科的兴起及近期的蓬勃发展，都体现了知识生产及其价值的转变。这些分支学科拓宽了英文的研究领域,对英文的研究从小说和诗歌的创作拓展为课堂内外的学生作家、网络的青少年、诸如工程师或管理者等专业人士、跨学科研究人员以及公共场所的公民。在过去二三十年里,这些分支领域发展迅猛,众多博士项目、专业学会、大型的学术年会及学术期刊都证明了这一点。这些领域最初是为了回应美国众多的社会、政治的急切问题而出现,现在这些领域在加拿大也逐渐得到发展。

这些博士项目发展的同时,它们也引发了不少紧张关系,因此课程结构和学术规范在知识新兴形式与传统形式之间正在进行协商。大多数增长的项目来自这些新兴的学科领域,更易获得资助,劳动力市场对其毕业生的需求也最大,由于专门从事这些新兴领域的人才供给不足,许多职位处于空缺状态。然而,并非所有的英文系都主动发展了这些新兴领域,这背后有多种原因,例如所在大学的总体使命、抵触新研究领域所代表的知识转变,或者缺乏资源。学科带头人(Golde 和 Walker,2006)需要兼顾学科内外的利益,他们面临着挑战,即如何缓解与时俱进同传承过去精华之间的矛盾。

合作建构学科、学位项目与培养过程:通向未来的路?

随着学科的转变,博士生教育的目的和实践又是如何发生变化的?上文已指出,有关英文博士生教育目的的探讨从未停止,但至今尚无定论(如 1999 年那场"博士生教育的未来"会议)。研究生项目主任 De Naples 问道:"研究生院可以做些什么来提高我们的专业知识?系主任和资深教师应该做些什么来确保他们年轻的同行能够获得终身教职和晋升?"(De Naples,2003:40)。他给出的答案是:既然学生往往在 2 年制学院而不是研究型大学找到工作,那么学生在读期间应该为日后在 2 年制学院的发展做好准备,他们要积累教学与服务的知识以成为 2 年制学院更合适的人选,此后也能在这些机构里成为更出色的教员。这并不是激进的转变,在设想中也能行得通,不会对院系的做法带来实质性的干扰。

对于上述问题,学科内还有哪些更大胆的可能?North 等认为需要进行彻底的反思,创造一个截然不同于初始构成要素的全新独立的实体(North 等,2000)。这样做的理由是迄今为止所做出的尝试(例如剥离修辞和文化研究,或者采取折中的办法将所有东西集合在一起来创建一个"综合"课程）根本不奏效。同样，Lunsford 提出英文应包括文学、语言和写作（鉴于交流行为以电子化的方式互相融合，将它们彼此分离只会适得其反）(Lunsford, 2006)。博士项目还应包括一系列各种各样的语言和图像——电影、视频、多媒体、烹饪书和墓碑铭文。她认为修订博士生录取程序以减少排斥同样重要，那些排斥性的做法使得女性和少数族裔在学生中的比例偏低。最后，Lunsford 认为，学生进行合作研究绝对有必要，如果可能的话开展多学科的合作项目。她甚至建议合作撰写学位论文，以使学生为社会的不断变化做好准备，并满足那些完成博士学位的人的期望。

为了应对日益加剧的观念和方法论冲突，Graff 提出"有争议的学科问题"应构成博士生课程的基础（Graff, 2006）。例如，研究生入门课程可以聚焦于争论不休的问题，诸如：什么是英文？"发表或出局"的制度是如何演变的？其理性逻辑是什么？对此应该做些什么，如果可以做的话？Graff 还提出了尽量在学科内整合多个领域的其他建议，例如，发展并推动非学术就业的替代方案；通过提供共同教授的课程，探索博士生项目与英文教师教育项目中科研与教学目标的共同基础。

结论

本章站在加拿大或者说北美洲的立场上探究了英文领域博士生教育的性质——其中的人们将此称为"专门职业（profession）"。我们看到了教授和学生们处于一个互相关联又相互冲突的世界，他们努力在一个日益复杂的世界中调和社会驱力、院校需求和学科期望。英文（与现代语言）的文化是一种"不断变化却又脆弱的稳态系统——一种对立力量的独特平衡，一种在进化和适应环境变化的同时避免或尽力避免崩溃的方法"（Evans, 1990：275）。

同时，英文学科与其他学科面临的问题类似，我们可以从中获得一些启示。事实上，我们惊讶于这些学科之间的共通之处。例如，在社会科学领域，人们同样担忧新晋博士生的职业道路。在教育和其他应用研究领域，人们正在努力创建新的博士学位——这些博士学位被认为能让学生更充分地为参与知识生产模式而做好准备。如美国的"未来教师培训计划"和"卡内基博士学位计划（Carnegie

Initiative on the Doctorate)"等项目为学系和学科重新思考博士生课程提供支持。此外，卡内基基金会近期的一项提案明确地将方向指向了探索明显不同于研究型学位的教育专业博士学位。

与此同时，卡内基博士学位计划批评了学科在反思博士生教育方面所做的工作，这凸显了从学科内部进行改革的困难（Golde 和 Walker，2006）。Golde 和 Walker 书中提到的改革建议多来自德高望重的学科专家，不过这两位编者将这些建议描述为渐进式变革，而不是激进地重构博士生教育。这种立场也可能被解释为在适应环境不断变化的同时避免学科崩溃（Evans，1990），它也可能体现出社会-文化实践的内在稳定性和连续性——事实上，杜绝嵌入式思维和行为方式的再生产并非易事。Delamont 等指出，学科知识和技能在博士生教育中的代际传递，导致了学术实践的再生产（Delamont 等，1997）。此外，学术知识是由更广泛的社会背景影响的文化产品（Hyland，2004），学系也可能更关注学科以外的东西，诸如它们所处的院校、谁在质疑学科/院系已确立但又略有差异的实践——例如，麦吉尔大学校方推动在较短时间内完成学位。不过，上文列举出的一些英文学科内变革的例子代表了更为激进的观点。他们提供了一系列适用于所有学科的问题：

知识生产模式的转变是如何形成/改变学科的？学科边界潜藏着哪些新的领域与思维方式？

我们如何恪守学科带头人之责——既保存本学科的精华，又能有效应对不断变化的环境？

这些问题的答案如何改变博士生教育的目的和实践？

解决这些问题需要同时重构学科（一种独特的知识文化和不同的思维、行为方式及价值体系）、学位项目（博士学位）和学者培养的过程（建立学术认同）。在博士生项目中，学者和学生可以通过共同的探究来形成并改变学科，同时找到应对、转移、限制或利用院校和社会影响的方式。这些挑战需要学科为自身保有尊严，要寻找个体与学科目标的连续性，并保证学术的可靠性——既能维持学科传承，也能容纳学科认同与关系的转变。最后，我们以 Royster 向其英文同行提出的问题作为结束，这一问题富有挑战性且现今仍然存在："鉴于我们在不断变化的物质环境下存有不可避免的分歧和蓬勃发展的合作,我们如何进行有意义且有用的对话……以协调共同和非共同的行动?"(Royster,2000:1226)。

致谢

非常感谢来自英文领域的 D. Bray、M. Kilgour、P. Yachnin、Janet、Jenn 和 Joel,他们分享了自己的观点,并且阅读本章初稿,帮助我们更好地理解这门专业。其中三名学生希望在文中仅仅使用他们的名字而隐去姓氏。

参考文献

[1] Bidwell, P. (2005) CACE/ACCUTE hiring survey, 2004–2005, *ACCUTE*, June: 6-11.

[2] Delamont, S., Atkinson, P. and Parry, O. (1997). *Supervising the Ph. D.*, Buckingham: Open University Press.

[3] Delbanco, A. (2000) What should Ph. D. mean?, *PMLA [Modern Language. Association Newsletter]*, 115(5): 1205-1209.

[4] De Naples, F. (2003) Between the undergraduate college and the graduate school: what do undergraduates need? What are doctoral programs doing?, *ADE Bulletin [Association of Departments of English]*, 29-82, 134-135.

[5] Elgar, F. (2003) *Ph. D. Completion in Canadian Universities*, Halifax, NS: University of Dalhousie.

[6] Evans, C. (1990) A cultural view of the discipline of modern languages, *European Journal of Education*, 25(3):273-282.

[7] Folsom, E. (2001) Degrees of success, degrees of failure: the changing dynamics of the English Ph. D. and small-college careers, *Profession*, 121-129.

[8] Gibbons, M. (2000) Changing patterns of university-industry relations, *Minerva*, 38: 352-361.

[9] Golde, C. M. and Dore, T. M. (2001) *At Cross Purposes: What the Experiences of Doctoral Students Reveal about Doctoral Education*, Philadelphia, PA: a report

for the Pew Charitable Trusts, ERIC Documents ED (www.phdsurvey org).

[10] Golde, C. M. and Walker, G. E. (eds). (2006) *Envisioning the Future of Doctoral Education: Preparing Stewards of the Discipline*, Carnegie essays on the doctorate, San Francisco, CA: Jossey-Bass.

[11] Graff, G. (2000) Two cheers for professionalizing graduate students, *PMLA*, 115(5): 1192-1193.

[12] Graff, G. (2006) Toward a new consensus: the Ph. D. in English, in C.M. Golde and G. E. Walker(eds), *Envisioning the Future of Doctoral Education: Preparing Stewards of the Discipline*, San Francisco, CA: Jossey-Bass, pp. 370-389.

[13] Hyland K. (2004) *Disciplinary Discourses Social Interactions in Academic Writing, Ann Arbor:* University of Michigan Press.

[14] Lovitts, B.E. (2001) *Leaving the Ivory Toner: The Causes and Consequences of Departure from Doctoral Study*, Lanham, MD: Rowman & Littlefield.

[15] Lunsford, A.A. (2006) Rethinking the Ph. D. in English, in C.M. Golde and G. E. Walker (eds), *Envisioning the Future of Doctoral Education: Preparing Stewards of the Discipline,* San Francisco, CA: Jossey-Bass, pp.357-369.

[16] Lyotard, J. F. (1984) *The Postmodern Condition: A Report on Knowledge* (Transl. by G. Bennington and B. Massumi), Minneapolis: University of Minnesota Press (original work published in 1979).

[17] McAlpine, L. and Harris, R (1999) Lessons learned: faculty developer and engineer working as faculty development colleagues, *International Journal of Academic Development*, 4(1): 11-17.

[18] Noble, K.A. (1994) *Changing Doctoral Degrees An International Perspective*, Buckingham: Society for Research into Higher Education and Open University Press.

[19] North, S., Chepaitis, B.A., Coogan, D., Davidson, L., Maclean, R., Parish, C.L., Post, J. and Weatherby, B. (2000) *Refiguring the Ph. D. in English Studies Writing Doctoral Education, and the Fusion-based Curriculum*, Urbana, IL:

National Council of Teachers of English.

[20] Royster, J. (2000) Shifting the paradigms of English studies: continuity and change, *PMLA*, 115(5): 1222-1228.

[21] Smith, J. (2003) Validity and qualitative psychology, in J. Smith (ed.), *Qualitative Psychology*, London: Sage, pp. 232-235.

[22] Wilkinson, S. (2003) Focus groups, in J. Smith (ed.), *Qualitative Psychology*, London: Sage, pp. 184-204.

[23] Woollard, L. (2002) The Ph. D. for the 21st century, paper presented at the annual meeting of the Canadian Society for Studies in Education, Toronto, Canada.

[24] Yeates, M. (2003) Graduate student conundrum. *University Affairs*, February: 38-39.

[25] Zimmerman, B. (2006) The plight of Canada's contractual professors, *University Affairs*, January:42.

第 5 章

作为课程的博士生教育：博士生教育目标与成果的视角

Rob Gilbert

何为研究中的知识，在学科传统与组织机构的文化实践中曾是隐而不彰的。在中世纪大学与修道院传统的理念中，学习即沉浸于学术话语实践之中，这种实践既隐含于一系列的共同体关系之中，也藏于观念世界。现代大学，尤其是那些颇具科层制色彩的现代大学，将知识以目标、成果与技能的架构进行编码，使那些在特定话语共同体中一度晦暗不明的内容如今成为政策与评估或直言或隐含的主题。

在政策与培养程序推进科研训练（research training）[①]的过程中，大学通过明确博士学位的目标与考试标准将研究学位标准化了。考虑到博士生教育面临的挑战和研究过程中涉及知识的理解，本章将对那些提出目标和评估标准的尝试进行回顾与反思。

本章将简要回顾近来有关博士生教育的争论，并认为有必要将这些争论的某些方面视为课程相关的议题。从课程的视角来看待博士生教育，将注意力导向了博士生教育赖以为基础的知识类型，以及它们在学位文件当中是如何被表述的。本章以一项有关澳大利亚的大学博士学位课程的研究做阐释说明，也将涉及与其

[①] "科研训练（research training）"这一术语与英国及澳大利亚标准的政策用语相一致。围绕着这个用语，可以提出一些问题，例如训练是否可作为概括博士生教育整个过程的合适概念，不过本章并不打算处理这个问题。本书中的其他作者使用了与此相关的另一个术语——"科研教育"（research education）。

他地区进展的比较。

博士生教育之忧

近几十年来，作为科研训练的形式，博士生教育的目的与实践经历了史无前例的质疑。长期位居大学学术顶端的博士生教育，其传统的形式和地位面临着与日俱增的挑战，对科研训练质量与广度的担忧不绝于耳。

在澳大利亚，一些政府报告及相关调查表明了这种担忧（Gallagher，2000；Kemp，1999；Review Committee on Higher Education Financing and Policy，1998）。在美国，有人声称本国的学术型博士学位不合时宜（Kendall，2002），博士生训练中的组织需求压倒了学生毕业之后的需求（Adams 和 Mathieu，1999；Association of American Universities，1998；Geiger，1997；Raber，1995）。英国也出现了诸如此类的问题（Economic and Social Research Council，2001；Office of Science and Technology，1992）。在对英格兰博士生科研训练发展的回顾中，Coate 和 Leonard 指出尽管缺乏系统的研究，他们注意到研究委员会中的一种看法："博士生教育，既没有给予那些进入学界之人以足够严格的方法论训练，也没有为离开学界的人提供初始和持续的职业发展能力。"（Coate 和 Leonard，2002：24）

质疑传统博士生课程的一个核心论题是，学术界不再是博士毕业生的主要去向（Adams 和 Mathieu，1999；Golde 和 Dore，2001；Raber，1995；Review Committee on Higher Education Financing and Policy，1998；Wellcome Trust，2000）。人们关注博士生教育与工业界需求间的关系，关注学生在大学之外或工业研究实验室的生涯发展（Adams 和 Mathieu，1999；Association of American Universities，1998；Bourner，1998；Economic and Social Research Council 2001；Geiger，1997）。

另外，博士生教育的特有的目的也备受质疑。在《论博士教育的性质》（*The Nature of the Ph. D.*）中，英国科学与技术办公室（UK Office of Science and Technology，OST，1992）指出了关于博士生项目的一系列相互竞争的看法，包括以下几点争议：

- 博士生教育是否为大众化教育系统中的一个部分？（英国科学与技术办公室认为这是英国教育体系的关键特征。）

- 博士生教育是否为学术的学徒制？（此为传统欧洲大学的焦点。）
- 博士生教育是否增进知识，是更强调原创性研究，还是更侧重科研训练项目？

一些研究表明，博士生教育的重点究竟是生产新知识还是培养训练有素的研究者，学者们尚未对这一问题达成共识（Hockey，1995；Johnston，1999；Pearson 和 Brew，2002）。近些年来出现了一种转向，从将博士生教育视为生产研究产品（论文）转为将其视作科研训练的过程以及技能与专业知识的发展（Park，2005），换言之，博士生教育从学术模式转向训练模式（Deem 和 Brehony，2000：150）。然而，人们对科研训练偏狭的技术路径存在的危险表示忧虑（Pearson，1996；Pearson 和 Brew，2002；Raber，1995）。与此相关的一个重要进展是在大学中强调那些基于博士学习才可能形成的普遍性能力（generic skills）（Gilbert 等，2004a）。这些关于博士生教育的性质、范围、重点问题正是课程的相关议题。

作为课程的博士生教育

博士生教育面临的挑战，引起了日益增多的有关博士生教育过程的探究与评估性研究，这些研究尤为关注指导与科研训练的文化（Deem 和 Brehony，2000；Delamont 等，1997）。

20 多年前，Connell 指出聚焦于博士生指导的过程将会提出一系列与课程相关的问题（Connell，1985）。然而，有关博士生指导与教学法的研究并未直接讨论那些或可称为博士生课程的问题——研究生在学习过程中学到了什么，这不同于他们如何学习或项目传递的有关事宜。本章认为将博士生训练视为课程以及教学法的议题颇有价值。

Burgess 曾建议将研究生教育的研究与课程探究结合起来，包括研究生科研的结构及内容（Burgess，1977：15）。McWilliam 和 Singh 识别出"将课程作为科研必要组成部分的强烈压力"，尤其考虑到"政府理性""知识社会"以及"组织逻辑"日益将高级学位研究的过程和产物变为对大学内外的利益相关者而言的可计算之物（McWilliam 和 Singh，2002：4）。

Hamilton 将英语中"课程"一词用法的起源追溯至 16 世纪末的格拉斯哥大

学（Glasgow University）（Hamilton，1987：34），其本意是指一整套学习内容的"秩序、融会贯通与智识规训的构念"，"创设一门课程即指将存储起来的人类经验体系化"（Hamilton，1987：202）。博士生课程正是对经验进行系统性的筛选与组织安排，以促进博士生科研训练预期成果的产出。这恰与 McWilliam 还有 Singh 的看法一致（McWilliam 和 Singh，2002），他们反对将课程仅仅理解为学习的一门门课（course）以及课程作业的传统观念，而是主张在科研中对个体的指导也可被视作课程的一种形式。

有多种方式可以将课程概念化（Ross，2000）。最为常见的是预期课程（intended curriculum），它是对教学目的（purpose）、目标（aims）或预期成果的正式表述，在一些情况下也体现为一系列要知晓的内容或概念，抑或应掌握的能力和技能。这些正式陈述在实践中的转化又引出了实践课程（enacted curriculum）的概念，它指为了实现宣称的目标，教育机构或专业项目设计与提供的经历，在课程阐释和实施的过程中对预期课程进行的选择、补充与改变。

隐性课程是指隐藏于教育机构或学位项目的实践或文化中且被其参与者所习得的知识、信仰、价值或实践。隐性课程既不明显源于宣称的目标，也不被公开地设计以实现这些目标。举一个隐性课程的例子，例如学术认同的社会化，在此过程中博士生可能习得与某些学科或研究群体相联的态度或价值观，无论这些是否是博士生项目公开宣称的目标。另外，非正式课程可被理解为参与机构活动或教育项目所获得的学识，但这并非实践课程或隐性课程。此种课程的例子包括向其他学生学习或参加学生组织的活动，或者从机构外或专业外的活动中学习。

可以将博士学位视为一种涵盖了以上所有课程形式的学习项目。这与聚焦于"博士生经历"或科研训练"文化"的研究不谋而合。不过，当前讨论的焦点集中于大学明文规定的目标，因而本章是一项有关博士生预期课程的研究。

课程的议题源自有关博士生科研训练的目的与内容内涵的争论。传统博士生教育的支持者认为，成功科研所需的才能（进而也是成功的科研训练所需要的）是难以言喻、含糊不定的，任何对其进行清晰阐释的努力都难以得其全部。Phillips 引用了一位导师的观点，他说博士是独一无二的产物，很难将他们普遍化，"经验教会人们去体验什么是有趣的,什么是令人兴奋的"(Phillips,1993:16)。Pearson在博士生质量的相关文献中勾勒出专业研究者的肖像：他们敏锐机智,能觉察到做出有益贡献的机遇；能够评价他人的工作；拥有以新方式重新界定问题的能力,以及知道何时采取行动的判断力（Pearson,1996)。Pearson也指出,尽管在她的研究中,学生们谈到了所谓"感觉"与判断,但它们并未得到清楚的阐述（Pearson,1996：307）。

Smart和Hagedorn在其研究中也呼吁要培养学生类似的能力,他们强调想象力、对他人情绪的敏锐性,而弱化了对同化策略的注意——博士生的主要关注点在于抽象的观念与概念而非人（Smart和Hagedorn,1994：255）。McWilliam等认为,创造力、想象力与鉴赏力在新知识经济时代是颇具经济价值的品质,科研训练需要对此做出回应（McWilliam等,2002）。Raber的报告呼吁美国科学与工程教育项目应增强可迁移能力而非专业技能。Pearson和Brew在期望博士生具备的能力清单中补充了机智与适应性（Pearson和Brew,2002）。

想要说明构成学术最高等级知识的能力包含哪些,其难度不可低估。然而,教育目标含糊的教育事业将会奋力以确保其目标实现,努力说服其客户和资助者它值得支持。正是由于这个原因,博士生科研训练、博士生课程的性质及目的需要深思熟虑（Gilbert,2004）。

课程是关于实践的表达,课程源自实践。传统上,博士生学习在传统上是学徒制,学生作为新手参与并观察研究者共同体,并得到导师的密切指导与言传身教,研究经验以此种方式习得。直到最近,这种教与学的形式才成为试图去描述的主题,人们也试图澄清与确定这些实践要达成何种目标,应包括哪些要素。

任何有关博士课程的描述具有继往开来的意义。说其"继往",是指它试图用语言来记录以往实践中有价值的方面,以确保其得以延续。言其"开来",是指它试图以人们希望的方式去影响和指导实践。与所有官方文件一样,关于博士生学习的目的、目标与项目的公共陈述众说纷纭,具有多重功能、受众意识与意图效果的特点。例如,对博士生教育的描述通常会典型地受到下述几点的影响：期望吸引和鼓励潜在的博士候选人,对大学地位、风格和研究重点的形象的呈现,以及提供一些标准,在此基础上学校的策略、程序和责任得以产生与正当化,博士生项目也据此评价。此种描述旨在兼顾潜在学生与在读学生、导师和其他教职工、行政人员、审查人员、政府和其他利益相关的听众。

作为文本构建过程的结果，博士生课程的目标与要素的陈述是片面且有筛选的。这些陈述也是抽象的、一般化的，鉴于它们将应用于广泛的学科领域，应具有灵活性，以防具体研究项目的原创性受到不必要的限制。然而，此种普遍性不可避免地意味着将这些陈述作为政策或实践的指南需要大量的解释和推断，这可能会限制它们作为实践或结果质量指南的用处。

知识类型

如果课程是对需要掌握的知识进行有序、连贯的安排，那么对其成功的描述将取决于我们用语言来呈现这些特质的能力，语言在实践中是权威的、可再制的。出于这些目的，识别知识的构成要素通常采取对知识一系列重要的类型进行分类的形式。这些分类是基于概念分析而非基于知识实践经验研究而提出的，但却有利于对课程进行综合系统的描述。综合而言，这些分类有以下几种主要形式（Blackler，1995；Clegg，1999；Collins，1993；Fleck，1997，引自 Johnston，1998；OECD，2000；Pole，2000）：

● 抽象的命题性或陈述性知识：了解事实、理论、概论、概念。此类知识也常被编码为公式、文本或图表的形式。

● 抽象的程序性知识：包括概念技能以及分析、解释和解决问题的认知能力。

● 行动表现、人际交流和心智技能中的行动知识。

● 在专业实践与专业性判断中运用到的缄默知识或习惯性知识。

● 对他人观念与经验的文化理解，包括通过共享的观念对他人产生移情式理解。

● 系统性常规、技术与程序中的嵌入式知识，如工具与仪器的使用。

以上类型可能并非穷尽无遗；它们之间交叉重叠，并不独立发挥作用；它们也可进一步被细分。然而，它们为广受认可的课程要素提供了有用的模式，对它们进行区分也有助于阐述博士生教育的预期目标。在不同语境下，对这些知识类型在不同情境下的阐释及其优先顺序是评判博士项目质量的重要问题。

本章接下来的讨论将考虑这些类型，以探讨博士教育的预期课程。相关讨论主要参考了一项关于澳大利亚博士学位课程的研究（Gilbert 等，2004b）。该研究分析了 25 所高校的博士生项目，综合运用了相关机构网站信息、宣传资料、信息手册、学位管理条例与考试标准等资料。第一部分基于有关博士生教育目的、目标与预期成果的描述，来分析博士生教育的性质。第二部分将聚焦于评估问题，以及博士生课程如何体现于学位考试的标准和指导原则之中。本章也将对博士生教育预期课程的性质进行批判性分析，将这些分析与上文谈到的博士生教育之忧联系起来。

有关博士生课程目的的措辞

博士学位的总体描述反映出博士生教育承载着高度重视，也被赋予了崇高期望。关于博士生教育目标的陈述志向远大，描绘了一系列雄心抱负，以求取得与最高学位相对等的非凡成就。

一份典型的目标陈述来自澳大利亚副校长委员会（Australian Vice-Chancellor's Committee）的《维持与监测高等学位质量与标准的实践守则》（*Code of Practice for Maintaining and Monitoring Academic Quality and Standards in Higher Degrees*，下文简称"AVCC 守则"）。该守则对博士学位的定义如下：

博士生教育旨在为能够独立开展高水平原创和高质量研究的博士生提供训练与教育。学生在取得博士学位后，应能够独立构思、设计并完成一项研究。博士候选人应发现新事实、形成新理论，或对已知信息、已确立的观念进行创造性的再解释。

与上述类似但更为详尽的目标陈述出自英国高等教育质量保障局（Quality Assurance Agency for Higher Education）开发的《高等教育资格框架》（*The Framework for Higher Education Qualifications*），它指出：

博士学位是对知识创新与阐释的嘉奖，这些知识通常基于原创性研究而拓展了学科的前沿。博士学位获得者能够构思、设计与实施研究项目以创造新知识和/或增进对知识的理解。

博士学位获得者将具备高水平工作所需的素质，这些工作要求受雇者有能力对专业领域的复杂问题做出明智判断，并在问题处理与解决方面有所创新。

该框架将博士学位详细阐述为一系列合格的描述指标,具体如下:

博士学位授予那些展示出下列特点的学生:

1. 通过原创性研究或其他高阶学术活动,创造并阐释新知识,这些知识通过同行评议,可以拓展学科前沿并达到发表的水准;

2. 系统习得并理解一门学科或一个专业实践领域前沿的重要知识;

3. 具备构思、设计并实施研究的通用能力,以创造新知识、应用或理解学科前沿,同时具备调整研究设计灵活应对不可预知的问题的能力;

4. 详细了解可用于科研和其他高阶学术探究活动的技术。

通常,博士学位获得者还将能够:

1. 对专业领域的复杂问题做出决策(经常面临着数据缺失的情况),能够向专业人士与外行清晰有效地传达自己的想法与研究结论;

2. 继续从事高水平的纯理论和/或应用研究与开发,为新技术、理念或方法的发展做出实质性贡献;

3. 具备从事下面所说的工作所需的素质与可迁移的技能,这些工作要求受雇者在复杂和不可预测的情况下,在专业实践及类似的环境中,能够履行个人责任并在很大程度上自主行动。

此处分析的高校文献表明,诸如此类的广义陈述要么通过目标列表得以阐述,要么将预期成果转化为研究生能力而予以详细描述,有些情况下通过论文质量来对预期目标进行描述,人们近乎普遍地认为论文质量体现了博士学位教育的成果。这些陈述对宽泛意义上的博士生课程做了最富含信息的描述。对机构资料的内容分析所揭示的一系列要素详见表 5.1。

表 5.1　博士学位目标或成果构成要素分析及高校数量(共 25 所)

学位目标或成果的构成要素	相应的高校数量/所
原创性	24
新事实/新知识	9
形成理论	5
重新阐释的数据或想法	7
实施研究计划	11

续表

学位目标或成果的构成要素	相应的高校数量/所
对领域文献进行批判性述评	8
方法论的技术和技能	7
独立的批判性思维	7
交流研究发现	6
与领域中已有研究有相关性	6
提出问题	3
研究伦理	2
个人发展	2
商业化并获得资助	1

表中最显眼的要素是原创性,这是在界定博士生教育质量中最频繁地被提及的标准,尽管原创性的具体表现因事实、知识、理论和重新解释的数据或想法而异。显而易见,博士生课程的关键问题在于澄清原创性概念所隐含的意义。正如Park所言(Park,2005:198):

原创性可能是一个棘手的问题,因为在不同的学科它有着不同的含义,并没有一个可应用的绝对标准,同时还必须考虑到时间和经费的限制。

表中提到的教育目标的其他方面,也存在着进一步的问题。为什么有些高校而非其他高校提到了"文献评述"或"独立的批判性思维"?"交流"应该是重要到成为目的之一的标准期望吗?它要包括口头交流以及书面交流吗?那些将个人发展作为目标的学校,如何采取措施以确保目标实现?这些问题使得博士生项目的开发面临着巨大的挑战。从系统的角度看,这些目标的一般性和变化性可能会引起人们担忧博士生教育能否产出清晰的成果。上述问题反映了那些从课程视角来理解博士生教育而可以提出的议题,鉴于澄清目标、将目标与教学和评估相结合、界定核心知识等诸如此类的问题属于课程学科探究的范畴。

博士生课程中的评估话语

关于课程,最狭义的概念界定假设博士学位课程仅仅涵盖所考查的内容,而评估则提供了衡量学到了什么的唯一可靠的证据。正是在这一点上，博士生教育的目标得到了最为直接的说明。

尽管如此，在政策层面有关评估的陈述仍旧寥寥，已有的也只是泛泛而谈。最为典型一段简要陈述来自 AVCC 守则（AVCC，2002：15）：

考查者应该期望一篇好的论文，论文能显示出作者拥有独立思考与研究的能力，对研究领域的知识有着深刻的理解，并在知识上做出了与 3~4 年科研训练相符合的重大的原创性贡献。

出于考核的目的，某些高校对论文质量的宽泛规定进行了详细阐述，以描述用于判定博士候选人工作是否合格的标准。详细制定评估的标准，再一次对大学澄清博士生教育的目标与评判科研训练质量的基础提出了挑战。英国高等教育质量保障局的《高等教育实践守则》（*Higher Education Code of Practice*）在许多方面解释了此类标准的必要性（Quality Assurance Agency for Higher Education，2004：23）。

将评估标准应用于研究生学位，有助于高校在内部与外部守护此类项目与奖项的学术诚信。为研究生制定切实可行的评估标准并使他们知晓，他们将洞察到高校对他们的期待。评估标准应使学生在博士学位资格的层次上，最大程度上展示其能力，取得个人成就。

表 5.1 中目标的分散无疑可归因于目的与受众的多样性。相比之下，本章在此描述的这项研究中所分析的考核标准，则更为系统、聚焦、精确，且在高校之间更具有一致性。但另一方面，这些标准之间依旧存有相当大的差异，其简略的表述也需要大量进一步的解释。关于评估，最权威的声明见于评估人员指南，它描述了评价学位产物（product）的标准。本章分析了澳大利亚 19 所高校为博士学位评估人员提供参考的声明，并将结果呈现于表 5.2。在绝大多数情况下，对总体目标和/或结果的简要描述常配有具体的特征列表，甚至配有待标记的勾选表，以标示是否具有所描述的特征。

对标准的总体描述与上文文献类似，通常指的是博士候选人需要对原创知识做出贡献并具备设计和执行研究项目的能力。更为具体和详尽的标准有待在检查者评价的特征清单中得到详细说明。

最常提及的标准是博士研究需要对原创知识有所贡献。通常情况下，这一标准也可被表述为研究工作应该具有重大的、实质性的、重要的、独特的或有价值的意义，或者研究发现可能颠覆或质疑先前的观念，或为今后的研究开启了新思路。不同于前文对博士课程目标的总体描述，原创性很少被进一步细分；只有少数高校谈到，原创性可能是发现新的事实、运用批判能力或检验已有的思想。

表 5.2　博士学位的评估标准及高校数（共 19 所高校）

评估标准	相应的高校数/所
对原创知识的贡献	19
写作和/或汇报的质量	18
展现出的研究技能和/或方法论	13
对文献的运用	12
批判或独立的思考与分析	9
达到出版的水平	8
对结果的分析	6
综合性	6
与研究领域相关联	5
独立规划与研究的相关证据	5
提出清晰的假设或问题	4
展示研究领域或学科的相关知识	3

从出现的频次来看，书面表达能力的标准几乎与原创性一样重要。在绝大多情况下，这一标准常用下述词汇来描述论文理想的语言特性，如行文清楚（clear）、用词精准（concise）、表述正确（correct）、表达准确（accurate）、令人信服（cogent）、简练（succinct）。其他描述则更广泛地指文笔水平以及符合研究领域或学科风格的表达方式。更深层的文本质量也有时被提及，如"论证的连贯性""充分的阐述与解释""可信的传达"。

13 所高校把运用研究技能或方法的能力作为评估标准之一。一般的要求是，适用于研究项目或学科的方法与技能得到理解与恰当运用。除此之外，对这一标准的表述还包括：
- 收集分析信息与报告陈述的能力。
- 证明研究技术选择的合理性，并了解其局限性。
- 熟练掌握分析和/或综合和/或评估的技能。
- 选择与应用方法的能力。
- 正确运用量化研究方法。

此标准的关键之处在于"恰当"。虽然研究方法技能训练的总体目标清晰明了，但是从评估标准本身出发，跨越各种各样研究项目、领域和高校的差异，对其研究方法的适切性进行评估，则是很难确定的。搜集并运用与研究主题相关的文献是一个常见的标准，尽管对这一工作具体的侧重点应注重批判、要求全面或注重细节的差异。有时，聚焦于文献综述本身即为目标（显示着文献述评的能力），而在其他情况下，文献综述则是提供研究的情境或者是确定问题的一种手段。

在普遍的原创标准与细节性的写作与研究技能之间，还存在着一组标准，这些标准关系到实质性的研究主题，而研究主题又与研究领域联系起来。这些标准包括独立的思考与分析、综合以及与研究领域、学科知识的关联性。

有趣的是，尽管原创性与写作标准达成了共识，但其他标准在多大程度上得到了详细说明，仍然存在相当大的差异。有时候，具体的标准可能源自诸如"设计与开展研究的能力""适宜出版"这些更为普遍的标准。无论如何，在使用这些标准来评估任何具体的论文时，都需要大量的解释和推断。

当思考"水准"（standard）这一概念时，上述一点则尤为明显。标准（criteria）指明了论文应该在哪些维度上进行评估，但是判断一条标准是否令人满意地达成，则需要在博士生的层次上来形成关于研究与学术"水准"的概念（Sadler，1987）。在这些评估指南中，只有"适宜出版"这一条可被视作同"水准"相关。这背后的假设可能借助于评估者自身在研究、考试或完成博士学业中的经验，他们能够判断水准如何。

同样重要的问题是各种标准的权重。一般来讲，这一问题从未被提及，所以我们推测在评估中各项标准被赋予同样的权重。然而，极有可能的是判断由评估员个体做出，而他们对各种目标、目的的优先排序和侧重点则不为人知。

目标课程与评估课程的比较

本章已经分析了博士生课程的相关文件，以描述其内容。总体的介绍性描述与评估标准是分析的两种关键资料。总的来说，这两方面的信息对博士生课程核心关注提供了一致性的描述。各高校的评估标准相对来说更加一致。在所调查的高校中，一多半的学校提到了40%以上的评估标准，而在总体的介绍中，仅有原创性最频繁地被提到。

正如所料，评估标准更为具体。在博士生教育目标中，第二个最常被提到的是"实施一个研究项目"，它在评估标准中被细分为更加具体的部分。另外，评估标准并没有涉及教育目标成果中有待评价的研究伦理或个人发展。

然而，这两组资料的共同之处在于高度的概括性。出于囊括大量研究背景、传统与方法的需要，博士生课程只能以概括性措辞进行表述；甚至是评估标准也依赖大量的解释和推断，并且这些解释几乎没有试图说明各种标准期望达到的水准。换句话说，尽管在一定的概括性程度上得到了相对一致的描述，但目标课程的实施在很大程度上取决于特定研究领域对科研和学术的理解与实践。

我们可以思考此处描述的预期课程在多大程度上呼应了前面提到的知识类型。知识类型的要素在分析的资料中不同程度地得到确认。抽象命题和程序性知识，以及隐性知识和嵌入式知识都体现于预期课程。然而，行动知识和文化理解未被提及，也没有提到创造性（creativity），而这是知识生产中创新（innovation）欲求的兴趣主题。与之相关的术语是原创性（originality），但由于它可以以多种方式得到解释，而并非所有释义都隐含着创新（innovative）之意，博士学位课程是否产生了创新的结果，问题依旧悬而未决。企业精神和公共参与同样在目标课程介绍中是缺失的。

这一对博士课程的分析，至少如它被描述和评估的那样，带来了一个问题，即它在何种程度上回应了本章开头所勾勒的争论。由于大量的博士生课程内隐于特定研究领域的实践中，因此更为广泛的相关问题需要在这些背景下进行探讨。这并非易事，许多学科的信徒，出于管理之责的理念和长期研究传统的使命感，可能会把此种需要视为干扰。

为了解决这一矛盾，就需要阐明学科的本质，并回答诸如"研究策略是否可在不同领域进行普遍化"之类的问题。本质主义的观点认为，不同的知识形式彼此是分隔的，它们之间存在深刻的结构差异。这种看法很难与通用的技能、跨学科性以及更激进的原创性概念相调和，正如 Hodge 在人文学科博士生教育的案例中所指出的观点（Hodge，1995）。另一种观点认为，知识源于在实践的语境下问题产生和解决的过程，这种知识的创造更具工具性和实用性，正如吉本斯知识生产模式二中产生的知识（Gibbons，1998；Gibbons 等，1994）。这种更为开放的观点可能有利于原创性，至于识别通用技能或预先明确质量标准，并不会更容易。

正如前文已提到的，水准问题和澄清博士生教育成果原创性的需要在评估过程中最为人们关注。在很多方面，本章的研究发现证实了 Tinkler 和 Jackson 的观察：博士评估以多种方式概念化了（Tinkler 和 Jackson，2000），英国拉格比团队（UK Rugby Team）最近也提出了此种观点。2005 年，英国 GRAD 项目在罗伯特政策论坛之后成立了工作组，即为人所知的拉格比团队（以当年论坛所在地命名）。工作组的目标之一，即探究如何评估研究生科研人员与研究员技能发展的成效。他们在 2006 年的罗伯特政策论坛上的报告中申明：

关于博士生评估，有哪些启示，要关注哪些通用技能，在我们的咨询中反复出现。相关部门应思考，启动对博士生评估的相关争论，是否是恰当的时机。

该论坛报告继续谈道："这显然超出了拉格比团队的职责范围，但成员们希望公众意识到我们日益需要这场辩论的发生。"博士学位的评估显然关系着持续的监督，要澄清博士生评估，就需要一个比以往更为清晰和系统的博士课程观。

参考文献

[1] Adams, F. and Mathieu, E. (1999) Towards a closer integration of Ph. D. training to industrial and societal needs, *Analytica Cbimica Acta*, 393: 147-155.

[2] Association of American Universities (1998) *Graduate Education Report*, at

http://ww.aau.edu/reports/GtadEdRp.

[3] Australian Vice-Chancellors' Committee (2002) *Code of Practice for Maintaining and Monitoring Academic Quality and Standards in Higher Degrees*, Australian Vice-Ch-ancellors' Committee at:http://www.avcc.edu.au/policiesactivities/ teachinelearning/ gudelinescodes/index.htm.

[4] Blackler, F. (1995)Knowledge, knowledge work and organizations: an overview and interpretation, *Organization Studies*, 16(6):1021-1046.

[5] Bourner, T. (1998) More knowledge, new knowledge: the impact on education and training, *Education + Training*, 40(1): 11-14.

[6] Burgess, R. (1997) The changing context of postgraduate education in the United Kingdom, in R. Burgess (ed.), *Beyond the First Degree: Graduate Education, Lifelong Learning and Careers*, London: Society for Research into Higher Education and Open University Press.

[7] Clegg, S.(1999) Globalizing the intelligent organization: learning organizations, smart workers, (not so) clever counties and the sociological imagination, *Management Learning*, 30(3): 259-280.

[8] Coate, K. and Leonard, D. (2002) The structure of research training in England, *Australian Educational Researcher*, 29(3):19-42.

[9] Collins, H. (1993) The structure of knowledge, *Social Research*, 60(1): 95-116.

[10] Connell, R. (1985) How to supervise a Ph. D., *Vestes*, 2:38-41.

[11] Deem, R, and Brehony, K. (2000) Doctoral students' access to research cultures-are some more unequal than others?, *Studies in Higher Education*, 25(2): 150-165.

[12] Delamont, S., Parry, O. and Atkinson, P. (1997) Critical mass and pedagogic continuity: Studies in academic habitus, *British Journal Sociology of Education*, 18(4): 533-549.

[13] Economic and Social Research Council (2001) *Postgraduate Training Guidelines*, Swindon: Economic and Social Research Council.

[14] Fleck, J. (1997) Contingent knowledge and technology development, *Technology*

Analysis and Strategic Management, 9(4), cited in R.Jobnston (1998) *The Changing Nature and Forms of Knowledge: A Review*, Canberra: Common wealth of Australia.

[15] Gallagher, M. (2000) The challenges facing higher education research training, in M. Kiley and G. Mullins (eds), *Quality in Postgraduate Research: Making Ends Meet*, Proceedings of the 2000 Quality in Postgraduate Research Conference, University of Adelaide.

[16] Geiger, R. (1997) Doctoral education: the short-term crisis vs. long-term challenge, *Review of Higher Education*, 20(3):239-251.

[17] Gibbons, M. (1998) *Higher Education Relevance in the 21st Century*, Washington, D C: World Bank Human Development Network.

[18] Gibbons, M., Limoges, C., Novotny, H., Schwartzman, S., Scott, P. and Trow, M. (1994) *The New Production of Knowledge*, London: Sage.

[19] Gilbert, R. (2004) A framework for evaluating the doctoral curriculum, *Assessment and Evaluation in Higher Education*.29(3):299-309.

[20] Gilbert, R., Balatti, J., Turner, P. and Whitehouse, H. (2004a) The generic skills debate in research higher degrees, *Higher Education Research and Development*, 23(3): 375-388.

[21] Gilbert, R., Balatti, J., Turner, P. and Whitehouse, H. (2004b) The Doctoral Curriculum: Needs and Directions in Research Training, unpublished report for the Research Programmes and Policy Unit, Higher Education Group, Department of Education, Science and Training, Canberra, Townsville, James Cook University.

[22] Golde, C. M. and Dore, T. M. (2001). *At Cross Purposes: What the Experiences of Doctoral Students Reveal about Doctoral Education*, Philadelphia, PA: Pew Charitable Trusts (www.phdsurvey.org).

[23] Hamilton, D. (1987) *Education: An Unfinished Curriculum*, Glasgow: Department of Education, University of Glasgow.

[24] Hockey, J. (1995) Change and the social science Ph. D.: supervisors' responses, *Oxford Review of Education*, 21(2):195-206.

[25] Hodge, B. (1995) Monstrous knowledge: doing Ph. D.s in the humanities, *Australian Universities Review*, 2:35-39.

[26] Johnston, R. (1998) *The Changing Nature and Forms of Knowledge: A Review*, Canberra: Commonwealth of Australia.

[27] Johnston, S. (1999) Postgraduate supervision in education: an overview of the literature, in A. Holbrook and S. Johnston (eds), *Supervision of Postgraduate Research in Education*, Review of Australian Research in Education No. 5, Coldstream, VT: Australian Association for Research in Education.

[28] Kemp, D. (1999) *New Knowledge, New Opportunities: A Discussion Paper on Higher Education Research and Research Training*. Canberra: Commonwealth of Australia.

[29] Kendall, G. (2002) The crisis in doctoral education: a diagnosis, *Higher Education Research and Development*, 21(2): 131-141.

[30] McWilliam, E. and Singh, P. (2002) Towards a research training curriculum: what, why, how, who?, *Australian Educational Researcher*, 29(3): 3-18.

[31] McWilliam, E., Taylor, P., Thomson, P., Green, B., Maxwell, T., Wildy, H. and Simons, D. (2002) *Research Training in Doctoral Programs: What Can be Learned from Professional Doctorates?*, Canberra: Higher Education Division, Department of Education, Science and Training.

[32] Office of Science and Technology (1992) *The Nature of the Ph. D.: A Discussion Document*, London: Office of Science and Technology.

[33] Organisation for Economic Cooperation and Development (2000) *Knowledge Management in the Learning Society*, Paris: Centre for Educational Research and Innovation.

[34] Park, C. (2005) New variant Ph. D.: the changing nature of the doctorate in the UK, *Journal of Higher Education Policy and Management*, 27(2): 189-207.

[35] Pearson, M. (1996) Professionalising Ph. D. education to enhance the quality of the student experience, *Higher Education*, 32: 303-320.

[36] Pearson, M. and Brew, A. (2002) Research training and supervision development, *Studies in Higher Education*, 27(2):135-150.

[37] Phillips, E. (1993) The concept of quality in the Ph. D., in D. Cullen(ed.), *Quality in Ph. D. Education*, Canberra: Centre for Educational Development and Academic Methods and the Graduate School, Australian National University.

[38] Pole, C, (2000) Technicians and scholars in pursuit of the Ph. D.: some reflections on doctoral study, *Research Papers in Education*, 15(1): 95-111.

[39] Quality Assurance Agency for Higher Education (2001) *The Framework for Higher Education Qualifications in England, Wales and Northern Ireland*, at: http://www.qaa.ac.uk/ academicinfrastructure/FHEQ/EWN I/default.asp.

[40] Quality Assurance Agency for Higher Education (2004) *Code of Practice for the Assurance of Academic Quality and Standards in Higher Education*, Mansfield: Quality Assurance Agency for Higher Education.

[41] Raber, L.R. (1995) Chemists give mixed review of NRC Report on doctoral education, *American Chemical Society*, 29 May, p. 44.

[42] Review Committee on Higher Education Financing and Policy (1998) *Learning for Life Review of Higher Education Financing and Policy*, final report, Canberra: Department of Education, Employment, Training and Youth Affairs (The West Report).

[43] Ross, A. (2000) Curriculum: *Construction and Critique*, London: Palmer Press.

[44] Sadler, D. R. (1987). Specifying and promulgating achievement standards, *Oxford Review of Education*, 13(2):191-209.

[45] Smart, J. and Hagedorn, L. (1994) Enhancing professional competencies in graduate education, Review of Higher Education, 17(3):241-257.

[46] Tinkler, P. and Jackson, C. (2000) Examining the doctorate: institutional policy and the Ph. D. examination process in Britain, *Studies in Higher Education*,

25(2): 167-180.

[47] UK GRAD Programme (2006) *Report of Proceedings, UK GRAD Programme Roberts Policy Forum January 2006*, at: http://www.grad.ac.uk/cms/ShowPage/Home_page/PoIicy/National_ policy/Rugby_Team/pIekljFef.

[48] Wellcome Trust (2000) *Career Paths of a 1988-1990 Prize Student Cohort: Review of Wellcome Trust Ph. D. Research Training*. London: Wellcome Trust.

第6章

改善博士生的学习体验
——基于学系层面的探讨

Diana Leonard，Rosa Becker

在过去的20年里，在英国有关博士生教育有限的研究中，大部分是反思性、概念性或者哲学性的文章和报告，偶尔有从政策制定者、高等教育管理者和督查者的视角出发的经验研究和基于国家统计数据的分析，而从学生视角出发的经验研究则寥寥无几。学生越来越被看作整个系统中无足轻重的部分而非关键的利益相关者。

尽管普遍缺乏经验证据以支持新的政策，但一系列变革紧锣密鼓而来，这些改革旨在提升下一代研究者的研究技能以及与雇用相关的技能水平，同时改善高校的效率。大部分变革政策还没有接受评估，大学也没有做出相应调整以增加收入、提升研究的地位以及将其管理和教学合理化。

由此出现的一个结果是，很多学者认为对研究意义的某些重要看法正在被重新书写，这些理解认识到了研究人员的重要性并把博士经历（以及后来的研究）看作一场"旅行"——一场加深理解的内在过程；或被看作一种"交换"——生产一种对学术界有所贡献的原创性知识产品（Brew，2001）。

本章通过对个体萌发和生产原创思想这一相当"杂乱无章"之过程的理解，提供一些可能的方式来改变这种失衡的现状。本研究将着重探讨学术管理组织（即所谓的"学系""学部"或"学院"）和大型稳定的研究群体和跨学科中心（这些都被看作"学术单位"）可以做出（和某些情况下正在做出）的贡献。此前，高校结构中这一层次对博士生的支持只是零星出现或很大程度上被忽视。

有关博士生学习体验的文献综述

我们最近为英国高等教育研究院（Higher Education Academy）进行了关于"博士生学习经历"的文献综述（Leonard 等，2006），因此，我们对英国博士生的经验研究了然于胸。这是一项系统性综述，我们与教育研究所（the Institute of Education）的政策与实践信息与协调中心（Evidence for Policy and Practice Information and Coordinating Centre）的同事合作，基于扎实的研究证据，完成了关于博士生经历的报告。

我们系统地搜集了所有的发表文献及灰色文献[①]，并从中选出具有如下特征的文献：

基于研究的（即提供经验证据——量化的或质性的，包括评估、自传和数据分析）；

聚焦于研究生（学术型硕士、学术型博士和专业博士）的学习动机、经历和产出；

包括学生自身的视角（而不仅仅是导师关于学生想法的描述）；

方法严谨；

自博士生教育变迁以来（即 1985 年以来）的发表物。

考虑到时间和资金的限制，我们只得聚焦于英国的有关文献。我们共搜到了 415 篇文本，其中仅 120 篇符合上述标准（其中一些基于同样的研究）。随后使用特定的软件对其内容进行编码、排序和交叉列表分析，这既使我们注意到了该领域的兴趣焦点，也注意到了其中大量的空白。

我们发现英国涉及学生视角的经验研究很少，而且通常是由学者和博士生支持人员出于自身的兴趣在业余时间对所在高校进行的研究。除此之外，还有一些学生的自传性描述。国家研究生委员会（National Postgraduate Committee）虽然进行了一些具有某些原创性的研究，但通常并没有区分硕士和博士层次，因而这

[①] 根据 1997 年举行的"第三次国际灰色文献会议"给出的定义，灰色文献（gray literature）是指不经营利出版者控制，而由各级政府、学术单位、工商业界所制的各类印刷与电子形式的资料。——译者注

些研究尚不可用。这些文本仅有少部分是运用了特定理论或更广泛的文献，大部分是描述性的。

这些文献多关注对研究生的指导方面的研究，多关注人文与社会科学尤其是教育领域。至于医学与健康、商科这些招生规模大的领域，则几乎没有研究。这些研究主要探讨了全日制学生和国际学生。少量研究涉及为数不少的非全日制研究生的指导或性别的影响。极少数者（如果有的话）研究过本国博士生研究人员的社会阶层背景和族群问题，尽管英国非常关注社会阶层、本科生课程的阶层分化与改进。

除了有关指导的研究，我们还注意到一些文献专门关注了英国大学口试之前、口试之中以及其后的整个时段（Leonard 等，2006，第四部分），一些研究关注学术单位（学系、学部等）与学生经历及产出间的关系。从学生视角来看（或者更确切地说，对于那些关注学生经历的人而言），这些似乎是重要的研究领域，由此也是本章的焦点所在。

然而，本研究与上文系统性综述所呈现的议题相去甚远，更多是把前文综述中的研究当作一种更加规范/可评估的研究基础。此外，本章也不同于政府将博士生教育视为培养年轻科研人员的想法，而是考虑学生融入学术圈的过程及研究人员自身在科研工作中如何获得科研训练。

博士生体验的大学环境

相比于 20 年前，英国研究生们现在所处的环境更为丰富多彩，但也更加结构化，受到更多监督。多数大学建立了一个统一的或以几个院系为基础的博士生院（或研究生院）。这些研究生院的资深学者会得到校内行政人员和学生支持部门等人员的支持，以确保开设现有的必修课程与质量保证局（Quality Assurance Agency）要求的必修课程、各种各样的学校安排及"规诫"（QAA，2004）。这些院长和支持人员也会得到一些外部组织的帮助：英国研究生教育委员会（UK Council for Graduate Education，UKCGE）资助的自治会员组织，英国研究生项目（UK GRAD Programme）支持的资助与研究委员会。这两者的目标都是：

建立集学者、学位项目支持人员、雇主以及所有对博士生个人及专业发展感兴趣者于一体的网络并促进其发展……通过举办诸如卓越实践工作坊（Good Practice workshops）在内的区域性活动……协调各地区的意见以影响全国的政策论辩（英国研究生项目官网）。

从这些社交网络和工作坊获得的信息中，有多少经由研究生院院长的过滤层层传达给了各学术单位内管理研究生的学者（这里是指研究生导师）？更别提管理者、支持人员以及学生本人了。这一问题争议颇多（因为还未经研究证实）。

研究生院鼓励招生，致力于发展"充满活力的研究文化"——也为其提供证据材料，因为在针对各大学各学科每5年一次的科研评估（Research Assessment Exercise，RAE）中，这是一项重要标准，科研评估的"分数"又成为决定每所大学能从政府那里获得多少资助的关键要素。与此类似，高等教育机构的管理中心/研究生院必须定期完成质量保障局的问卷调查，问卷会详细了解各机构在《实践守则》（Code of Practice）（QAA，2004）中列出的一系列项目方面的情况（即开学典礼等导入活动、规章和信息手册、管理人员培训、收集学生反馈的机制、投诉和上诉程序，等等）。但是，由于相关人员关注他们在正式规定中展现出的良好表现，因而质量保障局第一次的研究生学位项目评审（QAA，2007）显然只不过提供了现行规范的些许指示。然而，它也意味着大多数大学现在至少具有名义上的正式组织——虽然这些组织并不为学生所知或不怎么有效。（例如，Lee发现，那些投诉性骚扰的学生得不到学术单位负责人的帮助，也没有被告知博士生管理部门是投诉和上诉的最终渠道（Lee，1998））。

尽管存在着诸如此类的局限，目前大多数英国大学确实设置了一些服务中心，对于研究生尤其是海外留学生而言，这些服务中心在下述方面至关重要（或潜在地具备重要性），即购物、招生、托幼（主要是海外学生所需）、住宿（通常长期供不应求，特别是针对全家人的住宿）、英语教学、短期的导入项目，以及提供学习技巧的建议。例如，Henderson认为，对面对未知情况而焦虑的学生来说，到校之前提前知晓一些信息颇为重要，包括这些信息的具体内容和传递速度，而普遍的不满集中于缴费收据的提供、安排确认（Henderson，1996）。

研究生一旦抵达学校，他们就会发现主要的学生团体主要关注本科生的利益，也主要为本科生服务。此外，即使为研究生提供了特定的活动室，供有茶点、吧台、电视和社交娱乐节目以建立研究生的融洽氛围，但这些似乎主要是为硕士生所用。已有文献表明，博士生，尤其是那些本科即就读于本校的博士生，以及在其国家高校就职的年长博士生，通常希望能与本科生有所区别，若将他们与本科生"不作区分"，并且（或者）不得不与本科生共享学术或其他资源，他们会对此感到不满。博士生尤其不喜欢与本科生住在一起。"特殊待遇"是研究者最初融入学术界内部殿堂的象征性标志——甚至起初有些人对此感到不安，不敢进入研究生室（Humphrey 和 McCarthy，1999；Hockey 和 Allen-Collinson，2005）。因此，总的来说，研究生很少参加大学的社会生活，而更多参与学术单位的活动——这类活动对他们而言也更为重要。然而，重要的学生联盟经常为特定的民族或宗教群体提供帮助，有些研究生可能也从中得到了帮助。他们会开展留学生的社交活动，开办志愿者运行的周末学校，为新来者与即将离开的学生组织住宿交接活动。

若研究生在他们今后的学习中遇到困难，大学管理中心或研究生院通常可以经由导师或研究辅导教师给学生提供咨询支持。然而，一项研究表明，海外学生在西方的学生咨询模式下可能会遇到困难，那些习惯了其他支持模式的学生可能会因此而迷失，甚至产生抵触，例如，他们可能认为导师是"专家"，或习惯了只从亲朋好友那里寻求帮助（Okorocha，1996）。

按照新的权利法案，大学必须审视自己给残障生提供的帮助，通常任命专门的残障生管理人员。一个由中央政府资助的项目强调了这种良善实践（Premia，2004a，2004b），并包括一些对研究生研究者的案例研究。那些行动不便或有视力障碍的学生有非常实际的问题需要帮助，如无法在校园里轻松走动、无法做课程笔记或在短时间内阅读大量材料。一些人谈到，当他们有意向的导师邀请他们攻读博士学位或当他们从图书馆员得到有效的帮助时，或他们由于导师的鼓励和支持第一次在学术生涯中感受到被平等接纳时，他们获得了很多自信。另外，当博士生经历环境上及态度上的障碍时，攻读博士学位孤立隔绝的体验可能被放大。很多残障生在新生活动阶段有一些消极的感受，教职工不知道如何对他们的残障作出回应。一位学生表示，如果他们被告知教职人员知道他们的残疾状况并愿意提供帮助的话，他们会更容易承认自己比同伴需要更多的帮助。相反，有一些学生害怕寻求额外的帮助，因为他们担心自己会因此显得无能。

学术组织环境对博士生学习体验的影响

自然科学 VS 非自然科学

大多数研究者继续强调自然科学学生与非自然科学学生的二元划分，这种划分由经典研究所确立（如 Becher 等，1994；Delamont 等，2000）。研究很少提及更广泛的学术组织，焦点主要集中于研究团队和实验室。在这里（即研究团队和实验室），他们可以与正在相似议题上进行博士论文研究的博士生同学及刚刚完成博士学业的博士后朝夕相处，还有提供支持与技术指导的助理研究员和技术人员（Delamont 等，1997；Pole，1998；Wright 和 Lodwick，1989）。此外，科研指导就部分程度而言是一种集体责任制，同时也应该是一种工作关系，当导师遇到问题时，其他人可来援助，如缓冲器一般，以避免研究失败。威康信托基金会在对（与卫生领域有关的）博士生的调查中发现，意向导师的鼓励以及未来可能的研究同伴对他们的研究决定影响甚大，相比于研究议题，他们更可能选择从事研究的特定地点，这一研究发现对于四年制学位计划的博士生尤为适用，他们第一年在不同实验室的课题中进行轮转研究（Frame 和 Allen，2002）。这就产生了 Delamont 和他的同事所强调的自然科学学科内部严密的"教学连续性"。

因此，在学习满意度方面，自然科学领域的学生通常高于人文社科领域的学生。他们在社会交往和专业知识上并不是那么孤立，并且在相对较短的时间内可完成学位。而另一方面，非自然科学领域的学生却很少接触导师之外的学术人员，也较少与其他学生接触。很多人是"独学而无友"。因此，他们可能希望与导师有大量实质性的互动，并且也可能对导师有主要的需求。

然而，这种二元专业划分的研究需要一些质疑。由于巨大的同伴压力，很多科学实验室内部处于激烈的竞争而非协助支持（Bunting，2003），并且并不是所有科学研究都是在大型研究小组或实验室完成的。此外，在自然科学领域也有学生受剥削的说法，出于导师的职业发展利益，学生通常在大体相差无几的环境中做着基本上重复的工作。另外，社会科学家及其他研究人员则越来越多地从事中等规模的研究项目，或在跨学科中心开展研究。其中的原因可能是，研究主题的选择以及对全日制学生的关注,模糊了学科界限,学术单位(academic unit)有可能全面地发挥作用。

利用导师与学系的设施

行政学术单位一般负责处理学生申请事宜并安排教职员工的工作任务,因而也要确保导师有时间指导研究生,无论他们招收了多少学生。

然而,学生申请工作并没有做得很好。在录取学生之前,学系可能并未对学生进行面试;学生在接受录取之前,也并没有被邀请到校并由在校生带领参观校园。他们给潜在研究生提供的教育指导也非常少,如果有的话(Houghton, 2001)。此外,研究生辅导教师(tutor)可能对其同事的研究兴趣有一定了解,但一些学术单位非常随意地将学生分配给潜在的导师,至少过去是这样的:

我被告知三位可能导师的名字。我并未被介绍给他们,仅仅得知他们的名字而已。我四处溜达,登门向他们做自我介绍……

(Hockey, 1994: 184)

在研究生开启学业之后,各大学之间及其内部给他们提供的物质支持差异很大。在办公室有一席空间和基本的学术设施(工作台、实验室、材料、计算机、合适的软件和良好的图书馆)现被认为是研究委员会奖学金的必需条件。在某些情况下,学生可以获得设备完善的共用办公室或工作场所,这些场所位于学系内部。此外,他们还可以预约其他房间进行讨论或教学。他们还可能拥有指定的空间用于社交。然而,相对不好的大学,则难以提供上述条件。此外,若大学位于市区,空间和设施的成本可能较高(Hockey 和 Allen-Collinson, 2005)。在不同学科领域中,相当比例的学生可能对现有的设施设备深感失望(Chiang, 2004; Gross 1994; Wright, 2003)。来自欠发达国家的留学生对影印资料不足、问卷邮寄费用或实验室消耗品、电话的使用限制等问题尤为关注,因为收费或由他们自行提供这些费用意味着额外的支出(Deem 和 Brehony, 2000)。此外,这些设施不仅由学术单位提供,并且也需要学术单位的人员进行**管理**,他们需要公平合理地协调诸如空间场地等物资的使用,并在出现冲突时进行一定的干预。这样,已有设施才能发挥最佳效用。

能够使用设施也很重要,特别是人文社科领域的博士生,当他们可以与同伴近距离地开展工作时,若他们可以张贴海报、传递信息,若他们偶尔与研究团队、教学或会议组织进行交流,他们也会感到更多地融入其学系(Humphrey 和 McCarthy,1999)。那些在大学缺乏学习空间的人表达了更多对同伴讨论的需要,不过这些选择在图书馆或家里工作的人几乎未得到关注。这可能使高校尤其是城区内的高校成为走读学校,消解了共同体之感(Gross,1994)。

总的来说,全日制学生往往比非全日制学生对研究生的方方面面更为挑剔,可能因为对他们而言,攻读博士学位可能是"他们生活的全部"。他们离毕业越近,则越对自己在学术世界的未来和经济前景感到焦虑纠结(Acker 等,1994)。但众多在其他地方有工作和家庭责任的非全日制学生,却从大学设施中受益最少。他们在大学很少有固定的办公桌或使用其他设施的机会,也不怎么认识其他学生或教师(Acker,1999)。另外,他们还经常发现图书馆和档案馆的开放时间很不友好(Dickinson 等,1997)。

前面提到的研究生"特殊"待遇的象征意义,尤其适用于各学科的留学生。许多留学生是他们国家的精英,通常有较高的身份地位、良好的生活条件并具有专门职责(以及有秘书和其他支持)。对他们来说,研究生学习的过程可能会中断他们职业生涯以及暂时(但时间却较漫长)降低其地位和权力,因此他们可能会对自己的(工作和家庭)住宿条件感到不满,并认为英国的大学对学生有道义上的或家长式的责任,他们不应承担太多。从管理的视角来看,这些人对英国大学的生活有着最"不切实际的想法"(Humphrey 和 McCarthy,1999)。

课程

自 20 世纪 90 年代中期以来,受英国研究委员会资助的学生被要求修习必选的通识课程和与学科相关的方法论课程,这些课程占第一年全日制学生课程的 60%(Coate 和 Leonard,2002)。在资源允许的情况下,一些不太精英的大学也遵循了这种模式,以提高其声望并增加研究生人数。现有研究表明,本土的全日制社会科学专业的学生对这样的科研训练课程最初怀有抵触情绪——至少在 20 世纪 90 年代末他们是这样的,很多学生和导师都记得那时正值大范围的训练课程确立之前，那时研究委员会还未扩大他们的资助范围（资助覆盖了为期 1 年的硕士学习和为期 3 年的论文写作）。关于这一资助变化的理由依据众说纷纭（Deem 和 Brehony，2000；Parry 等，1994）。自费非全日制的本土学生依旧常常对必须学习众多方法心生不满，如果他们打算出于兴趣仅从事一项研究的话；此外，导师也可能建议学生避免受到未经评估的课程的"干扰"。然而，最初并非这些课程目标对象的留学生，却似乎欢迎这种课程，并认为在学术上受益匪浅。另外，留学生也很看重学习同伴，至少在他们学习的头一年里（Deem 和 Brehony，2000）。

到 20 世纪 90 年代中期，一些学系开始为研究生提供教学认证课程，并安排一名导师指导他们的教学（Fischer 和 Taithe，1998）。但是，这种培训已被 2002 年设立的高等教育教学培训取代，该培训现已通过高等教育学院（Higher Education Academy）的认证。这些课程没有在全国范围内进行评估，2000 年以来研究委员会要求各学科学生参加的为期两周的个人技能与工作技能课程也没有进行评估。后一门课程给研究生提供了"可迁移技能"的培训以及职业生涯的建议，并且自 2006 年以来，这门课程还支持了一项"个人发展规划"的任务。另外，额外的中央资助（"罗伯特基金"）用于支付一些大学为全体学生开设这些课程所需的支出。受威康信托基金资助的学生还建议增加"补助金"（撰写补助申请）、写作技巧、商务会计和科学传播等领域的培训课程（Wellcome Trust，2000）。

学术研究文化

正如导师的角色可能是给予学生精神上（moral）的支持和鼓励，并为学生提供学术上的帮助与实践方面的建议，学术研究文化能够扮演的角色亦是如此。学术研究文化具有学术和社会包容的特点，使学生与他人建立联系并发展人际网络，它能对学生的学习动机、学习经历和成果产生积极的影响。对于那些有志于在学界内外从事科研工作的人而言，它能够奠定重要的基础。

一些学术单位专门致力于营造同僚共治的氛围（Elton 和 Pope，1989；Wright，2003）。研究生辅导教师全权负责研究生的支持系统，并要采取一些措施以增强共同体的团结感。这些措施包括将新生分配进入学习小组、定期支持小组、特殊兴趣小组、任务导向小组，还包括提供小组指导、发布单位通讯稿、举办社交活动以及指导学生如何更好地使用互联网。友善且乐于助人的行政人员、社群活动日，以及组织的社会活动，对学生似乎都有所帮助。不仅如此，学术人员也被鼓励去认可研究生的观念、实践经验以及在高等教育之外社交网络的价值。这些都有助于维持学生的智力自尊，有助于在早期阶段解决学生的指导难题，也给许多自费求学的学生带来了物有所值的体验。学生们感觉到自己从院校中受益良多，作为回报他们更积极地为共同体做出贡献（Gross，1994）。

然而，在很多学系内部，学生与教师的接触极少，仅限于与正式导师的来往，或偶尔参加一下研讨会以及诸如学系的圣诞晚会等活动。年龄较大的海外留学生尤感失望，他们仅仅被当成"学生"，而非初级研究员，英国学界并不认可他们在国内高校的讲师地位。

大多数学系都有研讨会，有时会附带一些社交活动。但是，尽管有相当高比例的学生知道这些研讨会，但是很多人并没有定期参加，有些人甚至从未参加过。他们认为研讨会不符合他们的需要：主题不相关和/或设置过于正式。此外，即使学系定期举办活动，学生感觉与教师的交流也流于表面，因为学术教师倾向于彼此交流，而非与研究生交谈。

然而，那些没有定期参加研讨会或课程的学生往往表示，他们希望有更多的讨论机会，也希望获得更多的帮助。一部分学生认为，因其研究的专门性质，跨越学系的会议应该会有所帮助。一些学生也认为，接触大学之外的人员也将很有价值，因为学系内部缺乏某些专业领域的专家，即使有的话，也很难接触得到。也就是说，在时间压力之下，他们仅仅寻找"相关的主题"，而对其他视而不见。此外，他们也抵制强制参与的做法。但是，那些定期参与研讨会的学生可能为其论文获得一些很偶然的发现：

很多事情都很偶然地联系在一起。尽管一本书（或一场讲座）并没有专门讨论我的问题，但我能够发现一些东西，它能够直接带我到我想去的地方……我可能已经有相当长的一段时间一直在某些问题上苦苦挣扎，而这些偶然出现的机会（帮助了我）……

（Haggis，2002：216）

尽管有些学术组织具有同僚共治的氛围，但部分学生比其他学生更难参与学系的社交生活。相比于全日制学生，非全日制学生更难融入与维系研究文化，由于与学术组织的沟通较弱，他们并不总能意识到自己有资格参加学系举办的活动或加入专业学术协会。相比于本国学生，留学生更少提到他们被鼓励去参与研讨会、学术会议以及非正式的学术交流网络（Deem 和 Brehony，2000）。贫穷也会阻碍部分学生参加会议及其他活动。

甚至全日制的本国学生也觉得其学系（或研究生院）对研究生研究者做出的决定与他们并无干系。他们对所在机构的"决策过程一无所知"，并且当他们觉得自己的特定研究领域不具有重要地位时——例如，教师转向了其他领域，这种感受就会被放大。

同辈互动

从教师的视角来看，他们经常提到博士生不仅面临新学习阶段的挑战，而且他们为了学习来到了新的地方，离开了已有的社会网络。对于留学生来说，特别要强调的一点是，文化差异、长时间远离大家庭甚至自己的孩子会使这种社会孤立感进一步加剧。

然而，学生自己更可能描述他们所面临的压力，如时间紧迫感，以及怀疑自己能否成功。他们担心自己能否在 4 年内完成学业，也担心自己的智识能力，即使他们在此之前已经获得了一流学位，且获得了竞争激烈的奖学金以完成博士学业。他们不愿在导师面前冒险，当导师或其他教师在场时，他们也不愿在诸如研讨会这样的公开场合发言，特别是不同于学生此前经历的知识传统的学系里，情况更是如此（Hockey 和 Allen-Collinson，2005）。学生们谈到了他们的困惑与沮丧，"不知道博士学位（或考核评价）应该是什么"——这样的担忧在攻读博士学位的过程中的不同时间点可能会重复出现（Haggis，2002）。

研究生文化中有大量的不安全感。你有一种不得不一直在积极表现的感受，尤其是在第一年，但随着进入博士生活，你会意识到其他人知道的也并不那么广博。你可以从其他研究生那里学习，你不需要无所不知，这就是为什么支持性的社交网络如此重要。

（男，全日制，本国学生；引自 Deem 和 Brehony，2000：156）

对全日制学生来说,有一个特殊的问题。非全日制学生由于在校外全职工作,他们通常有获得自尊和支持的其他来源,但是全日制学生经常有经济方面的担忧,也更多地抱怨没有得到足够的指导。他们尤其需要来自其他学生的情感支持和学术支持。但是,即便是全日制学生,有时也很少认识其他人——因为他们所在系/大学的总人数可能并不多,或者学生自己可能大部分时间都远离学校,再或者他们觉得自己与他人缺乏共通之处。有几项研究提到学生认识到了小组支持的重要性,也意识到了缺乏可以与之交流的同学是一个严重的问题。他们认为在社会关系中学习对他们的进步至关重要,并希望位于相同处境的人们分享观点并互相给予反馈(Haggis,2002;Wareing,1999;Wisker 等,2002)。

特别是,如果学生感觉学术单位的常规交流途径(如研讨会、指导)不太安全,可能暴露其学术上的不足,他们更不可能与导师进行沟通。而与同辈学生进行非正式的讨论,却相对安全得多,特别是对于博士一年级的学生而言,更是如此。此外,还有一些学习小组只有女性参与,如此一来参与者可以更容易地参与讨论并受到关注(Brina 等,1999;对混合小组女性成员的建议,Conrad 和 Phillips,1995)。同科学研究小组一样,同辈群体亚文化也可以提供诸如计算机软件包之类的技术建议,学生们也频繁地提到理论与方法讨论小组以及论文写作工作坊对他们的帮助很大。此外,许多学生提到,拥有一群强有力的同辈伙伴是他们选择攻读专业博士学位而不选择学术型博士学位的重要原因之一。

学生可能会独立组织一些讨论小组或每周非正式的研讨会,不过一些研究表明,学系应该鼓励和/或提供一些资源促进这些同辈小组的形成,但不应将小组结构制度化。导师在带领学习小组时,他们可能没有意识到自己的行为对学生尤其是对女学生的影响。晚上在教师家中举行的读书会,可能对教师来说是愉快的社交场合,但对于那些来自非英语地区的留学生来说则可能令人生畏。如果有这种类型的读书会的话,也很少有非英语背景的留学生说起他们曾参与过(Deem 和 Brehony,2000)。一般来说,高校提醒所有学生关注互动过程以及小组任务,是有帮助的。此外,高校需要为改善研究生的研究条件提供更细致的方案,因为同辈群体之间的交流可与导师文化联系起来以作为一个整体协同发挥作用(Conrad 和 Phillips,1995)。

通常而言，只有在某一学术单位有足够多的全日制学生，研究生之间的集体支持和友谊才会出现。此外，多数人的年龄在25岁以下的博士生群体，与很多在30岁以上和/或很多留学生的博士生群体之间，也存在着重大差异（Humphery 和 McCarthy，1999）。不同群体接触到的同辈文化也非常不平等，非全日制学生（通常是本国学生）与国际学生（通常是全日制学生）发现他们比本国的全日制学生更难以融入同辈文化。

如果非全日制学生受雇于其所就读的大学——或者是全职的研究助理或兼职讲师，这种情况似乎再好不过了。这看上去是一个可以同时获得工作经验、挣钱以及完成研究生学位的理想方式，但是这种处境的个体往往在学生和教师的世界里被边缘化，很多人对他们模棱两可的处境极为不满（Acker，1999；Fischer 和 Taithe，1998）。学系很少把他们当作正式人员，他们也总是脱离既有的研究生网络，尽管他们实实在在地感觉到自己比其他博士生略多地承担了系里的工作（Humphrey 和 McCarthy，1999）。他们所见识到的学术生活令他们大失所望（Acker 等，1994）。

一般来说，学生取得进步并完成博士学位的策略在很大程度上取决于个人策略的建构（Acker 等，1994），而博士学位几乎没有给他们提供雇主认为有价值的团队工作经验：

受访的大多数本国（社会科学专业的）学生持有并积极接纳个人主义研究观；（并且）国际学生也倾向于持有类似的观念，这种观念受到其学习条件的影响（即使有些人可能更喜欢集体的学习方式）。

（Deem 和 Brehony，2000：158）

支持的外部来源

在英国，几乎没有任何具体的证据能够表明博士候选人受到了来自雇主的多种支持，尽管也有一些研究表示缺乏雇主支持的博士学业会很艰难（Wright，2003）。然而，有几篇文献提到了家庭支持，以及伴侣提供的实际帮助（如信息技术难题或费用）与智力支持（阅读初稿）的重要性——尽管，当然也存在朋友或配偶对博士学业缺乏了解或直接反对的情况（Haggis，2002；Leonard 等，2005；

Wisker 等，2002；Wright，2003）。

总结性评论

在英国，科研训练政策的核心构想旨在使博士生教育为未来科研人员的培养提供短期训练，而非为个人发展、热爱学习、贡献原创知识和解决实际问题而进行的高层次教育。人们日益重视为潜在的未来雇主提供"他们想要的"（虽然很少有研究探讨这究竟是什么），并且人们也普遍认为，无论博士生教育如何改变，研究生都将会持续注册。与此同时，大学的资金短缺意味着它们不加反思地遵从重要付费者的心意，随着它们相互间的竞争日益激烈，大学也乐于招收额外的付费学生。

自 1990 年以来，高等教育资助委员会和研究委员会似乎认为没有必要通过研究来证明改革的必要性，也没有必要对其新政策的影响进行监测和评估，除了零星的一些调查——这些调查选取了委员会认为应该首要了解的内容进行调查。与此类似，由高等教育研究院发起并基于澳大利亚模式的全国研究生研究经历调查（2006 年），以及 QAA《培养规范》要求各大学进行的年度评估与毕业评估，都是证实性、列举性而非解释性的。由于这些数据与（高等）教育课程、教学和评估的一般研究相脱离，对这些数据的解释也都受到限制。

相关部门先后下达一系列指令，并且试图根据评审结果进行资助，其后果之一是：对于研究生院的一把手或学术组织内负责研究生事务的人而言，他们的工作在很大程度上变成了管理工作。他们的大部分时间不得不用于确保所要求的课程准备就位，制定规章和编制其他文件，确保通过指导的书面记录、年度报告和咨询委员会以及向外部机构提交的报告来监测学生的学业进展情况。一些学系之前为了丰富博士生的学习经历而做的一些更有创造性的工作也开始烟消云散。后来，学术组织也几乎没有时间去改革或适应其所处环境的要求，也没有时间进行调查研究以为己所用。

人们依旧认为研究生学习经历的质量在很大程度上取决于他们与导师的关系（尤其是在人文社科领域），或他们与导师以及研究团队的关系（在自然科学领域）。因此，改善研究生学习经历的主要路径是对导师进行培训。如此一来，人们很少讨论学系/学部/学院、研究生院及更广泛的高等教育机构可能发挥的重要作用，它们可以为博士生的教育经历提供积极支持，而不仅仅是管理以及偶尔解决一些困难。

这一点似乎都被忽略了，因为所有学者/导师的工作负担都在持续加重，包括不断增多的博士生数量与额外指导的研究项目，这意味着他们不可能轻松地提供学生希望的实质性指导：

如果高级的精神活动源于人与人之间的关系……就研究生而言，一个人在学习过程中所获得的关系（导师关系）可能比这种关系所承担的，或指向的、包括的内容更重要。

（Wright，2003：223，引自 Vygotsky）

忽略学系所能发挥的作用，其影响是严重的，因为参与学系的研究共同体是迈向更广泛的（学术性或应用性）研究共同体的一步。并且，假若学生感到自己是学系共同体的一员，并且这种感受能为学生提供激励，有助于加速其学业进展，那么在人们颇为关注博士生辍学和学业完成时间的情况下，忽视学系的角色也将是严重的不足之处。

这表明许多学术组织可以而且也应该做更多的事情以帮助其研究生，尽管我们需要最新的经验研究来更全面地了解当前已有的支持、活动以及学生对这些条件的利用情况。不过，现有的有限文献也建议通过以下方式改善博士生的学习体验：

- 尽力提供更多的设施并做好相应管理工作；
- 帮助学生组织多样化的同辈支持小组；
- 由在读生（为新生）提供指导（Henderson，1996）；
- 监测学术网络对某些群体的非正式排斥，并给目前参与度最低的小组提供帮助；
- 鼓励学生建构学术网络，并帮助学生建立与其他教师（非导师）的联系；
- 为研究生提供参与教学的机会，或为他们提供短期或长期参与研究项目的机会；
- 强调个人（成年人）学习经历的复杂性、多样化和不可预知性，并在各种活动（课程、阅读小组、研讨会、职业社团等）中发展一套明确的教学话语，以最大限度地提高学习有效性；

● 意识到家庭和雇主可以参与到博士生的学习过程，有可能的话让他们参与某些活动。

这些建议更多地基于研究生发展的视角而非近期的中央政策。这些建议希望能够保持并改进博士学习经历的教育要素。此外，受"学习处于某种社会情境"这一观点的启示，不少学者对广义的博士生教育教学法进行了论述（例如 Boud 和 Lee，2005；Green，2005；Pearson 和 Brew，2002），上述建议可以为他们的论述提供补充。这些学者都强调了研究学习环境做整体考虑的重要性，不应仅仅考虑导师、研究小组这些要素，还应考虑学习环境如何运转以及该如何塑造这种环境。但是，迄今为止，这些学者仅仅关注了前述学术组织所能发挥的全部潜在作用的部分要素而已。

关于教学法的文献也表明了未来进一步研究的重要性，并考察学生个体如何在其"经历过的环境"中（物理的、虚拟的以及隐喻的）抓住并利用可获得的机会。每个学生有不同的处境，他们对"博士生是什么""攻读博士学位应该做什么"的理解也不尽相同，他们将在被提供的支持中选择适合自己的（Boud 和 Lee，2005）。但是，所有这一切都应该是基于信息与理解而做出的一系列积极选择，而不是由于资源的不可得或缺乏支持与指导而被迫做出的选择。

致谢

在此，我们对我们的同事 Jennifer Evans 与 Janet Metcalfe 深表谢意，他们参与了本章参考文献的系统评述。文本解释归作者所有。

参考文献

[1] Acker, S., (1999) Students and supervisors: the ambiguous relationship. Perspectives on the supervisory process in Britain and Canada, *Review of Australian Research in Education*, 5:75-94.

[2] Acker, S., Transken, S., Hill, T. and Black, E. (1994) Research students in

education and psychology: diversity and empowerment, *International studies in Sociology of Education*, 4(2):229-251.

[3] Becher, T., Henkel, M. and Kogan, M. (1994) Graduate Education in Britain, London: Jessica Kingsley.

[4] Boud, D. and Lee, A. (2005) 'Peer learning' as pedagogic discourse for research education, *Studies in Higher Education*, 30(5):501-516.

[5] Brew, A. (2001) Conceptions of research: a phenomenographic study, *Studies in Higher Education*, 26(3):271-285.

[6] Brina, C., Parsons, S. and Early, R. (1999) Doing a higher degree, in S. Hatt, J. Kent and C. Britton (eds), *Women, Research and Careers*, Basingstoke: Macmillan.

[7] Bunting, C. (2003) Loneliness of the long distance runner, *Times Higher Education Supplement*, 17 January.

[8] Chiang, K. H. (2004) Relationship between research and teaching in doctoral education in UK universities, *Higher Education Policy*, 17(1):71-88.

[9] Coate, K. and Leonard, D.(2002) The structure of research training in England, *Australian Educational Researcher*, 29(3):19-41.

[10] Conrad, L. and Phillips, E. M. (1995) From isolation to collaboration: a positive change for postgraduate women?, *Higher Education*, 30(2):313-322.

[11] Deem, R. and Brehony, K. J. (2000) Doctoral students' access to research cultures — are some more unequal than others?, *Studies in Higher Education*, 25(2):149-165.

[12] Delamont, S., Atkinson, P. and Parry, O. (2000) *The Doctoral Experience: Success and Failure in Graduate School*, London: Falmer Press.

[13] Delamont, S., Parry, O. and Atkinson, P. (1997) Critical mass and pedagogic continuity: studies in academic habitus, *British Journal of Sociology of Education*, 18(4):533-549.

[14] Dickinson, H. W., Connell, H. and Savage, J. (1997) Student experiences, in N.

Graves and V. Varma (eds), *Working for a doctorate: A Guide for the Humanities and Social Sciences*, London: Routledge, pp.113-130.

[15] Elton, L. and Pope, M. (1989) Research supervision: the value of collegiality, *Cambridge Journal of Education*, 19:267-275.

[16] Fischer, R and Taithe, B. (1998) Developing university teachers: an account of a scheme designed for postgraduate researchers on a lecturing career path, *Teaching in Higher Education*, 3(1):37-50.

[17] Frame, I. A. and Allen, L. (2002) A flexible approach to Ph.D. research training, *Quality Assurance in Education*, 10(2):98-103.

[18] Green, B. (2005) Unfinished business: subjectivity and supervision, *Higher Education Research and Development*, 24(2):151-163.

[19] Gross, R. (1994) Accommodation of research students, *Journal of Graduate Education*, 1:21-24.

[20] Haggis, T. (2002) Exploring the 'black box' of process: a comparison of theoretical notions of the 'adult learner' with accounts of postgraduate learning experience, *Studies in Higher Education*. 27(2):207-220.

[21] Henderson, M. W. (1996) Support provision in higher educational institutions for non-UK postgraduate students, *Journal for Further and Higher Education in Scotland*, 20(1):18-22.

[22] Hockey, J. (1994) New territory: problems of adjusting to the first year of a social science Ph.D., *Studies in Higher Education*, 19(2):177-190.

[23] Hockey, J. and Allen-Collinson, J. (2005) Identity change: doctoral students in art and design, *Arts and Humanities in Higher Education*, 4(1):77-93.

[24] Houghton, A. M. (2001) Do experienced educational travellers planning the Ph.D. journey of a lifetime need educational guidance?, in L. West, N. Miller, D. O'Reilly and R. Allen (eds), *Travellers' Tales: From Adult Education to Lifelong Learning... and Beyond Proceedings of the 31st annual conference of SCUTREA*, 4-6 July, pp. 190-194, Standing Conference on University Teaching and

Research in the Education of Adults, University of East London.

[25] Humphrey, R. and McCarthy, P. (1999) Recognising difference: providing for postgraduate students, *Studies in Higher Education*, 24(3):371-386.

[26] Lee, D. (1998) Sexual harrassment in Ph.D. supervision, *Gender and Education*, 10(3): 299-312.

[27] Leonard, D., Becker, R. and Coate, K. (2005) 'To prove myself at the highest level': the benefits of doctoral study, *Higher Education Research and Development*, 24(2): 135-150.

[28] Leonard, D., Metcalfe, J., Becker, R. and Evans, J. (2006) *Review of the literature on the doctoral experienced for the Higher Education Academy* London and Cambridge: Institute of Education and UK GRAD Programme.

[29] Okorocha, E. (1996) Cultural Clues to Student Experience, *The Times Higher Education Supplement*, 7 June, p.13.

[30] Parry, O., Atkinson, P. and Delamont, S. (1994) Disciplinary identities and doctoral work, in R. Burgess (ed.) *Postgraduate Education and Training in the Social Sciences*, London: Jessica Kingsley, pp.34-52.

[31] Pearson, M. and Brew, A. (2002) Research training and supervision development, *Studies in Higher Education* 27(2): 135-150.

[32] Pole, C. (1998) Joint supervision and the Ph.D.: safety net or panacea? *Assessment and Evaluation in Higher Education*, 23(3):259-271.

[33] Premia (2004a) *Case histories of employed graduates with a research degree.* Report produced through the HEFCE funded project Premia — making research education accessible (2003—2005), University of Newcastle upon Tyne, at: www.premia.ac.uk.

[34] Premia (2004b) *Research Student Case Histories by Disability*. Report produced through the HEFCE funded project Premia — making research education accessible (2003—2005).

[35] QAA (2004) *Code of practice for the assurance of academic quality and*

standards in higher education, Section 1 Postgraduate research programmes, Quality Assurance Agency.

[36] QAA (2007) *Review of postgraduate research degree Programmes in England and Northern Ireland*, at: www.qaa.ac.uk/reviews/postgraduate/default.asp.

[37] Wareing, S. (1999) 'Doing a research degree', in: G. Wisker and N. Sutcliffe, *Good Practice in postgraduate supervision*, Birmingham, SEDA: 7-11.

[38] Wellcome Trust (2000) *Review of Wellcome Trust Ph.D. Training: the student Perspective*, London: Wellcome Trust.

[39] Wisker, G., Robinson, V. G., Trafford, M. V. and Warnes, M. (2002) Getting there in the end: contributions to the achievement of the Ph.D., in M. Kiley and G. Mullins(eds), *Quality in Postgraduate Research: Integrating Perspectives*, Canberra, CELTS, University of Canberra.

[40] Wright, J. and Lodwick, R. (1989) The process of the Ph.D.: a study of the first year of doctoral study, *Research Papers in Education*, 4(1):22-56.

[41] Wright, T. (2003) Postgraduate research students: people in context?, *British Journal of Guidance and Counselling*, 31(2):209-227.

第 7 章

为博士学位而写作及其超越

Alison Lee，Claire Aitchison

谁为博士生教育中的写作负责？如果人们认真对待博士生的写作，将其视为研究的基石而不是研究的附属物，那么这种博士生教育与当前的博士生教育相比，会有哪些不同？想象一下，这会随之出现哪些不同的教学与实践？反过来，博士生教育的目的与成果的变化对博士生的写作实践又会有哪些影响？随着博士生教育的不断变化，博士生写作及教学又会面临哪些新的挑战与可能？

这些是博士生教育在多元化的国际格局中出现的种种问题。起初，写完一篇论文，通常就具备了能够指导他人的最基本的教学资格，但人们却忽视了写作是博士生教育的核心组成部分。然而，现在整个学术界似乎对博士生写作的兴趣与日俱增。

本章将在博士生教育多样性的新政策环境下，探讨写作受到的关注。笔者认为，这些关注在某种意义上是被动的，而且往往缺乏智力资源的支持，因此，例如那些参与到开发科研训练项目的人员，他们之所以被选聘，是因其令人印象深刻的发表履历，而非教学或课程方面的专业知识。开发专门针对学位论文撰写或发表的新项目，有过发表经历的作者或编辑是非常重要的资格。如此一来，写作的教学也只是情势所迫与权宜之计；互文性与修辞这些关键的问题似乎被丢弃一旁，消失在人们的视线中。传统意义上，大学的写作教学一直如同大学教育的"家务活"，这些工作大多由女性及身份地位有限的人们承担（Miller，1991）。然而，在新的环境下，人们似乎日益意识到有必要在博士生教育中加强院校针对写作与发表而提供教学的能力。

为了解决上述各种问题，首先，本章将简要地介绍一些关键的理论，这些理论影响了学术写作的研究特别是当前博士生写作的研究。其次，本章记录了部分院校与个体面对当前针对博士候选人不断变化的写作要求而做出的回应。我们的目的是探讨推进博士生写作教学法的可能性，这些改进之道能够意识到来自学界之外的日益增长且不断变化的需要，同时也能注意到博士生极为现实的处境需求——他们苦苦挣扎于为博士学位论文、学科、导师以及他们自己而写作的境地之中。

博士项目的读写危机还是写作的新议程？

我们认为，博士生教育政策和研究的变化引发了对写作的关注。造成这种情况的原因有很多。首要的并且也可能是最易察觉的原因是越来越多的政策将博士生教育的管理纳入经济效率的议程之中。政府和高校对博士生的低毕业率忧心忡忡，欧洲各国、澳大利亚及其他类似地区为促进博士生"及时毕业"而采取了一系列策略。对毕业率的关切进一步与相应的策略结合在一起，以避免公共监督错漏了对读写水平以及剽窃指控的关注，从本科生到研究生阶段都是如此。

其次，作为一种高级的资历证书，博士学位的规模增长与大众化，带来了博士候选人群体的多样化，并且博士生教育也日益全球化。越来越多的博士生和导师并未以英语为第一语言，然而英语却是学术出版最常用的语言。虽然学术英语的主导地位及其他语言中智识资源的丢弃引起了一些复杂的问题，但写作必定成为学生运用不同的语言、文化与社会经济资源时会产生冲突的空间。

再次，对写作与日俱增的兴趣与国家各种各样的研究评估有关，这些评估旨在促使博士生在就读期间及毕业之后关注发表，并提高发表的成功率。除了面临按时毕业的压力，政府在全球的知识经济中渴求投资回报的最大化促使人们日渐关注发表率。作为回应，资金短缺的学部与学系也逐渐将注意力转移到为写作提供支持之上，他们将提高发表率视作一项直接的或长远来看有助于获取资金的策略。写作成为与博士生教育相关训练的一部分，这种转向受到了政策的影响（European University Association，2005）。

博士生教育应该让学生做好充分的准备以参与研究文化，博士生的发表率低，这一直被认为是博士生教育质量与效率方面存在的问题（McGrail 等，2006）。Dinham 和 Scott（2001）进行的两项国际调查证实了对发表提供支持的重要性，以便于增加博士候选人及毕业生的实际发表率。这些调查清晰地表明，如果学生得到导师帮助以及/或者他们所在高校对研究生发表拥有一以贯之的政策，那么他们更可能发表。

最后，学术工作中后现代的思想风潮对写作提出了新的要求。有关写作与语言的后现代观点一直模糊了科学写作与其他写作形式之间的传统界限，这不仅使研究惯例和学科惯例成为问题，而且也挑战了"什么可被知晓，什么可被告知"、由谁以及对谁的基本内涵（Richardson，2000）。

写作方面的问题以及写作中的苦苦挣扎可被看作有效完成学业的障碍之一，这也是导致发表失败的原因之一。然而，旨在培养写作能力的资源历来缺乏，不断变化的实践以及成果产出对博士生的写作也提出了新的要求，在应对这些挑战时导师和博士项目开发人员也缺乏可资利用的教学知识。

传统上，研究生很少系统地接受高水平的学术写作指导，至少英语世界里如此（Rose 和 McClafferty，2001）。导师们在谈到其学术指导时，通常强调写作的重要性（Pare 等，即将出版）。然而，尽管用于导师"自学"的指南书籍与日俱增，有关博士生写作的研究也在不断增长，但对大多数导师来说，在教学关系中培养写作能力的资源仍然极其有限。

最近，以发表为目标的写作的主要举措包括通过发表获得博士学位等形式（European University Association，2005；Powell，2004）。新的博士学位，如基于实践的博士学位，也明确地提出了与写作体裁、读者以及导师能力有关的问题。这些举措表明，在竞争日益激烈的环境中，这些问题与大学的研究生产力更明确和紧密地联系在一起，因此有必要重新定义博士生教育并解决写作与发表的问题。与此同时，人们对博士训练的日渐关注，也为将写作纳入训练体系提供了契机。例如下文我们对欧洲大学协会（European University Association，EUA）关于《欧洲知识社会的博士项目［(the report of doctoral programs for the European knowledge society) 报告］》（见下文）的节选片段，列出了参与全球劳动力市场所需的科研训练形式，其中对于写作的重视一目了然。

- 核心研究技能的科学训练（研究方法和技术；研究管理；分析和传播；问题解决；科学写作与出版；英文的学术写作；科学伦理和知识产权意识等）。
- 可迁移（通用）的个人专业技能的训练（写作和交流技巧；建立网络与团队合作；物质/人力资源与财务管理；领导能力；时间管理；包括求职技巧等在内的职业生涯管理）。

博士生教育的变化包括政策驱动的结构变化、各学科中认识论取向上的变化所带来的影响以及教育大众化的影响，这些变化正在高等教育中不同层次的院校上演，其中在博士生教育经历的变化上体现得最为明显。这种政策层面自上而下的认识推动着人们重新评估对于博士生写作的认识，也促使人们去反思与更新博士生写作的教学实践。

我们对博士生写作所知几何？

有关博士生写作的学术知识和专业知识有哪些？已有文献对此问题的关注主要集中在英语教学、学术英语和应用语言学等专业领域，修辞学与写作领域的学者只是最近才开始涉足这一领域。最初这些知识领域旨在帮助母语不是英语的学生，在明确教授写作技能的学习场景中，它们有助于提供重要的教学实践资源。

追溯博士生写作研究的理论基础

（哪些）研究生在哪里以及如何得到写作方面的支持，在国家内部以及不同国家之间存在着巨大差异。就本科教育而言，北美高等教育对写作发展的关注由来已久，从大一课程开始，就开设了基础写作课程与诸如跨课程写作计划等其他写作计划（Coe 等，2002；Ivanic 和 Iea，2006；Lillis，2001）。该传统基于一种制度/结构上的认可，即写作与辩论在民主环境中处于中心地位，至少对本科生来说是这样的。相比之下，在英国及其他相似模式中暗含着一种假设，即大学生被高校录取即意味着他们具备了写作技能。

然而，当谈及博士候选人时，却几乎一片沉默。Pare 等指出，除了导师一对一的指导之外，许多学科的博士生还需要通过观察和反复试错来习得研究共同体写作与讲话的规范方式（Pare 等，即将出版）。他们还指出，导师往往准备有限，尚不能满足学生的这种需要。

大量的博士生写作项目已在语言学习的情景下得到开发。当代写作实践源于语言与读写观念的发展并与之并肩而行，然而有时又与其背道而驰。本章接下来将对其发展进行简要描述，并追溯高级学术写作的概念化及教学的关键转变。

从 20 世纪 40 年代中期到 60 年代，写作教学与学术英语教学（English for Academic Purposes，EAP）[①]扎根于语言学习的行为主义理念，例如在教室中让学生通过有指导的、控制的作文练习学习写作。在 20 世纪 60 时代，人们开始注意拓展语言形式，从关注句子层次的语法拓展为关注描述、记叙、分类、比较和对比、例证等修辞功能（Paltridge，2001）。许多关于博士生写作的自我训练（self-help）书籍仍然采用这种学习技巧，它们认为好的写作是一种统一的、透明的和个性化的技能，可以通过遵循既定的语言模式和规则习得（Kamler 和 Thomson，2006）。

20 世纪 70 年代，写作从作为产品的文本转变为写作过程的文本，写作教学的重心也随之发生了明显的变化。虽然过程写作方法因其认可作者的中心地位及写作的创造性而标志着写作教学的进步，但到了 20 世纪 80 年代中期，因过程写作向学生传授不同学术语境的语言要求的局限性而广受诟病（Hyland，2004）。在此种导向下，尽管实践性的写作过程是有帮助的，并且相对容易传授；然而，过程写作本身没有"注意到文本在类型、语境及目的上的差异"（Ivanic，2004：234）。

对这一不足采取的主要纠偏措施是普遍采用体裁（genre）的概念——一个众所周知的棘手词。基于体裁的写作方法在理论基础上有很大差异，这些理论包括 Halliday 的功能语言学研究（Halliday，1994），特别是 Martin 将该理论应用于澳大利亚的学校（Martin，1989）；在美国，Swales 的社会语言学研究颇具影响，他指出体裁与话语共同体密切相联（Swales，2001；Tribble，2005），此外还有主要源于加拿大和美国的修辞学研究（Coe 等，2002；Lundell 和 Beach，2003）。语言的体裁写作以文本为中心，并且根据语境的目的和需要将写作视为已形成的

[①] 学术英语教学，其教学对象为第一语言非英语者。——译者注

文本类型的集合，而修辞方法将体裁看作社会行动的诸多形式，因此语言体裁写作更多地关注文本的目的、语境及其关系。

学术写作教学的最新进展将写作看成一种社会实践和社会行动。这些路径吸收了之前的理论，承认体裁知识、写作过程以及熟悉文本产物自身的重要性。在这些写作观中，创作的行动与作为产物的文本被认为是一种基于社会情境的、由社会建构的交流或修辞事件，它被权力关系所塑造，并且对个人及社会产生影响。英国和澳大利亚的学者借鉴了批判话语分析和批判性文学研究的观点（Barton，1994；Benesch，2001；Clark 和 Ivanic，1997；Cope 和 Kalantzis，2000；Ivanic，1998；Street，1984），包括最近的多模态（multimodality）研究（Kress 和 van Leeuwen，2002）。加拿大和美国的学者对体裁修辞学研究借鉴了活动理论（Lundell 和 Beach，2003；Prior，1998）和与情境学习相关的理论（Lave 和 Wenger 1991）。

将写作界定为一种话语式的和社会修辞性的实践，有助于更细腻地理解写作活动的复杂性。这种活动不仅能表达更广泛的社会利益，而且还能体现一门学科的特殊之处或写作活动所处的微观情境，同时，它可以突出显示作者作为个体在创造意义的行动中与其文本中产生的互动。若写作被认为是一种社会行动，那么对于较高层次的学术作者的写作支持，则必须具有社会目的，而且应被理想地置于社会情境之中。

当为博士生所提供的写作支持策略能满足学生的愿望，他们能成为某门学科内技艺精湛的研究者，能够在他们求学期间被写出学科共同体所要求的各种体裁的文本，那么这些策略就更为成功了。在社会建构的写作观看来，最好的写作支持应嵌入真实生活的写作实践，提供一系列重点关注文本构建的社会情境（院校的与学科的）过程及实践的策略，同时也承认作者体现出的多面向的身份。

教学对博士生写作研究的回应

在学术英语的专业领域内，博士生写作被归入高级学术素养的范畴。在过去 10 多年，这一领域在研究、理论和教学方面取得了重大进展（Hyland，2006）。从战略上讲，这些致力于学术读写的从业人员的职业性（professional）与学科凝聚力得以提升，并建立了一系列国内外的组织以通过会议和出版物传播信息，包括欧洲学术写作教学协会（the European Association for the Teaching of Academic Writing）、澳大利亚学术语言学习协会（the Association for Academic Language and Learning in Australia）、英国学术英语教师协会（the British Association of Lecturers in English for Academic Purposes）和加拿大语言与学习研究会（the Canadian Association for the Study of Language and Learning）。聚焦于学术读写的主要期刊及其开展的工作在这段时间得到了巩固，如《专业英语期刊》（the English for Specific Purposes Journal）、《书面交流》（Written Communication）、《学术英语》（the journal of English for Academic Purposes）。另外，在《高等教育研究与发展》（High Education Research and Development）和《高等教育教学》（Teaching in Higher Education）以及其他学科专业的期刊上，也常常出现写作和学术读写的文章。这些"主流"的高等教育期刊都反映了人们对博士生写作关注的日益密切。

近几十年来，博士生写作研究的主要焦点一直在关注重要的学术体裁，特别是其中的结构与"转移"（moves），这些体裁包括研究性论文（如 Swales 和 Feak，2000）、学科话语（Hyland，2004；Party，1998），最近还包括一些其他的高级学术体裁，例如会议摘要和报告（Berkenkotter 和 Huckin，1995；Kamler 和 Thomson，2004）、文献综述（Boote 和 Beile，2005）及博士论文的某些组成部分，例如结论一章（Bunton，2005）。

通过回顾核心期刊近期的关注点可知，人们日益认识到高级学术和博士生写作的复杂性。这些文章论及论文写作的教学计划、文本的民族志研究、有关学位论文及研究性文章的构成要素及类型的比较研究、剽窃、学术话语评价与高级学术素养等问题。未来，有关体裁分析的持续兴趣将会集中于运用复杂的计算机分析技术开展的基于语料库的研究。

高级学术写作的理论化及研究取得了令人振奋的推进。同时，在出版博士生写作自我训练的书籍方面也做了大量工作。然而，这方面的知识应用于博士生教育的日常实践却很有限。学生、导师以及政府部门的利益相关者仍然担忧博士生写作，将其视为高水平学术成就坍塌的关键所在。

不断变化的需求呼唤新的教学方式

本章开篇即指出博士生教育领域的智力资源不足,难以应对博士生写作中现有的和不断出现的挑战。不幸的是,上文简要介绍的有关博士生写作的专门知识并不能轻而易举地被导师或博士候选人使用借鉴。然而,随着博士生日益期望就读期间熟练掌握一系列的话语实践,他们及其导师正在寻求用于培养写作能力的指导策略。

识别知识与技能之间的距离

近期有关博士生教学法的院校研究有助于凸显导师在为学生提供支持时面临的一些挑战,鉴于导师是应对博士生写作的复杂需求的重要人员。我们发现,很少有研究专门探讨导师教授学生写作的困境。Pare 及其同事的近期研究指出(Pare 等,即将出版),通常而言,导师是最深入地参与到学生学位论文写作之中的人,但如何在学生的写作中予以帮助,他们却常常感到不知所措。导师将指导工作描述为专家与新手,从事着"他们学科高度专业化的知识生产实践,同时使学生为进入该领域做好准备"。对他们来说,教学方法具有典型的辩证色彩:

导师提出批判性问题,提出相反的观点,厘清学科的逻辑,并帮助学生在学术对话中发表观点、获得认同及自我定位。因此,理想的过程带有深刻的修辞色彩:学生通过观察以及参与学科的话语实践而获得专业成员资格。

这项研究中的资料表明,博士生通常看似学会了在修辞上参与他们的学科共同体,但他们不具备相应的能力以说明其共同体内专业的修辞实践的规则。换句话说,修辞惯例的陈述性知识恰似明确的语法规则,对于参与话语而言——甚至是高度专门化的、充满论辩的话语,这些知识并不必要。但是,这种不必要给那些试图(例如通过写作)教别人如何参与到学科共同体的人们带来了阻碍。Pare 等认为导师给博士生的许多写作建议都是模糊的、非修辞的、以文本为中心的,并且——对于一些学生来说——这些几乎毫无用处(Pare 等,即将出版)。很多导师在提出建议和指导时都没有给出相应的理由;导师们搜寻着词汇(隐喻、图像、结构或建筑的类比)来解释学生文本中存在的问题。研究发现,来自导师的最有用的写作帮助是以例句、重写等形式共同撰写论文。

求助于自学式的指南书籍

由于缺乏支持写作的有效教学，越来越多的博士生和导师都求助于学位论文写作的指南书籍。有关博士生指导与教育的书籍如雨后春笋般涌现，这些书籍无一例外地强调有效写作对成功取得博士学位的重要性。这些书籍涵盖了导师指南（Delamont 等，1997；Taylor 和 Beasley，2005）、博士生与博士候选人的研究指南（Creswell 和 Plano Clark，2007；Evans 和 Gruba，2002）以及近期出现的大量的博士生写作指南书籍——有些专门针对论文写作的，也有些专门针对撰写研究计划与文献综述（Craswell，2005；Hart，2001；Punch，2000；Zerubavel，1999）。虽然这种指南书籍的侧重点与方法不尽相同，但都承认了写作的重要性，诸如"早动笔、勤动笔"的建议在这些书中都有体现。然而，这些指南书籍往往不尽如人意，常常落于俗套，既没有考虑到博士生写作者身份的变化，也没有考虑到博士生的写作需求。总体来说，对于博士生科研以及更广泛的博士生教育过程中的写作而言，这些书籍很少为如何进行写作的定位及写作意义提供明确的智力支持（Kamler 和 Thomson，2006）。

博士生学习的目的和语境都在发生变化。对博士候选人的写作要求也在不断发生改变，因为博士生被要求产出更多类型的文本：发表学术期刊论文、提供院校和行业报告、发表会议论文、参与资助申请，以及写学位论文的同时也在"学界之外"从事写作。这些文本的生产，以及博士成果向不同类型的文本与作品的开放，经常涉及个人和院校的竞争。这些体裁中的每一种都由院校与学科实践以明确的方式加以界定，学生及其研究的特殊性也以类似的方式参与到体裁的界定之中。

对大多数博士生来说，主要的学习仍发生于学生与导师之间。然而，导师和学生发现自己日益感受到了提高学业完成率和发表的压力（McGrail 等，2006），此外，发表还要面向日益多样化的读者，由此教学的余地将会越来越紧张。我们及我们的国际同事在各自的工作中，已意识到院校和个体对博士生不断变化的需求做出了一系列令人兴奋的回应，以满足博士生写作产出以及具备熟练写作能力的要求。下一节，将介绍一些我们所熟悉的项目，毫无疑问，还有许多其他有价值的项目在多个地点正面临着类似的变革压力。

近期的教学发展

越来越多的大学开始为博士生提供各种项目化的支持。然而，不幸的是院校往往消极地对此做出回应——把写作支持看作"修补"工作，致使那些从事写作教学的人边缘化，同时将教学指导的接受者建构为"不足"。这样，写作的难题成了学校的"脏抹布"，成为管理人员和学者都感到不舒服的根源之一，它们最好被藏匿于学习中心，而学习中心往往与研究和知识生产的场所（或者说博士生"真正的工作"的场所）相距甚远。

然而，专业学习与读写教学领域正在锐意创新，制定战略与开发项目以推进博士生写作，这些创新举措包括：基于学科的干预措施、学位论文写作的学分与非学分课程，以及博士生共同写作工作坊（Aitchison 和 Lee，2006；San Miguel 和 Nelson，2007；Skillen 和 Purser，2003）。其他一些被广泛采用的举措包括写作训练营（writing retreat）（Grant 和 Knowles，2000；Murray 和 Moore，2006）、与导师联合写作（Kamler 和 Thomson，2006）、写作伙伴、写作导师以及写作发表项目（Murray 和 Moore，2006）。在以上及其他教学例子中，我们注意到成功的教学实践发生在有同行评审的真实情景中，这样的创新之举包括通过举办以学生为中心的会议或设立有助于学生发表的项目等学术性实践来刻意搭建学术参与的平台。在这种情况下，博士候选人参与了丰富多样的写作经历，包括起草和修订、评论、审查、编辑以及在学术同行群体中介绍研究报告。

在我们自己的大学里，我们已经开发出博士生写作小组的教学法，并且见证了这些写作小组的价值，它们可以应对特殊的、不断变化着的博士生写作的要求。各种不同类型的写作小组的经验表明，这种教学法具有通用性，随着博士生成为博士候选人以及不断发展新的学术身份，这些小组可以适应博士生的需求。与小组同伴分享写作，这种教学法可以培养学生广泛的写作能力，这些能力源于写作者对文章近距离细致的打磨，由此培养人们对语言和写作的鉴赏力。一小群写作者会经常对文本进行严格的批评与修改，这样不仅有利于提升写作技巧，而且有助于深刻理解知识是如何通过合著而得以产生的。在回顾我们的研究时,我们发现写作小组"非常依赖认同和同行评审、共同体和研究中将写作视为'正常工作'的教学原则"(Aitchison 和 Lee,2006:265)。在写作实践共同体中,"合法的边缘参与"(Lave 和 Wenger,1991)包括许多机会,以使得撰写博士论文与发表论文的社会修辞实践的规范和惯例变得清楚明确。

面对博士生教育日益激烈的环境,人们做出了各种不同的回应,包括在全国范围内启动支持博士生为学界之外而写作的政策(Lee 和 Kamler,即将出版)。澳大利亚最新的一个例子是澳大利亚人文学院(the Australian Academy of the Humanities)与多所研究型大学合作,该合作受国家资助,它们参与了促进公共领域的学术写作项目。在该合作项目中,博士生受邀参加在全国各地举办的一系列写作工作坊,并为博士生开设了一系列大师级课程,让他们思考如何为新的和多样化的读者撰写文章,以及在跨学科语境下发表。工作坊的参与人员包括出版界的嘉宾、非学界的作家与编辑以及学界的学者。随着这种培训方式最初在卫生和其他专业学科领域声誉鹊起,其他培训的开发紧随其后。此外,一些澳大利亚大学将知名作家和出版商招募到写作中心,这些中心旨在鼓励博士生和学者为公众写作。墨尔本大学最近成立的学者和研究人员写作中心(Writing Centre for Scholars and Researchers)就是一个例子(http://www.gradstudies.Unimelb.edu.au/writingcentre/psp/)。

结论

最后,我们回到本章开篇提到的问题:谁为博士生写作负责?毋庸置疑,写作是学术工作的一部分,从这个意义上说,写作无处不在又无迹可寻。因此,知晓如何写作与传授写作的能力主要归之于导师——主要基于或有时仅仅因为导师自己写了一篇学位论文。与此同时,人们却很少传播与吸收专业的写作知识与写作教学实践,很少将它们纳入学科体系和研究学位项目的"主流",也没有将它们纳入博士候选人自学的图书中(Aitchison 和 Lee,2006)。

我们认为,这个问题的核心是在有关科研的主流理解中,写作处于一种自相矛盾的境地,一方面是长久以来英语的学术文化对语言、文本与写作的轻视,由此一来人们通常在很浅的层次上接触写作与知识生产的概念动力学。从这个意义上说，写作问题是认识论的、文化的问题，也是教学方面的问题。我们主张对博士生教学法的理论和文化基础进行严格的概念讨论与实证性探究，将其作为重要的资源以推动有关写作问题的有效性与理解性活动，从而与学科的知识生产模式联系起来。

在一系列新趋势的背景之下，写作明显成为需要教学干预的对象。这些背景包括博士生毕业压力日益增大，博士成果和文章产出逐渐多样化，写作能力被纳入博士研究生的成果，以及博士生面临着通过或基于博士研究发表论文的压力。目前，对博士生写作的研究已经在很大程度上塑造了学位论文作为产品或文本类型的形象，它们对学位论文的描述和衡量不同于传统上基于科学的学位论文的概念。然而，这种形式也可能以它被记录的速度而日渐消失。在此，我们提倡对不断变化的写作实践进行严格的概念讨论和实证研究，以便对写作的新挑战给予更成熟的回应。

参考文献

[1] Aitchison, c. and Lee, A. (2006) Research writing problems and pedagogies, *Teaching in Higher Education*, 11(3): 265-278.

[2] Barton, D. (1994) *Literacy: An Introduction to the Ecology of Written Language*, Oxford: Blackwell.

[3] Benesch, S. (2001) *Critical English for Academic Purpsoes: Theory, Politics, and Practice*, Mahwah, NJ: Lawrence Erlbaum.

[4] Berkenkotter, C. and Huckin, T. (1995). *Genre Knowledge in Disciplinary Communication*: *Cognition/Culture/Power*, Hillsdale, NJ: Lawrence Erlbaum.

[5] Boote, D. and Beile, P. (2005) Scholars before researchers: on the centrality of the dissertation literature review in dissertation preparation, *Educational Researcher*, 34(6):3-15.

[6] Bunton, D. (2005) The structure of Ph.D. conclusion chapters, *Journal of English for Academic Purposes*, 4(3): 207-224.

[7] Clark, R. and Ivanic, R. (1997) *The Politics of Writing*, London: Routledge.

[8] Coe, R., Lingard, L. and Teslenko, T. (eds) (2002) *The Rhetoric and Ideolgoy of Genre*, Cresskill, NJ: Hampton Press.

[9] Cope, B. and Kalantzis, M. (eds) (2000) *Multiliteracies: Literacy Learning and the Design of Social Futures*, London: Routledge.

[10] Craswell, G. (2005) *Writing for Academic Success: A Postgraduate Guide*, London: Sage.

[11] Creswell, J.W. and Plano Clark, V. L. (2007) *Designing and Conducting Mixed Methods Research*, Thousand Oaks, CA: Sage.

[12] Delamont, S., Atkinson, P. and Parry, O. (1997) *Supervising the Ph.D. — A Guide to Success*, Buckingham: Society for Research into Higher Education and Open University Press.

[13] Dinham, S. and Scott, C. (2001) The experience of disseminating the results of doctoral research, *Journal of Further and Higher Education*, 25(1): 45-55.

[14] European University Association (2005) *Doctoral Programs for the European Knowledge Society*, final report, European University Association (www.eua.be).

[15] Evans, D. and Gruba, P. (2002) *How to Write a Better Thesis,* second edition, Melbourne: Melbourne University Press.

[16] Grant B. and Knowles, S. (2000) Flights of imagination: academic writers be(com)ing writers, *International Journal for Academic Development*, 5(1): 6-19.

[17] Halliday, M.A.K. (1994) *An Introduction to Functional Grammar*, second edition, London: Edward Arnold.

[18] Hart, C. (2001) *Doing a Literature Review*, London: Sage.

[19] Hyland, K. (2004) *Disciplinary Discourses: Social Interactions in Academic Writing*, Ann Arbor: University of Michigan Press.

[20] Hyland, K. (2006) *English for Academic Purposes: An Advanced Resource Book*, Abingdon: Routledge.

[21] Ivanic, R. (1998) *Writing and Identify: The Discoursal Construction of Identity in Academic Writing*, Amsterdam: John Benjamins.

[22] Ivanic, R. (2004) Discourses on writing and learning to write, *Language and learning*, 18(3): 220-245.

[23] Ivanic, R. and Iea, M. R. (2006) New contexts, new challenges: the teaching of writing in UK higher education, in L. Ganobcsik-Williams (ed.), *Teaching Academic Writing in UK Higher Education: Theories, Practices and Models*, Basingstoke: Palgrave Macmillan, PP. 6-15.

[24] Kamler, B. and Thomson, P. (2004) Driven to abstraction: doctoral supervision and writing pedagogies, *Teaching in Higher Education*, 9(2): 195-209.

[25] Kamler, B. and Thomson, P. (2006) *Helping Doctoral Students Write: Pedagogies for Supervision*, London: Routledge.

[26] Kress, G. and van Leeuwen, T. (2002) *Multimodal Discourse: The Modes and Media of Contemporary Communication*, London: Edward Arnold.

[27] Lave, J. and Wenger, E. (1991) *Situated Learning: Legitimate Peripheral Participation*, Cambridge: Cambridge University Press.

[28] Lee, A. and Wenger, B. (2008) Bringing pedagogy to doctoral publishing, *Teaching in Higher Education,* 13(5) (in press).

[29] Lillis, T.M. (2001) *Student Writing: Access, Regulation, Desire*, London: Routledge.

[30] Lundell, D. B. and Beach, R. (2003) Dissertation writers' negotiations with competing activity systems, at: http://wac.colostate.edu/books/selves_societies/.

[31] McGrail, M., Rickard, C. and Jones, R. (2006) Publish or perish: a systematic review of interventions to increase academic publication rates, *Higher Education Research and Development*, 25(1): 19-35.

[32] Martin, J. R. (1989*) Factual Writing Exploring and Challenging Social Reality*, Oxford: Oxford University Press.

[33] Miller, S. (1991) The sad woman in the basement, in *Textual Carnivals: The*

Politics of Composition, Carbondale: Southern Illinois University Press.

[34] Murray, R. and Moore, S. (2006) *The Handbook of Academic Writing: A Fresh Approach*, Maidenhead: Open University Press.

[35] Paltridge, B. (2001) Linguistic research and EAP pedagogy, in J. Flowerdew and M. Peacock (eds), *Research Perspectives on English for Academic Purposes*, Cambridge: Cambridge University Press, pp. 55-70.

[36] Pare, A., Starke-Meyerring, D. and McAlpine, L. (forthcoming) The rhetorical pedagogy of doctoral supervision, in C. Bazerman, D. Figueiredo and A. Bonini (eds), *Genre in a Changing World,* West Lafayette, IN: Parlor Press and WAC Clearinghouse, at: http://wac.colostate.edu/.

[37] Party, S. (1998) Disciplinary discourse in doctoral theses, Higher Education, 36(3): 273-299.

[38] Powell, S. (2004) *The Award of Ph.D. by Published Work*, UK Council for Graduate Education, at: http://www.ukcge.ac.uk/.

[39] Prior, P. (1998) *Writing/Disciplinarity: A Sociohistoric Account of Literate Activity in the Academy*, Mahwah, NJ: Lawrence Erlbaum.

[40] Punch, K.F. (2000) *Developing Effective Research Proposals*, London: Sage.

[41] Richardson, L. (2000) New writing practices in qualitative research, *Sociology of Sport Journal* , 17: 5-20.

[42] Rose, M. and McClafferty, K. (2001) A call for the teaching of writing in graduate education, *Educational Researcher*, 30(2): 27-33.

[43] San Miguel, C. and Nelson, C. D. (2007) Key writing challenges of practice-based doctorates, *Journal of English for Academic Purposes*, 6(1) : 71-86.

[44] Skillen, J. and Purser, E. (2003) Teaching thesis writing. policy and practice at an Australian university, *Thesis and Dissertation Writing at Postgraduate Level: Theory and Classroom Practice, Special Issue of Hong Kong Journal of Applied Linguistics*, 8(2): 17-33.

[45] Street, B. (1984) *Literacy in Theory and Practice*, Cambridge: Cambridge

University Press.

[46] Swales, J. M. (2001) EAP-related linguistic research: an intellectual history, in J. Flowerdew and M. Peacock (eds), *Research Perspectives on English for Academic Purposes*, Cambridge: Cambridge University Press, pp. 42-54.

[47] Swales, J. M. and Feak, C. B. (2000) *English in Today's Research World: A Writing Guide*, Ann Arbor: University of Michigan Press.

[48] Taylor, S. and Beasley, N. (2005) *A Handbook for Doctoral Supervisors*, London: Routledge.

[49] Tribble, C. (2005) Reviews, *ELT Journal*, 59(4):342-346.

[50] Zerubavel, E. (1999) *The Clockwork Muse: A Practical Guide to Writing Theses, Dissertations, and Books*, Harvard, MA: Harvard University Press.

第 8 章

科学领域的博士生教育：生物医学中科学思维的培养

Margot Pearson, Anna Cowan, Adrian Liston

博士生数量日益增多，后工业经济体对研究和知识的兴趣主要在于将其视作创新的重要因素，这些均使得人们日益关注提高博士生教育的质量，关注博士生教育能否满足当下的需求（Denholm 和 Evans，2007；Enders，2004）。然而，其间的张力也颇为明显，博士生教育的负责人面临着各种相互矛盾的压力：拓展课程，让学生为不同职业做准备，而且还要在缩短的时间内高效地完成这些任务。在本章中，我们认为，在科学领域的博士生教育中，这些张力可以通过以下方式化解：既关注博士生课程，也关注教学实践，这两者均需要意识到各界对博士生培养的一系列需求，即博士生要具备高阶的分析能力，具备创造性地对数据进行科学评估的能力，这构成了科学的思维方式。具有科学思维的博士生有能力进行独立的、创新性的研究。他们能够识别并构想出相应的对策以解决新颖的、复杂的问题或难题。他们不同于技术娴熟却无力开展重要研究活动的"超级技工"。他们受到了更好的教育，能够适应学界内外不断变化的工作环境。

本章的数据包括一项调查数据和对博士生及导师的访谈。该调查关注博士生课程的恰当范围这一问题，询问了生物医学领域的教师和学生对博士生项目的期待及重要性排序。我们还访谈了一组博士后人员，他们均有提供指导的责任，访谈主要聚焦在教学方面，尤其是如何培养学生的科学思维。这些共同作为本章的数据。在此基础上,本章将展示在科学领域的博士生教育中,教学实践的提升如何产生内容丰富的学习课程,这套课程旨在培养有创造力的、有适应力的且能够进入多种职业的独立研究者。

科学领域内博士生教育中的问题

自然科学博士生教育中存在着许多问题,这些问题在博士生教育中普遍存在。例如,博士生为日后的独立学习准备不足;缺乏对导师的培训,他们主要仿照自身接受指导的经验进行教学;快速变化的科技对必须学什么带来的影响;学生需要为多元化的职业选择拓宽技能(Pearson,2005)。多年来,自然科学博士生的就业结果一直为人所忧,在一些领域,例如化学领域,毕业生就业前景一直是其学术共同体的研究主题(Adams 和 Mathieu,1999)。在科学领域,近期出现的情况尤其令人担忧:尽管博士生的注册数在增长,但他们受过训练后的就业前景却时好时坏,并且从长期来看,博士生并不一定会在学术界工作,也不一定会在其他地方从事科学研究(Thompson 等,2001)。

为了应对保证博士生教育质量、确保教育能满足不同需求的压力,政府和高校所制定的大部分政策的重点在于提高效率、让学生按时毕业。近期对导师培训的关注,更多是推动博士培养制度的结构化以及对培养过程的管制以减少博士生的流失,而非挑战导师个体的教学实践,或是为他们提供在教育意义上丰富培养博士生经验的策略。然而,有关博士生在就业市场上受雇能力的担忧,以及过度专业化限制了职业选择的灵活性,这些都致使包括学界、行业雇主与学生在内的利益相关者呼吁拓展博士生课程,训练学生更多的技能(Pearson 和 Brew,2002;Gilbert 等,2004)。人们认为,研究生需要有跨越不同研究领域的能力,为在不同的环境下(学界与工业界)做研究做充分的准备。此外,他们需要掌握一系列技能,包括与他人合作所需的人际互动能力、与非专业人士及同行有效交流的能力(Osborn,1997)。目前,大多数高校或研究机构提供了一系列短期的能力课程,如项目管理与计算机运算,这些课程既有助于学生的博士研究,也有助于他们日后专业的发展。相比之下,很少有人注意去拓展课程以保证学生充分掌握其专门研究所属领域的知识。在对这一问题所进行的有限的讨论中,作者本人的经验被用于讨论课程的优缺点。此外，也很少有人关注培养博士在不同工作环境中的适应力与创造力的方法。

在对课程问题的各种应对措施中，都潜藏着一重紧张关系：一方面是追求效率的压力，通常要按时完成学业；另一方面又呼吁拓展和丰富博士生教育。对于负责研究实验室的首席研究员而言，这种紧张感尤为明显，他们需要有更多的成果发表，逐步获得更多竞争性经费，以为耗资日益增多的科学项目提供资助。此外，资助环境也使"科学博士的培养目的"与"将科研生产力优先于能力培养"之间业已存在的矛盾更加尖锐。在澳大利亚，科研资金的相对稀缺使得科研对博士生及其成果的依赖更重，而非博士后的贡献。此外，首席研究员也意识到，博士生日后竞争职位时也需要令人印象深刻的发表记录。在高影响因子的期刊上发表论文意味着毕业后更有可能获得博士后职位，对于要获得起步经费以在学界成为独立研究者的人来说，也需要在高影响因子的期刊上发表论文。如果学生自己将目标定位于完成其课题，尤其是当他们的博士课题是更大研究项目的一部分时，那么就会更侧重于产出。如果对学生而言科学博士学位的目标变为实验室的产出，那么他们也可能会担心失败："这些实验失败了，我永远都拿不到博士学位了。我是一个失败者。"在这些情况下，师生双方都接受了这些假设，他们甚至认为能否展示出"做出好研究"的能力关系到能否完成项目。

规章制度及资助机构要求学生在较短的时间内完成学业。在这样的压力下，学生很难掌握多学科领域的广泛知识，如神经科学和免疫学。在神经科学领域，学生的背景来源十分多样，例如计算机科学、生命科学、工程学、心理学。此外，在免疫学领域，研究受技术突破的推动，这些技术突破能带来新的研究问题。在这类变化迅速的领域中，掌握特定的知识、技能、技术并不能保障学生的就业（引起新的技术能力与新知识被认为更有价值）。这些因素表明，拥有广泛的知识基础越来越重要，然而在目前的环境（由政策和经济因素决定）下，学生必须务实，在短时间内完成一项具体的研究以拿到学位。在这种情况下，同样重要的一点是，如何培养学生科学的思维方式以及科学分析能力，使其成长为独立的、适应能力强的研究者，这一问题也处于被弱化的危险之中。

在压力下工作：导师与学生的期望与优先排序

虽然按时完成博士研究的压力很大，但是在学科和个人层面上，对博士生学习范围的期望及候选人的优先性排序有较大差异。更为细致的观点来源于一组调查数据。本章的一位作者对一群生物医学研究者（来自神经科学、免疫学、生物化学及分子生物学）进行了调查，其回答反映出他们如何看待这种张力（tension）。该调查基于一份简短的问卷，搜集了导师和学生的看法（共有22名导师与18名学生，回收率约为20%）。问卷中，有13道题涉及博士生学习范围的计划，包括通用技能的重要性、博士生学习与就业规划的相关性。填表者被要求对每个问题的重要性进行评分，分值范围为1（最不重要）～5（最重要），见表8.1。

表8.1 导师与学生的期望：问卷题目的评分及其排序

序号	问题	导师评分	排序	学生评分	排序
1^	应帮助学生发展学术写作能力	4.7	11	4.2	11
2*	应帮助学生发展良好的口头交流能力	4.8	12	4.1	9
3^	应帮助学生发展时间管理能力	3.8	5	3.2	1
4	应帮助学生发展较高的信息素养/资料检索技能	3.9	7	3.4	2
5	学生应有多个研究领域的知识	3.9	7	3.8	5
6	所处的研究领域对技术的要求很高，学生是某项特殊技能的专家十分重要	3.8	5	3.5	3
7	所处的研究领域变化迅速，学生能够适应变化比精通当前的技术更加重要	4.1	9	3.9	6
8	学生应聚焦某一具体研究领域，发展出精细的专长	3.5	3	4.0	7
9	学生应当有创造性，能独立思考	4.9	13	4.6	13
10	学位论文应对某一领域做出具有原创性的重要贡献	4.1	9	4.5	12
11*	学生未来的职业规划（学术/非学术职业）应是设计博士课题和课程安排的重要考量因素	2.6	1	4.1	9

续表

序号	问题	导师评分	排序	学生评分	排序
12	导师应当引荐学生进入学术网络	4.4	10	4.2	11
13	导师应当鼓励学生对研究主题外的领域产生兴趣	3.3	2	3.7	4

注：两组人群在每个评分项上的显著性差异$*p<0.05$，$\hat{}p=0.1$；标准差为 0.1～0.4。

师生对各项内容的评分及其排序，表明被调查对象关于科研训练的范围意见比较一致，但在实践的细节上却有较大差异。导师和学生双方都认同"学生应当有创造性，能独立思考"（问题 9），并认为这一点最为重要；他们也认为"学位论文应对某一领域做出具有原创性的重要贡献"（问题 10）较为重要，即使学生有很大的经济和时间压力，并且这必定会影响到他们的博士后计划[①]。另一个得分较高且排序较前的是"导师应当引荐学生进入学术网络"（问题 12）。虽然师生双方对某些问题在总体上都予以认可，但对这些问题重要性的排序上存有差异，例如关于培养通用技能的那些题目（问题 1～4），导师的评分高于学生。另一方面，教师和学生都支持在问卷中提到的几个方面提供帮助，尤其是写作、沟通技能，其重要性排序超过了时间管理和信息素养。有关知识及专业技能的广度与深度的问题（问题 5～8），人们态度存有差异，但他们都赞同要能适应不断变化的研究领域、有特定的技术专长、在具体的研究领域有精细的专长。

这些数据并不支持下列看法：学生完全以短时间内完成任务为核心，导师狭隘地只关心学生的学术产出。相反，有一些迹象表明导师对一些更广泛的问题具备敏感的意识，而学生心中也有长远的职业目标。分歧最大的地方在于问题 11"学生未来的职业规划（学术/非学术职业）应是设计博士课题和课程安排的重要考量因素"，学生对此题的评分较高，重要性排序也比较靠前，而导师对此题的评分则最低、排序最靠后。造成这种分歧的因素很多，如回答问卷的导师总体来说已经获得了较为安全的学术职位，在某种程度上他们不甚了解如今这代博士生的职业压力。不过，这一观点也遭到驳斥，较为年轻、学术经验少的导师并没有

[①] 在这个问题上，不同的性别群组间没有明显的差异。与导师的指导经验（指导学生的数量从 1～25）、学生完成学位所用的时间（0.3～6.6 年）这些问题相关的回答，均没有明显的差异。

比年龄稍大、资历深的导师认为问题 11 更重要。这很有可能因为导师们选择了同一条职业道路（从事学术工作），他们没感觉到为学生考虑其他职业选择的需要。

还可以从另一个角度来理解这一结果，导师对问题 5 和问题 7 的评分较高，说明他们认为要帮助学生扩展知识面，培养其创造性和适应力，但不需要在现有的职业帮助（如引荐学生进入学术网络，他们给此项的分数很高）之外提供清晰的职业规划和职业咨询。无论原因为何，评分表明，许多导师并不认为学生看重的"读博期间要进行职业规划"有多么重要，也没有意识到"学生融入学科共同体"之外的需求。

总的来说，问卷结果表明师生对博士生教育的范围持有比较一致的意见，但也存在着不少差异，需要根据具体情况不断协商。正是在这种比较中，我们看到总体上一致的意见与压力很大的科研环境下具体实践之间的偏差。正是在这种情况下，师生们直面教学和博士生课程范围中的重要问题——如何培养学生的研究能力？如何让学生为各种职业去向做好准备？仅仅学习如何做研究是否足够？参与真实的研究项目能否培养科学的思维方式与科学的分析技能？这样能否培养学生一些能力，使其获得科学研究外的就业机会？我们还需要更多的通用技能吗？如何给学生提供职业指导？

实践中带着压力工作：做科学研究

在量化分析之外，我们还进行了另一条途径的研究以做补充。本章的两名作者反思了他们近年来作为学生的经历，一名作者还访谈了其免疫学和生物化学领域的同事，他们现在是博士后研究员或正在指导博士生的年轻首席研究者。研究者向 5 位受访者提出了下列几个开放性问题，并鼓励他们尽可能畅所欲言。

在读博士期间，除了直接的实验指导外，导师如何为您将来成为一名科学家而提供帮助？您认为自己是如何培养科学思维的？是否还有其他事物可能会对您有帮助？

当您指导学生时，用了哪些技术以帮助他们更加科学地分析数据与设计实验？您如何为他们提供职业帮助？

受访者基于自己当学生的经历,或是在澳大利亚国内外不同机构当导师的经验,提供了多种看法。为了保证匿名——这是我们争取受访者同意我们发表相关材料时的约定,我们很少提到受访者的细节信息,并在文中使用化名。

4名受访者认为,他们在博士生阶段所接受的指导在本质上完全以科研项目为基础,其中3人特别提出科学环境对他们成长的重要性。这种科学环境,可被理解为其中的人们具备科学思维,尽管人们认为许多学生的科学思维不足,需要导师的积极支持。对于导师在培养学生科学思维过程中的作用,众说纷纭。有人认为"导师无法帮助学生学会科学思考",博士生科研项目只是给学生一个展示自己内在能力的机会,也有人说,他们的导师用了一套精心设计的方法培养学生像科学家一样思考。

下文呈现的内容以访谈笔记以及作者对自身经历的反思为基础,这些内容为一系列教学实践提供了富有启示的例子。有些实践是在受访者的工作地或所在的实验组中进行的,有些是由导师进行的。

像独立的科学家一样思考——Anthea(生物化学)

我的导师很擅长帮助我更多地像独立的科学家一样去思考。我们常常在白板上进行提出问题—解决问题的训练。我拿着数据去找他,他问我看到了什么,看到的东西又说明了什么。然后,我们会花一个小时在白板上一点点分析。当我的逻辑有漏洞时,他会一针见血地指出,也会给我提供一些我忽略的信息,以帮我得出更好的理论。我也尽量这样培养学生。我非常喜欢这种方式,所以把它用在学生身上。学生拿着数据来找我,我会问他们想到了什么,引导他们告诉我这将得出什么结论,然后促使他们思考其中的逻辑。我不会直接告诉他们我认为这是对的还是错的,因而学生必须自己得出结论。有时候,我会提供一些他们忽略的数据,但如果他们只是犯懒,我就装傻,问问他们关于某个特殊的问题,文献都说了什么,这样他们就不得不回去自己查看文献了。

批判性分析——Bob(免疫学)

我的导师用另外一种方式增强了我的数据解读能力。我拿着论文去找他,他会坐下和我一起查看文章中的原始数据,然后讨论数据的优缺点,最后才看文章作者的解读。如果数据还可以有别的解释，我们常常会讨论各种可以用来检验这些替代性解释的实验设计，要是我的想法还比较可行，他会给我一些积极的反馈，并进一步推进这些想法，就像是在做思想实验。在我读博士的早期，他还会给我一些他要评审的文章，让我与他一起评审。最开始，他给我一些如何评审的建议，然后我们分别读这些文章，接下来我们一起深入讨论，之后他通常会修改我的评审意见（并告诉我他为什么做出这些修改），最后正式提交评审意见。这种过程使得我在第一次受邀独立评审文章时十分自信。作为专业发展的方法，它非常成功。

文献俱乐部——Cath（免疫学）

我培养科学能力的方式是在我工作的环境中模仿他人。起初，我只是简单地做他们让我做的事。一段时间后，我开始审视自己做的事情。我身处一个相当活跃的科研共同体中，人人都积极地参与科学研究，我可以从中学习。对我来说，最有用的是文献俱乐部和数据俱乐部（学部研讨课），我可以看到专业人士如何提出假设，如何解读数据，其他人又如何评价这些解读。尤其是在文献俱乐部上，我能看到大家如何界定研究问题，又是以何种方式检验这些问题。我没有积极地参加这些活动，不过观看这些过程对我就很有用，久而久之，我就学会了。我所在的小组非常活跃，我们还有自己高度互动的文献俱乐部。

发表作为学习经历——Don（免疫学）

即使是在博士生层面，关注发表并不一定会限制数据解读能力/批判性思维/创造能力的发展。我和导师见面时，常常会讨论我近两周做出的数据。通常，在看处理过的数据之前，导师会先看原始数据，他一直强调保证数据可靠的重要性，思考实验中数据产生过程的细微差别（这会影响对数据的解读）。我们会根据数据讨论下一步的实验需要哪些图表以将数据转变为初稿，还需要哪些支持性数据以确保我们对整个领域有正确的认识……我们也会深入细致地讨论发表一系列数据的最佳策略，谈论是发表一系列小文章好，还是一篇大文章好……现在，当我要独立做出类似的选择时，这些有关发表策略的讨论于我而言有重要价值。

职业建议——Edward（生物化学）

我认为我所做的事情中，对学生职业发展有帮助的一件事情是坦诚地告诉他们我目前所做的职业选择。我正处于从资深博士后向大学教师转变的阶段，这通常是科学职业发展中困难最多的阶段。和学生交流时，我会坦诚地告诉他们哪些环节在他们职业生涯中相对轻松，例如从博士生转为初级博士后，又有哪些环节是比较困难的，也会告诉他们我当前努力克服困难的做法，如组织学院活动、加入委员会、组织会议等。博士后要想成为大学教师，仅仅有很好的发表记录和学术基础是不够的，还要有一种意识，你必须为你所在的机构"投入时间"，为院系做大量不令人喜欢的行政工作。

学生即将完成博士学业时，我会给他们一些建议，告诉他们可以做什么题目，他们可以与谁合作，应该去申请哪些资助项目。我帮助他们规划未来，甚至告诉他们做第二个博士后应去找谁。我负责为学院邀请演讲嘉宾，所以有时候会特意邀请我希望我学生见的人，给他们日后的工作提供些可能性。我喜欢引导他们思考未来，避免他们的关注点过于狭窄。他们必须进入科研共同体，尽量多与人交流，让别人知道他们的名字。

实验室会议——Flora（免疫学）

在我们实验室里，我们在实验室会议上尽量对每人的研究进行批判性分析。每人轮流在小组成员面前汇报数据以及对数据的解读，然后其他人指出汇报内容的不足，或者提出其他可能的解释。学生能够观察周围人进行科学批判的常见过程，也有机会进行汇报并接受来自其他人的批判性意见。实验室会议既能给学生提供好的想法与技术建议，也能够展示科学分析的方法。

生物医学中的学习课程

在与导师讨论博士生教育时，"课程"一词常常阻碍着富有成效的讨论，因为许多人认为这个词指的是讲授的某一门课。大多数导师将"通过做研究来学习如何做研究"视为获得学业进步的方法，并且惧怕谈论那些指向结构化教学的课程。出于这个原因，思考一下 Lave 和 Wenger 对"学习课程"（a learning curriculum）

和"教学课程"（a teaching curriculum）所做的区分（Lave 和 Wenger，1991），对解决上述访谈资料与调查结果提出的课程与教学问题非常有用。他们认为，学习发生于参与实践的过程，就像学徒学艺一样，我们认为这也适用于初入门的研究者。Lave 和 Wenger 解释道，学习课程"本质上是情境性的……它是共同体的重要特征"，它由"情境中能够促进新实践发展的学习机会"组成，它也包括"学习者视角下日常实践中的学习资源"（这是他们强调的重点）。相比之下，他们认为"教学课程"是一种直接的教学指导，这"受到学习过程的外部视角"的形塑（Lave 和 Wenger，1991）。

在这种区分的启示下，访谈资料其实描述的是科学实践情境中的学习课程，学生和导师在不断做研究的过程中创造了学习机会。他们展示出攻读博士学位期间一系列培养学生科学思维与提供职业建议的机会和策略，这也正是在有关期望与重要性排序的研究中学生提出的要求。

研究环境中的学习机会

以上访谈材料包含了研究环境中情境化学习机会的两个例子，即 Cath 描述的文献俱乐部和 Flora 讲述的实验室会议。在许多自然科学的学系中，文献俱乐部很常见，实验室会议也一样。从 Cath 的描述中可知，文献俱乐部通常会介绍一篇相关领域近期发表的重要论文以供讨论。汇报可以由一位或多位学生进行，他们可以是同一院系或同一实验室的，汇报和互动也可以有不同的风格。实验室会议在工作场所举行，主要聚焦于实验室内正在进行的研究。

文献俱乐部对参加的博士生有两点潜在的好处。第一点好处对学生来说最为明显，这关系到"紧跟学术动态"——传播研究领域内最新的知识、最先进的技术以及把握领域未来发展方向的迹象。第二点好处更加重要——浸润在科研的过程之中，Cath 解释过这一点，然而这一点经常被很多学生忽略。从本科生转变为博士生，一大难点就是从被传授科学知识体系到被教授如何为这一体系做贡献。关于"如何做科学"的这一方面常常被学者认为是自然的思维过程，因而他们很少向学生展现他们得出结论的方法。

文献俱乐部是"打开科学思维"的重要机会，学生能直接观察学者如何分析与讨论论文的专业问题,以及如何评价文章对整个领域的理论贡献。学生能观察、参加或者讨论下述许多问题,例如:检验假设的最佳方式是什么?研究结果能否支持文章结论?研究的核心结果是什么?这一研究与在部分程度上与之矛盾的数据之间的关系如何——这篇论文将不同的线索整合起来了吗?其研究方法是否比其他观点相悖的论文更好?这些思考过程在科学研究中必不可少,常常由学者一个人琢磨,或与他人进行私下的学术讨论,故而多是不可观察的。文献俱乐部的重要好处在于在公开场合将这一过程外化,实验室会议也有这一好处,正如 Flora 描述的那样,研究场所既是学生工作的地方,也是他们学习的地方。

同任何学习环境一样,文献俱乐部帮助学生发展科学思维的效果存有差异,取决于其设计与具体的实施。它既可能有建设性、教育性与平等性,也可能充满破坏性,令学生意志低沉。按照 Cath 的说法,若要有效,文献讨论会需要"高度互动",且在非正式的氛围中,教师和学生能够畅所欲言,在汇报以及最后的综合讨论中发表想法、表明立场。

改进教学实践

一位受访的博士后谈到,许多学生在做研究时需要得到导师的"积极支持"。这种教学支持并不一定是直接的指导。上文的访谈资料表明,导师在和学生互动时,可以采用各种方法利用具体研究活动中的学习机会,作为教练与指导者教育学生。

在 Anthea、Bob、Don 的资料中,我们看到其导师通过交流和讨论,为他们学习分析数据、发展理论、为发表该如何思考而提供了积极的支持。这种类型的支持是训练的形式,包括模仿与提供脚手架,正如 Bob 学习如何评审论文中导师的做法。这样做的目的是帮助学生学会如何提出问题、解决问题、评估自己的进步。例如,Anthea 在告诉学生结论之前,先让学生自己做出判断。正是通过这种学习过程的外化和反思行为表现的能力,学生习得了专业能力(Pearson,2001;Pearson 和 Brew,2002),访谈资料对此已有展示。科研过程中的这种训练可以来自正式的导师或实验室/研究团队中的其他人。他们可能是实验室的博士后(Delamont 等,1997),甚至是使用尖端技术临近毕业的研究生。

训练（coaching）关乎学习如何做科研，以及如何有意识地去做，而指导（mentoring）则涉及促进学生的智识发展与个人发展。在一项力图揭示"指导"（supervision）的研究中，Pearson 和 Kayrooz 认为"辅导"（mentoring）是影响学生满意度的重要因素，学生的职业目标（可能）不断演变，在此情况下，"指导"通过智力上的挑战以及情感与个人的支持，使学生浸润在学术/学科领域内（Pearson 和 Kayrooz，2004）。不是所有的学生一开始就有清晰或确定的方向，知道该向何处前进。学生在职业目标的背景下，无论有多大的不确定性，他们都能够明智地选择学习机会，能够推进自己的学业进展，这很重要。正是在与导师及他人的互动中，学生发展出研究兴趣，确立对未来的期待。例如，爱德华花了很大功夫为学生提供明确的指导，告诉他们该如何推进事业，也花了不少心血分享讨论他自己的经历和获得博士后职位的方法。有趣的是，在 Pearson 和 Kayrooz 的研究中，"指导"明显区别于帮助学生进入学科/专业网络，在调查中，导师对"引荐学生进入学术网络"的评分也远高于"帮助学生进行职业规划"，说明"指导"的这一方面还没有得到充分的认可。

结论

访谈材料并未穷尽改善教学实践、丰富课程内容的全部策略。在多学科领域中，博士生项目的挑战在于如何保证教育的质量、多样性、整合性，同时又不乏深度与广度（Hall，2006；Hyrnan，2006）。这可能提示我们需要其他学习机会（例如课程作业）来拓展学科知识。另一个问题是，多学科领域的学生仅仅在一个分支领域或一个实验室工作是否足够，澳大利亚的大多数学生就是这样，这不同于美国让学生到不同的实验室轮转的做法。不过，最根本的是学生在做选择时要与导师协商，以适合其个人的需求。

此外，解决博士生"课程"范围的问题，需要来自学生所属研究团队或学术单位的关注，而不是完全将这一问题留给导师个人。这意味着在重要性排序上要做出集体改变。有趣的是，师生在调查中给"学生应当有创造性，能独立思考"

（问题 9）打出了高分，但是对"导师应当鼓励学生对研究主题外的领域产生兴趣"（问题 13）的评分则较低、排序靠后。在其专业领域内，根据学生的职业意愿将其区分开来并不能使学生从中受益，无论他们希望成为研究科学家，或者希望在诸如商业、管理或公共服务部门寻求发展。无论学生将来从事何种职业，如果他们日后有能力与研究资助机构、公众进行有效的交流，或是在非学术领域应用其所受的科学训练，那么他们就需要在更广阔的学术共同体内接纳智识与政策的发展变化。

在本章，我们提出了自然科学领域内教学与博士生课程范围中存在的主要问题，并且集中讨论了学生与导师在多大程度上认可"研究能力的发展"，以及"让学生为多样化的职业选择做好准备"的重要性，此外我们也关注了导师为实现这些结果所采用的策略。在追求高效利用资源和时间的压力下，在增加研究成果的压力下，强调更多的课程内容似乎不太可能。不过，从科研实践情境中的学习课程这一视角出发，就有可能重新理解这种课程困境。批判性地提升自然科学博士生教育中的教学实践，产生了丰富的学习课程，进而能够拓展博士生课程。这种课程提供了一系列学习机会，学生从中可以发展科学的思维方式，其独立性、适应力和创造力可以得到培养。

参考文献

[1] Adams, F. and Mathieu, E. (1999) Towards a closer integration of Ph.D. training to industrial and societal needs, *Analytica Chimica Acta*, 393:147-155.

[2] Delamont, S., Atkinson, P. and Parry, O. (1997) Critical mass and doctoral research: reflections on the Harris Report, *Studies in Higher Education,* 22(3): 319-331.

[3] Denholm, C. and Evans, T. (2007) Introduction, in C. Denholm and T. Evans (eds), *Supervising Doctorates Downunden Keys to Effective Supervision in Australia and New Zealand.* Camberwell, VT: ACER.

[4] Enders, J. (2004) Research training and careers in transition: a European perspective on the many faces of the Ph.D., *Studies in Continuing Education,*

26(3): 419-429.

[5] Gilbert, R., Balatti , J., Turner, P. and Whitehouse, H. (2004) The generic skills debate in research higher degrees, *Higher Education Research and Development,* 23(3): 375-388.

[6] Hall, Z.W. (2006) Graduate education in neuroscience: maintaining vitality through change, in C. Golde and G. Walker (eds), *Envisioning the Future of Doctoral Education: Preparing Stewards of the Discipline-Carnegie Essays on the Doctorate,* San Francisco, CA: Jossey-Bass.

[7] Hyrnan, S.E. (2006) Neurosciences and the doctorate: the challenges of multidisciplinarity, in C. Golde and G. Walker (eds), *Envisioning the Future of Doctoral Education: Preparing Stewards of the Discipline,* San Francisco, CA: Jossey-Bass.

[8] Lave, J. and Wenger, E. (1991) *Situated Learning: Legitimate Peripheral Participation,* Cambridge: Cambridge University Press.

[9] Osborn, M.J. (1997) A note on reshaping the graduate education of scientists and engineers, in R.G. Burgess (ed.), *Beyond the First Degree,* Buckingham: Open University/SRHE.

[10] Pearson, M. (2001) Research supervision—mystery and mastery, in J. Higgs and A. Titchen (eds), *Practice, Knowledge and Expertise in the Health Professions,* Oxford: Butterworth-Heinemann.

[11] Pearson, M. (2005) Changing contexts for research education: implications for supervisor development, in P. Green (ed.), *Supervising Postgraduate Research: Contexts and Processes, Theories and Practices,* Melbourne: RMIT University Press, pp. 11-29.

[12] Pearson, M. and Brew, A. (2002) Research training and supervision development, *Studies in Higher Education,* 27(2): 135-150.

[13] Pearson, M. and Kayrooz, C. (2004) Enabling critical reflection on research supervisory practice, *International Journal for Academic Development,* 9(1):

99-116.

[14] Thompson, J., Pearson, M., Akerlind, G., Hooper, J. and Mazur, N. (2001) *Postdoctoral Training and Employment Outcomes,* Canberra: Department of Education, Employment, Training and Youth Affairs, Commonwealth of Australia.

第9章

实验室科学中的博士生实践研究

Jim Cumming

目前,学界广泛承认现有文献对博士学位项目的研究还很不够,对此的抱怨也不绝于耳:对博士候选人学习经历的探究不够(Haworth,1996),对候选人"不可见"的工作和训练关注不够(Delamont 等,2000),已发表的论文很少体现他们的观点(Leonard 等,2006)。毫无意外,伴随着这样的批判,学界也呼吁对博士活动及其所处环境进行"精细的分析"(Pearson,2005)和"细致的实证研究"(Pearson,2005)。

与此同时,已有文献中长期存在的不均衡也被指出。例如,Pearson 认为"目前大多数博士生教育研究多关注社会科学、人文科学和专业领域"(Pearson,2005:125)。近期,有关英国博士生研究的一项文献述评指出,"有关科学博士生经历的质性研究很少"(Leonard 等,2006)。另一个发现是大多数研究缺乏理论框架。因此,对实验室科学中的博士生实践进行研究,对整个研究领域而言非常重要,并且很及时,可以对已有研究做出贡献。本章的目的是探究博士生实践的呈现方式,其中将特别关注教学法。

研究内容以一项在澳大利亚完成的研究为基础,该研究是国家(澳大利亚)资助的大型研究项目(2004—2007年)中的一部分[①]。数据来源于2005年三个半

[①] 该研究受到了澳大利亚研究委员会的资助,其目的是从两个相关的研究中获得具体的信息,这两项研究是关于当前博士生经历的,分别在不同的但可以相互补充的地点完成。除了三位主要的研究者(Evans、Pearson 和 Macauley)之外,还有三位博士生参加。

结构化的访谈，其中一个是对实验室科学领域一名女博士候选人进行的深度访谈，随后分别对另外两个人进行了访谈，该候选人认为此二人在其学习和研究中起到了重要作用。接着，本章构建了一个"叙事案例"（case narrative），将各种观点组织起来，但并不包括访谈者（本章作者）的直接评论[①]。值得注意的是，这些数据是一大组材料中的一部分，这些材料被用于建构了不同学科领域的10个案例研究，其中每个研究包括一份反思性阐释（Alvesson和Skoldberg，2000）和一份叙事案例。

在这里，我想说的是我们需要更多有效的方式来对科学领域和人文领域中的博士生教育进行呈现与理论化。主要的原因在于现有的文献多停留于刻板印象的水平，且理论化程度较低，博士生经历常常被大幅度简化，其呈现的价值大受质疑。借用一个隐喻，那些文献"是将艺术形式由肖像画变成了漫画"（Becher和Trowler，2001）。基于对实验室科学中博士生经历研究的研读，我发现其中有一些常见的前提假设（Cumming，2007）。例如，博士候选人以研究团队成员的身份参与科研，解决团队中的常见问题，他们可以获得团队共享的知识、资源和专长。在此，我无意于批评这些假设，而是质疑它们能否准确地描述在21世纪最初10年里科学领域中的博士生实践。

本章包括四部分内容：第一部分，将本研究置于实验室科学中博士生实践的文献脉络中；第二部分是一个分子生物学博士生实践的叙事案例，包括三个人的观点，即博士候选人Jane，Jane的导师Trish，以及Jane的那位即将提交学位论文的同伴Scott；第三部分讨论了这一叙事在哪些方面支持或挑战了有关实验室科学中博士生实践的传统认知；第四部分是对呈现博士生实践的一些反思。

关于实验室科学中的博士生实践，我们知道什么？

这一部分的目的是建构概念框架，以便为后面的案例叙事阐释提供启示和帮助。本章对来自澳大利亚、美国、英国的文献进行述评，并在此基础上进行框架建构，这些研究涉及科学领域内不同程度的专业。这些领域涵盖自然与物理科学

[①] Stenhouse已经对案例资料、案例记录与案例研究做出了区分（Stenhouse，1978）。在本章研究与写作的过程中，三份经过编辑与证实的转录稿组成了案例资料。鉴于案例叙事含有多重声音这一性质，它是案例记录的一种变型。案例叙事以及解释共同组成了案例研究。

（Becher 和 Trowler，2001；Parry 和 Hayden，1994；Pole 等，1997）、实验室科学（Delamont 等，1997；Delamont 等，2000；Hacking，1992），尤其是生命科学（Bard，1994；Gumport，1993；Knorr-Cetina，1999）。在借鉴如此广泛的研究的基础上，意识到了不同体系在课程、指导、考试以及学科领域宽度上的差别至关重要。

尽管存有上述差别，在文献述评中还是凸现出一个共同的主题——实验室文化的重要性。大量的研究重点在于实验室的社交方面和关系方面，在追求某些共同目标和方法的过程中，实验室成员定期（通常是每天）进行互动。每个人都为自己的项目和任务负责，但同时也要为整个团队的集体成果做贡献。Bard 将此描述为在学生和实验室利益之间的"平衡需求"（Bard，1994：529）。

尽管很多研究谈及实验室互助合作、齐心协力与相互支持的风气（Gumport，1993：269；Pole 等，1997：57；Delamont 等，2000：66-67），但是竞争甚至是侵犯性的行为也被提到（Knorr-Cetina，1999）。Knorr-Cetina 解释道，这种张力源于内部的"交换逻辑"，研究团队的每个成员都期待自己提供的帮助能有所回报（Knorr-Cetina，1999：236）。例如，博士候选人可能要做大量的检验或实验工作，其成果可能会为部分或所有团队成员所用。在实验室做的研究，其结果不可预测，因此当实验失败或实验结果与设想不一致时就会出现困难。一份研究描述了博士候选人面临的最坏情况，学生"都会意识到自己 3 年的工作很可能，用他们的原话来说，'扔进马桶放水冲走'"（Delamont 等，2000：58）。如果实验室成员提供服务的能力受阻，或其他人表现出与其贡献不相称的机会主义态度，学生可能心生不满，这一点不难理解。

另一个重要的主题与职业生涯的发展有关。一个关键的特征是当被授予荣誉学士或硕士学位时，学生拥有的某种使命感。未来更高的职业阶梯包括博士后候选人、博士后研究人员、研究员、高级研究员以及最终的实验室负责人。Knorr-Cetina 将实验室视为"他们（即科学家）要通过的阶段"（Knorr-Cetina，1999：225）。崭露头角的研究人员在这一阶段拥有机会做出成果，而且越快速越好。她的说法"一波接一波学生和博士后"（Knorr-Cetina，1999：227）反映出许多实验室人员的高更替率，这同不稳定的资助体制不断改变的研究重点有关。

为了进一步聚焦在教学实践上，笔者从文献中整理出与之相关的一系列专门活动、解释性引用以及理论建构，制成了表 9.1。实验室负责人的重要地位体现在很多方面。其中之一是结合实验室的研究重点，决定博士候选人的研究题目及其使用的研究方法。另一个是扮演"桥梁"的角色，帮助学生在实验室之外建立重要的联系以及获得机会。研究团队的成员也很重要，尤其是博士后，因为他们可以将自己有关实验的诀窍传给其他人。一个重要的教学特点是博士候选人刚开始着手自己的研究时就相信预先确立的知识。

Hacking 使用了"科学稳定性"理论来解释实验室科学中科学原则和程序持续不断的再生产（Hacking，1992），借用了绳索的比喻，他将科研工作描述为材料、社会与概念股线的交织。在这一理论基础上，Delamont 等提出了"教学持续性"（pedagogic continuity）理论（Delamont 等，1997；Delamont 等，2000），这一理论强调"濡化"（enculturation）与学术社会化。在此模型下，博士候选人主要是通过在专家身边工作——而非参加大量专门的技能训练（活动）——来发展专业技能。

下面是一份案例叙事，这一叙事力图展现澳大利亚某研究型高校分子生物学领域当前的博士生实践。这部分内容把教学实践置于显著位置，将博士候选人、导师、同学的观点交织在一起以便形成一种整体性的解释。文章将引言作为文本的一部分（没有进行缩进或斜体表示），以减少偏袒研究者或被研究者任何一方的可能性。

表 9.1 文献中有关实验室科学中的教学实践

详细活动	解释观点的节选	理论建构
• 接受预先设定的科学知识 • 实验室负责人选择研究问题和研究方法 • 博士后提供指导和支持 • 围绕实验室操作台展开互动 • 定期召开实验室内部会议 • 重视发展默会技能，而不是训练专项技能 • 长时间在实验室工作	• "在科学领域，学生是学徒……这是份全职工作，许多人每周在实验室工作 60～80 小时"（Gumport，1993） • "传授多少技能，就能学会多少技能"（Delamont 等，2000） • "导师不仅是学生和学校的主要纽带，也是学生及其研究学科的主要纽带"（Pole 等，1997） • "（实验室）负责人几乎垄断与相关领域的互动"（Knorr-Cetina，1999）	• 科学稳定性（Hacking，1992） • 教学持续性（Delamont 等，1997；Delamont 等，2000） • 学术部落（Becher 和 Trowler，2001）

分子生物学博士生实践的案例叙事

Jane 是廷特维尔大学（Tinternvale University）一名三年级的博士生，她正在研究一种寄生虫，希望从长期来看能减少这种寄生虫对家禽的危害[①]。她知道学校里的分子科学实验室是她的后盾，因为她曾在那里度过了荣誉学年且随后在那儿当了 1 年的研究助理。2002 年年底，Jane 荣获家鸡行业会（the Chicken Consortium and the Fowl Foundation）授予的"初级研究员学术奖金"，在 2003—2006 年，她每年会获得 2.5 万美元的薪俸和 6000 美元的研究预算。

Trish 是 Jane 的主要指导老师，也是 Jane 进行博士研究所在的实验室的负责人。Trish 在廷特维尔大学大约待了 30 年，在此期间，她的研究横跨动物学、生物化学、基因学，终成寄生虫学领域的知名专家。20 世纪 90 年代出现的基因技术促使她用 5 年时间进行了专业上的更新与发展，以学习该技术并将其应用到寄生虫的研究中。在 Trish 的努力下，实验室获得了一系列研究资助，产生了不少成果并发表，也申请到了很多商业专利，被认为是该领域最好的实验室之一。她当前的一个项目受到了家禽基金会与家鸡行业会的联合资助，它们将在 3 年内为她提供 45 万美元的资助。

与 Jane 经常互动的另一位实验室成员是 Scott，他也是一名博士候选人，他在完成毕业论文的同时，在实验室当了 1 年的研究助理[②]。在此之前，Scott 在特伦特姆研究所（the Trentham Institute）当了 4 年的走读生。Scott 的主要指导老师是 Trish，同时还有特伦特姆研究所另一位老师指导他在那儿的工作。Scott 通过参加廷特维尔的实验室会议与 Jane 保持联系，也承担着指导的角色，因为 Jane 在加入实验室后还在进行着他荣誉学位论文中的一个方面的研究。与 Trish 及 Jane 一样，Scott 也研究寄生虫，虽然他的专长是生物学中另一个不同的领域，但这两个领域使用的很多研究路径、方法和技术都十分相似。

---

① 为了保护受访者的隐私，案例叙事做了一些调整。三位研究对象——Jane、Trish 与 Scott，高校——Tinternvale University，外部的研究机构——the Trentham Institute，行业合作伙伴——the Chicken Consortium and the Fowl Foundation，均为化名。

② Scott 也是行业奖学金的获得者，不过是从另一个机构获得的。他接受研究助理这个职位的一个原因是确保经费，鉴于他之前的奖学金已经期满。

Trish 职业生涯中的大部分时间都在与行业合作。20 世纪 80 年代，她让渡了一项治疗寄生虫新药的专利，由此开启了与业界的合作。Trish 面带微笑地回忆了这段往事："我们成功地获得了一家大型医药公司对我们研究的垂青。我们在会议期间共用早餐，事情就这样办成了。"之后，许多研究项目接踵而至，无一例外都是由外部机构委托和资助的。她对当前一个项目的安排进行了如下描述："他们（家鸡行业会和家禽基金会）告诉我们，他们准备给项目投入大量的钱，并要求我们确定一套程序，以实现预定的目标。"

Trish 的一个策略是在她实验室的研究项目之间建立尽可能多的联系。她开展工作的前提是"实验室的所有成员需要一起努力，才能解决问题"。尽管实验室的研究主要是应用性的，但在她看来这也"对生物知识有贡献"。在这一背景下，Trish 基于实验室之前的项目成果，为 Jane 的博士研究确定了研究问题和大致的研究路径。她也协调安排 Jane 的研究成果可直接用于一项更大的联合资助项目。Jane 开始做研究时，大学和行业伙伴已经签订了各种形式的协议，并确认了一系列研究目标和关键成果。

实验室中央是一套操作台，上面放着各式各样的仪器，墙边堆满了制冷机组、设备、架子和储物柜。操作台是工作的核心区域，研究员、学生（博士、硕士以及荣誉本科生）、技术人员都在那儿紧挨着从事实验、试验、记录、分析等工作。实验室总共能容纳 7 名全职人员。Trish 有一个"办公室"，尽管她被挤到实验室的一个角落，刚刚够放下一张办公桌、一台计算机和一把客椅。

Jane 和实验室许多其他人一样，把大量时间花在了工作上。她解释道："在平时，我通常从早上 8 点工作到下午 6 点，大多数周末我也会来实验室工作几个小时……如继续实验之类的，之后才离开。"她的工作最初是筛选约 20 个基因，然后识别一些有效的目标——可能是两个或三个基因，它们能十分理想地为整个过程的下一个阶段奠定基础。研究目的是找到能与这些目标相互作用的分子，并有可能阻止它们，这样以后就有可能为进一步研发治疗抗药性寄生虫的产品提供策略。

廷特维尔相关学系的两位老师与 Trish 组成了一个指导小组，监督 Jane 的进度并提供帮助。Jane 也定期参加家鸡行业会的会议和研讨会，汇报进度并交流信息。实验室的氛围非常好，Jane 能借助实验室里任何人的智慧，可以与别人讨论她可能用到的创新性技术。Jane 认为，"Scott 是一个很好的交谈对象，我很高兴他加入了我们实验室。现在，我会和他讨论我的项目和想法，他也常常有些好主意"。Scott 尽管还没有提交论文，但他认为自己在"做博士后的工作"。例如，他在目前的工作清单里列入了"指导学生、写论文、思考需要的研究并加以推进"。

有时候，Scott 会利用自己的外部关系帮助 Jane 解决努力攻克的问题，也会经常亲自参与实验。他说他曾经邀请在特伦特姆（Trentham）的一位擅长使用显微镜的同事帮忙。"有时候，我实际与 Jane 以合作的方式一起工作。我会亲自动手提供一些方法上的帮助，也会贡献一些概念和想法，这都是在一天天讨论的基础上形成的。"Jane 的实验能力很强，所以她与 Scott、Trish 以及实验室其他人的讨论主要是关于理论化的工作。正如她所解释的："在我的博士项目中，我是最早做一些技术工作的人之一，所以更多的情况是我与别处也在研究这一领域的人进行交流，努力将他们的经验为我所用。所以问题肯定不在于技术方面，更多是关于概念与想法的。"

逐渐地，Jane 的项目开始在实验室内扩散，其他成员参与到某一部分实验室正在进行的工作之中。在 Jane 对基因进行检测和筛选后，剩余基因分给了其他学生继续研究。例如，Scott 分析 5 个，其余的基因在荣誉学生加入实验室后便分给他们。Scott 这样描述这一情形："每个人都知道这些基因的名字，知道彼此在忙些什么，每个人都在做贡献。和一群兴趣相合的人看法一致，真是太好了。"

借助一些结构化的机会，实验室成员可以在廷特维尔校内或校外交流当前的研究。其中之一是半个月一次的实验室会议，由 Trish 组织，她鼓励候选人"就他们读过的文章进行汇报，这些文章不一定非要与他们的研究相关，只要他们认为有趣即可"。另一个机会是每周一次的"各实验室进度研讨会"，候选人展示并讨论他们的博士研究。鉴于 Trish 实验室的国际地位，她积极支持学生定期参加会议和研讨会，以紧跟该领域发展的最新动态。

在 Jane 以候选人身份进行了几次海报展示之后，在 2005 年，她受邀给来自世界各地的 120 名经验丰富的科学家做报告。她承认"刚开始有点惶恐"，并且也"有些畏惧"。不过她稍后也更加坚定地补充道："当你坚持做下去，和他们见面、互动，就会想'他们远比我经验丰富……，一旦你意识到这些，与他们互动时就会感觉好一点，也不会像你想象的那么紧张。"

Jane 也建立起个人的学术交流网络，网络中有在不同环境和背景下工作的学者与专家。用她的话说："我读文章，如果发现他们使用了一种特殊的技术，我就会写信请教，看看我是否也能采用他们的方法或其他东西。通常而言，我发现我们这个领域的人大多很友好，很乐意帮忙，愿意给你的项目提供帮助。……很多人是高校里的研究人员，也有人在医院或企业工作。当然，还有一些学生。"Trish 特别支持这种方式，鼓励她所有的学生积极地建立学术网络。"当我不知道答案的时候，我会告诉他们去找那些可能懂的人，然后给他们发邮件。换句话说，他们需要去建立联系，大多数学生都会这么做。尤其在这样一个时代，通信如此发达，国内的竞争那么激烈，你确实需要勇敢站出来，能够自力更生。"

Jane 也在实验室当兼职教师，她决定参加廷特维尔免费提供的教师培训项目，以提高她这方面的技能。通常，她每学期负责 2 门课程，加上批改作业每周需工作 6 小时左右。一门是为大一学生开设的课程，"基本上就是教一些简单的实验台工作"，另一门课程是大三学生参加的小组项目，"在这门课上，我更多承担指导的工作"。Jane 进一步解释道："我认为以学生身份去做这些事情是很有意义的经历，这既能让你紧跟本科生学的内容，又能重新回顾快遗忘的东西。若你之后想做些教学工作，这提供了一些如何与学生互动的宝贵经验。可以说，你还可以学到某些若你不参与教学就难以学到的技能，例如，如果你一整天 24 小时都缩在实验室里。"

尽管 Scott 能比 Jane 更早提交论文，但他们都将职业生涯的开始定位在博士后职位——希望能留在廷特维尔，虽然获得海外知名实验室的工作机会也是很理想的结果。Jane 的总体规划包括"积极参与教学，多参加会议，在会上认识一些当地的或国际的知名研究者，一步步朝向未来发展"。然而，Scott 觉得未来是"清楚地知道我想做什么——问题是我能否如此。我想到海外一流的实验室待几年……做一名学者是我的目标"。尽管 Jane 和 Scott 都没有排除到企业工作的可能性，不过也没把它放在个人计划中靠前的位置。

Jane、Scott、Trish 均对他们实验室中的博士生实践有所反思。Jane 这样总结她的情况："总体来说，我的经历都是积极的，我的项目也没什么消极的经历。"

不过，她也承认虽然目前已有所成就，但与成为一名成熟的研究人员尚有段距离。她很坦诚："我仍是一个学生，还没觉得自己是学术共同体中的一员。"在对比特伦特姆和廷特维尔的实验室时，Scott 强调博士候选人的不同作用和地位。在特伦特姆，学生是"可有可无的，不从事核心工作，没那么重要"，在廷特维尔，博士生"十分受重视，是学院工作的重要力量"。他非常肯定，在廷特维尔，"要是没有学生，任何（研究）工作都做不了"。

Trish 做导师的丰富经验，为她对博士生教学进行批判性反思提供了宝贵的机会："20 年前，学生可能用 5 年的时间去解决极具挑战性的问题，但现在不可能了。今天，我们要确保每个博士生都有一个相对安全的问题（problem），我们知道这些问题有丰富的材料，能够完成学位论文。我们可能做一些不那么有雄心的项目，并且比过去更仔细地指导他们，确保事情在正确的方向上推进。"出于同样的原因，Trish 反对"一直惯着他们"，尤其考虑到她认为"科学的发展速度比以往快得多，至少分子生物学领域是这样"。

我们讲一讲后来的故事以做叙事补充：Jane 于 2007 年 3 月完成并提交了论文。稍后几个月她获得了一个博士后职位，研究家鸡行业会和家禽基金会共同资助的另一个为期 3 年的项目的部分内容，除了廷特维尔 Trish 的实验室，这个项目还涉及其他两个实验室。Jane 在其博士研究中发现的基因不再作为目标，但是，这个新的项目将用类似的筛选方式寻找一种尚未被发现的目标基因。Scott 在实验室获得了类似的职位，正在寻找未来在英国及其他西欧国家的工作机会。

叙事案例在哪些方面支持或挑战了对实验室科学中博士生实践的传统认知？

叙事案例确认了本章第一部分提到的博士生实践的一些重要特点。例如，Trish 影响了 Jane 的研究问题和研究方法，Scott 实际上扮演着类似博士后的指导者和支持者的角色。科学稳定性和教学持续性的概念有助于解释 Jane 如何学习怎样在实验室的情境下做一名研究科学家。典型实验室文化的要素以及分阶段的专业规划也得到了较好的阐释。

与此同时，该案例也挑战并拓展了有关博士生实践的刻板印象。总体而言，叙事反映出更大的开放性和灵活性。实验室的狭窄界限、负责人的强势控制也被更广阔的舞台、更多的人员以及更全面的能力所取代。若我们把注意力放在教学实践上，则另外一些方面也得以展现（见表 9.2）。

表 9.2　叙事案例中教学实践的其他方面

详细活动	解释性观点节选	理论建构
● 指导小组会议 ● 行业伙伴会议及研讨 ● 理论学习比技术学习重要 ● 在以下场合发挥积极作用 —实验室会议 —各实验室参加的会议 —国际会议 ● 建立个人网络 —学术研究者 —外部研究者（如医院、企业、兽医院的工作人员） —博士候选人 ● 教师培训课程 ● 辅导 —大一学生："实验操作" —大三学生："指导"	Jane——博士生候选人 ● "和研究这一领域的人讨论问题"并"将其经验为我所用" ● "学习在其他地方学不到的技能" ● "我得努力" Trish——导师 ● "做一些不那么有雄心的题目" ● "更仔细地指导学生" ● "避免娇惯学生" "（鼓励他们）自力更生" Scott——同辈 ● "亲自动手提供方法上的帮助" ● "大家看法一致"	● 成为并属于（Lee 和 Roth，2003） ● 在工作中学习（Hager，2004） ● 同辈学习（Boud 和 Lee，2005） ● "娴熟的工作者"（Pearson 和 Brew，2002） ● "有进取心的自我"（Tennant，2004） ● "自我组织的行动者"（Boud 和 Lee，2005）

我们可以从两者（本叙事案例与已有文献）之间的细微差别和明显不同之处来分析表 9.2 中所列内容。

第一，教学不限于实验室。尽管 Trish 在大学的实验室仍是主要的教学场所，但它与廷特维尔的其他实验室、其他大学的实验室或私有部门的实验室都有战略联系。实验室也与相关企业、医院、动物诊所有联系。Jane 在各种会议及其他场合交流信息和想法。第二，承担指导或教学之责的人并不仅限于实验室经验丰富的成员。尽管主要指导教师和事实上的博士后是 Jane 学习与科研的关键人物，但其他重要的个体也积极地参与其中，例如，学界和业界的研究人员与学生。Jane 与指导小组的教师互动，也与业界合作伙伴定期交流。第三，教学不局限于指导和写学位论文。在 Jane 读博士期间，学习、教学、指导、帮助等相关的教学活动都十分明显。例如，Jane 在研究、教学、学术报告等活动中，有大量的经验式学习与批判性反思。此外，Jane 与其他领域的博士后共同参加了学校组织的教师培训课程。

不过，这些不同教学实践之间的联系，以及它们与博士生实践其他要素之间的联系，具有更重要的意义。我们继续以 Jane 参加的教师培训为例，她是在当助教时参加培训的，这一点值得我们注意。这是一种"及时"的学习方式，不同于传统的"提前"训练模式。此外，通过做兼职教师，Jane 不断发展其通用技能和专业技能。正如 Jane 所承认的那样，如果"把自己关在实验室里"，将不太可能学到某些技能。鉴于学术教学经历能够扩展 Jane 在科研之外的选择而不仅仅是从事博士后研究，它也与职业发展路径有关。另外还有一点，Jane 建立个人的网络，通过积极为会面（meeting）、研讨会、会议（conference）做贡献，Jane 更加清楚地认识自己及其研究，也更为自信。不过，Jane 作为分子生物学家的地位仍然有限。Jane 是一个合法的参与者，她参与并融入专业的科学研究共同体这一复杂的过程之中（Lave 和 Wenger，1991；Lee 和 Roth，2003；Wenger，1998）。

教学实践中还有一点值得强调，即 Trish 在过去 20 多年间不断改变的指导方式。一方面，对候选人提供充分的指导和管控，另一方面，培养他们成为独立研究者的能力，这两者之间有明显的矛盾之处。虽详细解释表 9.2 中的理论建构不是本章的任务，但把它们放在一起审视时，有助于揭示这种矛盾。常见的一点（解决之道）是强调在真实的情境中不断提高专长。这些理论提倡一种融合性的路径，个体借此努力获得实践性理解，而非单独或者在彼此隔离的状态下分别发展专业知识和技术能力。例如，Pearson 和 Brew 将"娴熟的工作者"定义为不仅在认知上知晓要做什么，也知道怎么将其应用于实践（Pearson 和 Brew，2002：137）。

本叙事案例中大量的细微之处也值得关注。尽管实验室内部定期召开会议在叙事案例和已有文献中都很常见，但 Trish 鼓励学生不一定非得汇报与他们研究有关的论文，这说明 Trish 希望学生扩大视野，而不只关注实验室内的工作。另一个是 Scott 在实验室之外寻找专业人士帮忙，和 Jane 一起亲自在实验中加以利用。这表明，同辈之间的学习不仅仅是"给新手做示范"。持续性专业学习的概念适用于实验室里的所有人——不只是博士候选人，正如 Trish 在 20 世纪 90 年代更新其技能所展示出来的那样。

对实验室科学中博士生实践之呈现方式的反思

最后一部分的目的是对实验室科学中博士生实践的呈现进行批判性反思。一边是文献中提炼出的传统模式,这些文献努力将实践简化为一系列常见的、人们普遍认同的特点。另一边是案例叙事,力图更深入地研究实践,以"挖掘事物不甚明显的内涵"(Geertz,1973:26)。这里要讨论的不是哪一种呈现方式更好,而是将它们结合在一起能否激起学界讨论不断变化的博士教育实践。

传统模式的价值在于它们在不同背景案例研究的基础上,对博士生实践进行理论化的能力。叙事的优势则是通过提供"局内人"对当前发展的理解,来阐明博士生实践。我的观点是叙事的方式能够有效展示博士生实践中的复杂性和特殊性,而这些在简化论者的研究路径中被掩盖了。本章试图展示分子生物学领域中的这一案例叙事在相当大的程度上拓展了传统的模式。我的目的在于深化对博士生实践的理解,故而也要考虑研究中可能存在的空白点和盲点(Gough,2002;Wagner,1993)。换言之,我是否选择性地删掉或弱化了某些方面,或是不小心忽略了一些内容?

在可能存在的研究空白点方面,教学实践构成了本章叙事的重要主题,不过也有一些其他的主题。例如,博士生实践与行业的关系,高校实验室与私有部门实验室的差别,以及涉及权力、性别等这些更广泛的议题。考虑行业关系是有价值的,因为它拥有改变博士生实践的可能。家鸡行业会和家禽基金会发挥的角色构成了行业参与科学研究的传统路径。鉴于这些机构提供了大量的外部资助,其影响力很大,但对教学实践和研究活动影响却相对较小。本案例中的行业联系是业已建立的模式的一部分,这种模式开始于 20 多年前。然而,叙事中的一个细节之处仍值得注意,即资金直接拨给博士候选人而非实验室。另一点需要关注的是,两大行业机构合作行事,这一点体现在它们联合资助的项目中。

本案例中行业资助的传统模式也可以从澳大利亚在 20 世纪 90 年代早期推出的另外两个相关的计划中看出——澳大利亚研究生行业奖学金(Australian Postgraduate Awards-Industry,APAIs)与合作研究中心(Cooperative Research Centres,CRCs)。这两个计划均由澳大利亚政府发起,旨在促进学界和行业的合作，具体目标是推动研究生在行业内的研究事业。对 APAIs（Powles，1996）和 CRCs（Harman，2002）的回顾梳理，以及我对科学领域的另一案例研究，都表明存在着另一种不同的模式，行业合作伙伴对研究和教学发挥着更积极的作用。

用于解释叙事案例的理论建构（见表 9.2），也可能遮蔽了我作为一个研究者的视角，使我忽略了其他可能性。例如，我个人对学习的社会理论及实践共同体的偏好，可能妨碍了我审视其他重要的要素。

一位评审者在阅读本章的初稿时曾指出，Jane、Trish、Scott 的观点之间有种"奇怪的呼应"。虽然评论者并未质疑资料的真实性，但这一评论促使我想到自己并未在访谈中探究这一点。访谈记录无法表明他们提前沟通过，但这不能排除我对这种可能性的探讨。另外被忽略的一点是导师可能会压榨博士生。Scott 说博士生在特伦特姆是"做不少工作但又可被牺牲掉的"，文献中偶尔也会谈到"强迫劳动"（slave labour）（Bard，1994：529），但我没向 3 名受访者提出这个问题。一个原因是，我第一次与 Jane 交谈时，她很积极，对于博士生实践也非常熟悉，受导师压榨不符合她的情况。回头来看，进一步追问 3 位受访者可能会有些收获。也许这是日后研究的一个话题。

结论

本章对分子生物学领域内博士生实践的叙事反映了文献中传统模式的许多内容，但也从根本上挑战了传统模式。通过局内人的视角阐述了当前的活动，并将这些活动用概念框架进行组织，更高程度的复杂性和特殊性得以展现。同时，对质性研究中的研究空白点和盲点保持警惕，这也非常重要。希望这份经验研究不仅"深入细致"而且"谨慎"，同时也足够理论化，以推动新观点的出现以及对相关问题的深入理解。

致谢

本研究受到了澳大利亚研究委员会联结资助项目（the Australian Research Council's Linkage Grant Program）的资助。感谢案例受访者的合作。此外，我也诚挚感谢文章初稿的评论者。

参考文献

[1] Alvesson, M. and Skoldberg, K. (2000) *Reflexive Methodology,* London: Sage.

[2] Bard, J. (1994) How should we train Ph.D. students in the biosciences?, *BioEssays,* 16(8): 529-530.

[3] Becher, T. and Trowler, P. R. (2001) *Academic Tribes and Territories: Intellectual Enquiry and the Culture of the Disciplines*, second edition, Buckingham: Open University Press.

[4] Boud, D. and Lee, A. (2005) 'Peer learning' as pedagogic discourse for research education, *Studies in Higher Education,* 30(5): 501-516.

[5] Cumming, J. (2007) *The doctoral experience in science: challenging the current orthodoxy,* paper presented at the annual conference of the British Educational Research Association, London.

[6] Delamont, S., Atkinson, P. and Parry, O. (1997) Critical mass and doctoral research: reflections on the Harris Report, *Studies in Higher Education,* 22(3): 319.

[7] Delamont, S., Atkinson, P. and Parry, O. (2000) *The Doctoral Experience: Success and Failure in Graduate School,* London: Falmer Press.

[8] Geertz, C. (1973) *The Interpretation of Cultures,* New York: Basic Books.

[9] Gough, N. (2002) Blank spots, blind spots, and methodological questions in postgraduate research, keynote address presented at the Postgraduate Research Conference, Deakin University. at: http://www.latrobe.edu.au/oent/Staff/gough_papers/noelg_DUSA_2002.pdf.

[10] Gumport, P. (1993) Graduate education and research imperatives: views from American campuses, in B. Clark (ed.), *The Research Foundations of Graduate Education: Germany, Britain, France, United States, Japan,* Berkeley: University of California Press, 261-293.

[11] Hacking, I. (1992) The self-vindication of the laboratory sciences, in A. Pickering (ed.), *Science as Practice and Culture,* Chicago, IL: Chicago University Press, pp. 29-64.

[12] Hager, P. (2004) Conceptions of learning and understanding learning at work, *Studies in Continuing Education,* 26(1): 3-17.

[13] Harman, K. (2002) The research training experiences of doctoral students linked to Australian cooperative research centres, *Higher Education,* 44(3): 469-492.

[14] Haworth, J.G. (1996) Doctoral programs in American higher education, in J.C. Smart (ed.), *Higher Education: Handbook of Theory and Research,* New York: Agathon Press, pp. XI, 372-422.

[15] Knorr-Cetina, K. (1999) *Epistemic Cultures,* Cambridge, MA: Harvard University Press.

[16] Lave, J. and Wenger, E. (1991) *Situated Learning: Legitimate Peripheral Participation,* Cambridge: Cambridge University Press.

[17] Lee, S. and Roth, W. (2003) Becoming and belonging: learning qualitative research through legitimate peripheral participation, *Forum: Qualitative Social Research,* 4(2), at: www.qualitative- research.net/fqs/impressum/roth-e.htm.

[18] Leonard, D., Metcalfe, J., Becker, R. and Evans, J. (2006) *Review of Literature on the Impact of Working Context and Support on the Postgraduate Research Student Learning Experience,* London and Cambridge: Institute of Education and UK GRAD Programme.

[19] Parry, S. and Hayden, M. (1994) *Supervising Higher Degree Research Students,* Canberra: Australian Government Publishing Service.

[20] Pearson, M. (2005) Framing research on doctoral education in Australia in a global context, *Higher Education Research and Development,* 24(2): 119-134.

[21] Pearson, M. and Brew, A. (2002) Research training and supervision development, *Studies in Higher Education,* 27(2): 136-150.

[22] Pole, C., Sprokkereef, A., Burgess, R. and Lakin, E. (1997) Supervision of

doctoral students in the natural sciences: expectations and experiences, *Assessment and Evaluation in Higher Education*, 22(1): 49-63.

[23] Powles, M. (1996) A longitudinal study of participants in the Australian Postgraduate Research Awards (Industry) Scheme, Melbourne: Centre for the Study of Higher Education, University of Melbourne.

[24] Stenhouse, L. (1978) Case study and case records: towards a contemporary history of education, *British Educational Research Journal,* 6(1): 1-6.

[25] Tennant, M. (2004) Doctoring the knowledge worker, *Studies in Continuing Education,* 26(3): 431-441.

[26] Wagner, J. (1993) Ignorance in educational research: or, how can you not know that?, *Educational Researcher,* 22(5): 15-23.

[27] Wenger, E. (1998) *Communities of Practice: learning, Meaning and Identity,* Cambridge: Cambridge University Press.

第 10 章

反思性空间下的指导发展与认知

Angela Brew，Tai Peseta

近些年来，博士生教育的模式和实践渐渐受到世界范围内的关注。越来越多的人认为，为了应对高等教育中的改革以及回应新的知识生产方式，我们需要改革研究生教育。对博士生教育的批判性质疑不仅在学术文章中清晰可见，也反映在政府和高校的政策中。结果，不仅博士生教育的形式和安排受到质疑，就连相关的教学也难辞其咎。可以说博士生教育现在日益成为一个充满竞争性、反思性的空间，这一空间在多个层面运转：

在政府层面，涉及资金的价值获得、满足所谓的知识经济的需求等事项。

在高校层面，涉及如何界定与管理博士学位。

在院系层面，涉及研究氛围、为博士生提供研究设施等问题。

在导师层面，涉及其指导方式。

在学生层面，涉及他们的动机以及对博士学位的回报预期。

以上各层面并非孤立存在，它们互相影响、互相塑造。例如，如果不受政府或学校政策的影响，学者就不会仔细思考如何指导学生，学生也不怎么考虑如何安排自己的学业进展。在某些特殊的情况下，随着不同的政策议程得以推进，博士生教育实践有时会带来冲突性的挑战与困境。

本章中，我们借鉴了将博士生教育视为反思性空间的看法，探究研究生指导发展的实践、地位和认知。改变现有的研究生教育可能意味着改变学者如何承担导师角色及其职责的方式,意味着发展某些指导技能需要进一步支持,也意味着在导师做决定时能有更多的资源支持。

过去 10 年,我们在澳大利亚一所大规模的研究型大学负责一项"研究生指导的发展项目"(Development Program for Research Higher Degree Supervision)。这一项目的重点是让导师参与,让他们对自己的教学实践形成清晰的理论认识,以改善研究生的学习体验。课程的核心是一套批判性反思模式(Boud 等,1985),围绕指导实践、反思、写作之间的关系展开。在本章中,我们将描述该项目,其次将阐明当反思性空间存有竞争性的指导发展理念与认知时,将会带来什么样的挑战和难题。在此过程中,我们进一步提出有关教学理念的问题,这些理念推动着研究生教育的新形式。

一项促进指导发展的院校项目

"研究生指导的发展项目"为学者提供了整套资源以支持他们作为导师的工作。总体而言,这些资源是在线的,并由一系列工作小组提供支持。获得指导资源的方式有两种:第一,独立的或单独的资源包,需要时下载即可。第二,系统性的独立学习课程,包括 7 个在线学习模块。前 6 个模块聚焦于博士候选人典型的学习阶段,每个模块有一套学习目标。为了帮助导师达到目标,模块的内容涵盖了背景性学术文献、大学政策、反思触动、实践活动、研讨论坛、自我评估的机会与反馈机制(如图 10.1 所示)。

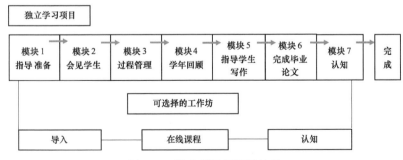

图 10.1 独立学习课程的结构

第七个也就是最后一个模块在结构和功能上有所不同。它被称为认知模块,导师被要求按照学校有关优秀指导实践的标准写一份学习如何指导学生的案例报告。完成这一模块需要三个步骤：撰写描述性报告、反思报告以及学习案例（如图 10.2 所示）。

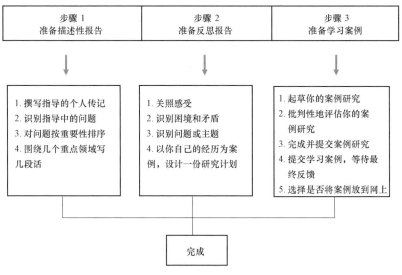

图 10.2　完成认知模块的步骤

认知模块通过让导师关注自己指导实践中出现的一系列挑战，思考解决办法，以此将他们学到的有关指导的知识融会贯通。导师可以自由选择案例研究的主题，我们会在他们个案研究的过程中提供反馈。我们已经在别处讲明反馈对改变导师指导理念的重要性（Brew 和 Peseta，2004）。课程结束时，导师能积累一些撰写报告的材料，记录他们关于导师指导教学法的学习内容及想法。

完成该项目的导师（学习时间达 28 小时，相当于教育学硕士的一门课）可以获得认证证书。自 2002 年以来（就是在这一年，我们引入了认知模块），97 名导师完成了此项目。自 1997 年项目设置以来，共有 572 名导师参与。2004 年，完成这一项目成为该学校（悉尼大学）新导师登记注册的一部分。这种强制要求为项目带来了新的压力。

参与项目的教师来自不同的学科，他们对指导的看法也各种各样。有些人是经验丰富的导师，有些人则是新手；有些人自愿参加课程，有些人则迫于导师注册的要求。项目强调从导师的个人经历入手，因此能够适应各种情况，督促每位导师沿着批判性反思的道路前进。导师对每个模块完成目标的反馈，以及之前发布的有关认知模块成果的系统性分析（Brew 和 Peseta，2004），表明导师参与项目后指导理念发生了变化。此外，根据该校的《学生研究体验问卷调查》(*Student Research Experience Questionnaire*）的测量结果，有新证据表明每个全职导师学习的模块数量与其指导效果的改善存在关联。

在落实该项目时，我们遇到了博士生教育中非常实际的问题：如何通过改善导师的指导来改进博士生教育。这促使我们反思指导的实质，反思各利益相关者之间相互冲突的议程安排所引发的种种紧张关系。这一切以及类似的挑战是所有旨在提升学者专长的课程的核心，但如果能通过改善指导来改善博士生教育，那就轻松多了。这在博士生教育的反思性空间内尤其如此。聚焦于这些问题凸显出某些反思性话语如何发挥主导作用。这些话语强调一些问题，如训练（training）还是教育（education）的问题，为导师提供的教育是否有效，导师如何思考指导、教学、研究。总体而言，这些挑战来自对指导的相互竞争的议程以及它们对指导发展与实践的看法。在此背景下，作为项目开发者，我们如何定位自身的位置，就变得复杂且问题重重。

为什么是反思性？设定理论框架

我们在工作中受到了社会学家的影响，如 Pierre Bourdieu，他使我们关注到潜在的文化信念，这些信念塑造着人们的经历，也影响了人们如何应对发现自我的情境。Bourdieu 称之为"惯习"，他用这一概念来描述我们怎样区分好坏、合理不合理的行为（Bourdieu，1988）。这些信念一般不会受到质疑。Bourdieu 的反思性概念指：第一，人们知道他们所处的社会背景和文化背景；第二，人们能意识到自己的立场，以及该立场如何从自己占据的社会位置衍生而来；第三，反思性指人们有能力在不同场景下远离某些实践，并进行理智的思考（Schirato 和 Webb，2003）。对 Bourdieu 而言，重要的是对"未经思考的思想类别"进行"系统性探究"（Bourdieu，1990）。这种思想类别决定了哪些可以被思考。它们限制了我们对于问题、想法、理论的思考方式。

转变导师的指导观念

只有让导师进行 Bourdieu 所说的"系统性探究"，我们才能突破导师对指导

本质的基本理解。下面是给一位导师的反馈,我们为他用新的方法思考指导奠定了基础:

> 彼得,你的描述性报告中最打动我们的是你很看重在实验室创造良好的环境。我们在想,你创造良好环境的方式是不是也可以用在实验室以外的指导关系中,比如妥善经营与学生的关系,一开始与学生互动时就采用好的方法,指导时记录下他们的看法。你一开始建立的关系将决定学生在研究内容和研究过程之外,能否对指导关系提出异议。
>
> 我们希望你的指导能够超越自己当学生的经历。记住,学生不仅常常能感受到你们之间的关系,而且每个学生的体验和期待都不同,这意味着你需要发展出一整套应对方法。我们觉得,你已经开始意识到"不将一套办法用于所有学生"的重要性。然而,你的描述性报告中还有一些模糊的地方,可能是因为你在寻找获得成功的"秘方"。在我们看来,以学生为中心的指导方法的一个重要内容是建立起一个体系,容纳不同学生的不同需求、期待和发展路径。我们觉得某些学术文献能给你提供点儿线索、想法,以及检验实践的方法。和许多学术实践一样,我们并不经常求助于文献,以获得我们该如何当导师的建议。因此,我们希望你重新看一下模块中引用的内容,更全面地理解一下什么是以学生为中心的指导。你可以浏览一下 Prosser 和 Trigwell 的作品(Prosser 和 Trigwell,1999)。

(节选自我们对一份描述性报告的反馈,2007 年 5 月 27 日。人物使用化名。)

目前,政府或院校的绩效性议程越来越占主导,在这样的趋势下,作为有责任推动高等教育教学与课程发展的群体,我们面临的一大挑战是坚守某些理念,即进行"有意义的"学习或者促进学者/大学教师的发展。在上文的节选中,我们从导师的处境着手,鼓励他们进一步将想法拓展到目前的应用范围之外,例如,让导师把在实验室创造良好氛围的想法拓展到实验室之外,把这些作为更广泛的一种指导;鼓励他们反思与学生的关系,以作为指导的基础;促使导师反思学生之间的差别,让他发展出一套指导方式。重要的是,推荐导师阅读有益于实践的文献,以此倡导一种学术性的方法。

在线学习独立学习课程时,导师会遇到一些对他们而言可能是新的技术或策略,也会接触一些学术文献,挑战他们去思考自己的指导方式。我们为导师设计了一套程序，让他们写下自己的指导经历和想法，读完他们写的东西后，我们发现导师使用了一些我们建议的技巧，但在指导中仍主要根据他们当研究生时的经历来指导学生。我们评估了给导师提供反馈的效果，我们发现正是反馈让导师有了新想法，采用了新方式。例如，对于反思过程结束时的问题"本模块对你的学习最有用的是什么"，一位导师这样回答：

这一模块提供了一些文献（和讨论），鼓励我深入思考一些指导内容，那些东西我之前可能没关注过。这一过程让我清楚地认识到我之前接受的指导很出色，并支持我进一步学习，让我看到自己对学生的指导有哪些不足，我以前没深入思考过这些（甚至没意识到会是问题，因为对我而言这些问题不存在）。这也激励我思考自己能做些什么，确保以后的学生不会出现相同的问题，让他们经历我能提供的最好的师生关系。

（2006 年，模块 7 的匿名反馈）

然而，我们的反馈中隐含着对其他议程的批判态度。例如，拒绝假定对每位学生采用同一种指导方式，即为对政府议程的隐晦批评。在澳大利亚，在联邦政府发布了《科研及科研训练》的报告之后（Department of Education, *Science and Training*, 2004），在资助政策改为根据论文提交的情况拨付绝大部分指导经费之后，许多大学关心的是为导师提供培训，以此来确保有效的指导以及让学生按时毕业，这正是政府希望看到的。随后，澳大利亚于 2002 年在全国推行《研究生问卷调查》（*Postgraduate Research Student Questionnaire*，PRSQ），进一步彰显了政府保障教育质量的决心。这些举措都是批评性监督的结果，之所以有批评性监督，是因为研究生教育吸引了大学外的资源。对于院校而言，这也带来了许多重要的问题，因为它们也参与到对博士生教育的批评性质问中。在资助的推动之下，高校有动力去满足政府的要求。同时，它们也负有保障高质量学习经历与学习结果的职责。在此种背景下，高校很可能对指导提出的问题包括：

（1）大学如何确保导师发展他们的指导能力？

（2）哪种机制适合刚入职的导师？

（3）我们如何保障初始教育/培训，以及持续的职业发展？

（4）如何评估指导培训？

（5）大学如何确保指导培训课程的有效性？有效性的指标和实现方法是什么？

（6）发展导师的指导能力能否改善学生攻读研究学位的体验？

转变院校对指导发展的认识

以上是我们在从事以及管理指导项目时遇到的问题。我们的重点是提供有深度的、灵活的在线指导发展课程，为导师实现有效指导提供一套实用的技能和策略。然而，如上文所说，我们的目标不只是讨论什么是有效的实践，也帮助导师在关于指导的教学法文献的启示下发展批判性反思能力，使他们能从理性层面分析自己的指导。我们学校也在解决以上问题，但出发点和解决逻辑不同。学校要求新导师在注册时必须参加我们的培训课程，因为实行这一要求后有位导师的指导能力大大提高（Behnia，2006）。我们现在已经发现导师参加我们的项目，与改进学生有关指导的体验、改进他们对学院研究氛围的体验有很大关系，这一点得到了统计数据的支持（Brew 和 Peseta，2007）。不过，通常来讲，大学尤其是某些特别的院系，其导向与动机常常与我们不同，也可能与参与我们项目的导师不一样。

这同时也提出了一个问题，我们做的到底是教育还是"培训"？例如，澳大利亚政府选用"培训"一词，院校话语中也采用这个词。例如，在我们学校，"研究生教育""研究生学习"已经让位给"高等研究学位候选人"与"科研训练"。然而，我们一直想超越训练的狭隘含义，因为在我们看来，使用"培训"一词体现的教育实践减少了研究生学习过程中的复杂性。正如上文所说，我们意识到导师指导学生的主要方式与他们当研究生时受到的指导有关，他们要么效仿好的指导，要么避免他们经历过的不佳指导（Kandlbinder 和 Peseta，2001）。这导致他们采用一种被认为是业余的指导方法：导师以自己过去接受指导的经历为基础，只能采用单一的方式或策略去满足所有学生的需求。我们也意识到，培训导师的各种技能会在某种程度上为候选人打下基础，但这种"培训"基本无法改变导师基本的指导导向，它并不鼓励 Bourdieu 所说的对"未经思考的思想类别"进行"系统性探究"（Bourdieu，1990：15），也不会让导师反思博士生教育的复杂性。根据我们的经历以及对指导教育学文献的掌握，指导学生是一项专业性很强的事业，需要有专业的教育，这样导师才能利用各种各样的策略满足不同学生的需求。培训导师使用好的技能、技巧不一定会挑战或改变他们的指导理念，也不会给他们提供机会去理解、去批判性评估自己采用的方法（Brew 和 Peseta，2004）。

换言之，如果践行我们的认知，那么提高导师的指导能力必须超越"培训"，如果想改善指导效果，那么需要有教育课程来引导导师的学习。这些课程可能有一些培训的元素，但却更深入，鼓励导师批判性地参与到复杂的博士生教育之中。

然而，我们致力于教育而非培训（我们的观点将培训囊括其中）的看法会带来另一个难题：如何让决策者和资深管理者明白这一过程。出于对政府议程（前文有所述及）的回应，悉尼大学管理研究生指导事宜的委员会决定要求老师采用一套登记注册系统。于是，围绕注册标准出现了大量的批判性反思、讨论，结果我们的课程成为研究生指导发展的核心内容。委员会的很多资深管理者用过我们的在线课程，在此背景下，他们做出了决定。所以，总体上来说委员会知道在要求导师做什么。不过，接受我们的项目需要时间。自 2002 年以来，每年完成课程的人数从 3 人增长到了约 50 人，目前人数还在增长。

项目的参与者也发生了变化。我们不再只跟谋求发展的导师打交道。现在，我们要和不得不学习该课程的人沟通，有些人不清楚政府的规定，或是不知道学校需要改善导师的指导效果，他们只想马马虎虎地指导学生。随后，我们面临的一大挑战是如何让不追求专业发展的导师认识到发展学术性、批判性、反思性指导方式的重要性。根据我们对工作质量的评估，以及导师们对课程的评价，我们看到朋友比敌人多，而且，一旦导师参加到课程中，就会倾向于"取胜"。鉴于许多导师被要求完成课程，他们现在都已经很适应了。在课程的 7 个模块中，每个模块结束时导师都有机会得到反馈。在接受调查的导师中，超过 90%的人都表示完成了每个模块的学习目标。

现在，由于项目已经成为导师注册的要求，所以我们面临的另一个难题是许多人在指导学生前参加课程，他们带入课程学习中的是自己做学生的经历，而非做导师的经历。虽然这有一定的好处，但这也意味着旨在帮助有指导经验的导师进行专业发展的课程变成了入门级培训。理想中，课程参与者应当有一定的指导经验。不过，经验丰富的高级学者和没当过导师的新手都成功地完成了课程。

这得益于课程的关注点是鼓励对经验展开批判性反思，无论你是导师还是学生。当然，课程列入学校的要求意味着我们无法控制参与课程的人以及完成课程的时间。

走向理论化

我们的课程中为导师提供的一个重要内容即为帮助他们对指导形成一种连贯的解释或理论，使得他们对指导实践有套统一的叙述。我们认为这是决策的基础。然而，当前高校认为指导只需要一点技巧，基本不关注相关的学术文献。这有时让我们很难解释为什么我们提倡的教育行得通，但我们很清楚，这种教育很重要，能让导师发展出一套自信、主动的指导方式。

建立将指导当作教学或研究的理念

我们认为，影响导师如何认识指导的一个关键因素是他们把它看成教学还是研究。这关系到他们如何指导学生：在指导中选择关注什么，忽略什么。学术文献对这一问题有不同的看法（Connell，1985；Green 和 Lee，1995；Johnson 等，2000）。例如，Kyvik 和 Smeby 认为导师如何看待指导与学科差异有关，或者视为教学（多见之于人文学科和社会科学），或者视为研究（在科学、医学、技术等领域比较常见）（Kyvik 和 Smeby，1994）。显然，很多导师在学生进展的不同阶段会综合运用上述两种方式，但他们通常意识不到还有别的方式。在鼓励导师批判性地思考自己的指导倾向时，我们发现，把指导看成教学还是研究没有那么重要，重要的是他们对教学和研究秉持怎样的观念，这些观念影响着他们对指导的认识，并最终决定了指导行为（Pearson 和 Brew，2002）。重要的是导师能意识到自己偏好的观念，并能够把它放在其他人——例如学生——的看法中加以审视。

因此，当导师把指导看成教学，并采用 Prosser 和 Trigwell 所描述的"以教师为中心的信息传播"方法时（Prosser 和 Trigwell，1999），他们倾向于讲授，倾向于用相似的方法对待所有学生，并且确信要以导师的职责为中心展开指导，即设立期限、管理学习过程至学生毕业。另外，在"以学生为中心的观念转变"

下,倾向于把指导看成师生协商,他们会考虑学生对指导内容和指导方式的看法,以及学生对论文题目的偏好。研究生阶段的学习被看成是转变学生观念的过程,导师的指导应能适应不同学生的需求。例如,一位导师在即将完成课程学习时被问到哪些内容最有用,他这样描述转变观念的过程:

以学生为中心还是以老师为中心。1.过去,我采用以老师为中心的方式,感觉不是特别有用。2.在文献中的教学理论和实践的基础上,我对指导方式有了更好的理解。3.清楚地写下个人案例,促进了对我指导方式的批判性反思。

(2006年,对模块7的匿名反馈)

对研究的不同理解也会导致指导时的重点不同(Pearson 和 Brew,2002),尤其当导师把指导看成研究时,这种不同会很明显。如果导师对研究更多视为一种"外部"活动(Brew,2001),那么他可能会把重点放在如何让学生融入研究共同体以及发展学术网络上;如果导师把研究看成一种主要是"内部"的审视活动(Brew,2001),那么重点将放在发展学生的某些技能、方法,或是增进对数据的理解上。在对研究的认识中,如果把研究者本身看成是研究过程的重要方面,那么导师在考虑问题时极有可能把学生当成完整的个体。但是,如果研究者被看成是次要的(仿佛没有自我意识),那么相关的个人问题就会被忽略。意识到存在不同的指导方式,能够为导师日后发展出一套实用的、适合不同学生不同阶段不同需求的指导方式奠定基础。我们认为拓展导师的意识很重要。不是说哪种方式更好,因为每种方式都有自己的局限性。不过,意识到可以对指导做出教学和研究的不同理解,显然能拓展教师对自己在指导时做什么的认识。它提供了对实践进行理论化的认识,并由此带来更多的应对措施。

发展更多的指导方法符合我们的基本假设,即以学生为中心的方法[根据 Prosser 和 Trigwell 的说法,此方法也囊括了以教师为中心的方法(Prosser 和 Trigwell,1999)]优于以教师为中心的方法,因为后者容易忽略学生的看法和体验。所以,我们的方法必然是规范的,我们的价值观也必然会扎根于项目及其运行之中。这和其他任何教育没有区别。然而,这些价值观常常与那些坚持认为导师参与项目的人的观念不一致,他们的逻辑是学校的质量保障需要依赖一种技术性、机械性、工具性的价值。

指导的理论路径：批判性反思的重要性

我们鼓励导师养成一套关于指导的理论方法，这可以为决策奠定基础，如此一来，对指导关系中某些挑战的回应可被视为理论方法的例子。根据导师对我们反馈的回应，可以看出他们能够从整体上认识自己的指导，认清之前方法的局限性和随意性。理解了他们在指导中如此做的理由，我们认为，相比于之前要么简单地应对特殊情况，要么采用自己接受指导的方法指导学生，导师现在能更加主动地做出决策。

在这种情况下，批判性反思很重要。我们鼓励导师合理地解释自己的指导行为，清晰地阐释自己的认知假设，相信这为他们的转变提供了机会。一位导师描述了他参与我们的项目后思想出现的转变，这体现于他写下的文本之中。由于内容较长，我们节选如下：

> 刚开始参加指导课程时，我以为有资格去指导学生主要意味着在自己的学科领域成为专家。虽然说导师必须对学生研究题目所在领域有综合性的、抽象性的知识，但我现在认识到，指导实践远不止"知道是什么"或拥有一些陈述性知识（Biggs，2003），更需要有功能性知识（functioning knowledge）（Biggs，2003）。要给学生赋权，这样他们才能利用知识成功地去做或者"自力更生"。Grant指出："指导不仅涉及怎么做出一篇好的学位论文，也关乎怎么让学生转变为一个独立的研究者。"（Grant，2003：75）在Pearson和Brew看来，指导的目的是"培养学生成为其所在领域独立的专业研究者或学者，能够适应不同研究的场所"（Pearson和Brew，2002：139）。
>
> 我在指导课程中的一大收获是，意识到了好的指导首先是要和学生开诚布公地谈话，聊聊各自对学习、研究、指导的价值观和看法。我必须给学生打造舒适的环境，这样才能让他们表露对项目的见识，以及对我的期待。也许最好的方式就是承认他们的专长并说："关于怎么把你的项目做下去，你比我懂得还多。你希望我怎么指导你……"

在这段节选中，这位导师利用指导教学的文献来认识指导并对此加以拓展。Rowland指出，当老师开始探究自己的教育内容时，他们迟早要面对他们行为背后的价值观（Rowland，2000）。在这位导师的案例中，我们看到他如何处理指导关系中的权力运作方式，考虑权力运作方式的含义时，他遇到了自己的价值观。他再一次借助学术文献，对复杂的师生关系的运行机制展开了批判性思考。

我在课程中的另一个重要体会是，认识到学生可以对我行使一定的权力（Grant，2003）。在指导的过程中，我们可以不断变化权力的平衡点。例如，请学生表达他们的偏好和意见，就是在师生关系中给予他们更大的权力。

"权力"一词通常包含一种贬义，但在指导中我认为它有褒义的色彩。权力可以定义为，无论付出什么也要让别人按自己的想法做或者不做某事（Richards，2004：3）。Richards 认为，"权力常常被忽略的一个重要内容是赋权——通过策略性地让出权力而获得权力……在学术界，放弃控制和权力是成功的改革者的标志"（Richards，2004：34）。也许给学生权力是成功导师的标志。学生在指导关系中也有自己的权力，有策略地允许他们行使这种权力也许是优秀指导实践的另一个标志。正如 Russell 所说："学生在确定论文时需要的是自信和权力感。"（Russell，2000：15）这些实验性想法和设想可以在一个探索式课题中进行探究，我将会在我案例分享的最后大致描述一下这个课题。

Grant 认为，在大多数第三级教育中，导师和学生的权力不是平等建构的。通常来说，导师被视为"有经验的、成功的研究者，已经在其学科的某一领域确立了权威，是'完成者'，是学生的监管人……另外，学生被置于无知、不安全、无经验、需要帮助、受项目折磨的位置"（Grant，2003：181）。我认为要想成为一名成功的导师，必须继续重建一些想法，思考权力在师生关系中的分配方式。

（Graham Hendry 的案例节选）

Graham 的案例展示了导师如何利用指导文献的复杂方法，以及采用一种细腻的、学术性的方式去理解指导的重要性。以上节选内容表明，批判性反思的过程根植于实践。

我们看到在参加项目的导师身上见证了这种方式，而与此同时我们所处的制度结构则把我们放在守门人的位置上。在某种意义上来说，我们确实是守门人。我们这一群体决定导师在指导中是否达到优秀实践的标准，这一标准是我们项目的立足之地，也是评判导师工作的依据。我们非常认真地对待这份责任，但这也意味着我们有时不得不判定某位导师的工作还不能满足要求，因为他没有按照标准去做。导师经常问我们是不是必须得参加课程。我们不是政策制定者，也没有制度上的责任去落实政策。我们提供了一个项目，而这个项目是政策的核心。检查政策的执行情况只能依靠每个院系，有些院系比较认真。在这一过程中，我们必须认识到自己处于掌握权力的位置，这一点学校没有完全承认。然而，确保项目质量能够满足导师的需求，让他们觉得项目有价值并愿意学习，这对我们确实有利。对于大学而言，重要的是课程能提高指导效果。对于我们而言，重要的是反思性指导方法根植于实践。

结论

在本章，我们探讨了我们所遇到的一些难题。我们为导师提供的发展项目强调教学的整合性，同时也满足了一所大型研究型高校的绩效要求。我们探讨了鼓励导师采用反思性方法指导研究生的过程中所遇到的一些挑战。我们将这些难题置于反思性空间的情境中，反思性空间现在已经是博士生教育领域的重要特征。我们展示出如何在不同的博士生教育话语中开辟路径，在导师必须完成课程的强制要求下，我们如何秉持指导专业主义的理念，如何促使导师对指导的性质建立起理论化、精细化的认识，让他们知晓自己在博士生教育中需适应学生不同要求的角色。

我们也希望导师对指导教学法的认识，接下来能更广泛地激发有关博士生教育的讨论。它应在院系层面引发更细腻深入的思考，接着学校层面也能出现相应的变化。鼓励学生反思自己的经历、反思对指导的理解也能培养他们对博士生教育中存在的问题进行批判性思考。最终，希望所有这些能够激发对政策的讨论，甚至是政府层面的政策讨论。

参考文献

[1] Behnia, M. (2006) *Analysis of Student Research Experience Questionnaire (SREQ): Areas of Best Practice and Suggested Improvements*, Sydney, NSW:

Office of the Dean of Graduate Studies, University of Sydney.

[2] Boud, D., Keogh, R. and Walker, D. (eds) (1985) *Reflection: Turning Experience into Learning,* London: Kogan Page.

[3] Bourdieu, P. (1988) *Homo Academicus,* translated from the French by P. Collier, Cambridge: Polity Press.

[4] Bourdieu, P. (1990) *The Logic of Practice,* Cambridge: Polity Press.

[5] Brew, A. (2001) Conceptions of research: a phenomenographic study, *Studies in Higher Education,* 26(2): 271-285.

[6] Brew, A. and Peseta, T. (2004) Changing supervision practice: a program to encourage learning through feedback and reflection. *Innovations in Education and Teaching International,* 41 (1): 5-22.

[7] Brew, A. and Peseta, T. (2007) *Report on Research Higher Degree Supervision Development Program,* prepared for University of Sydney Research and Research Training Committee of Academic Board, at:http://www.usyd.edu.au/ab/commit tees/rrtc/agendas/Research_Higher_Degree_Supervision_Program.pdf.

[8] Connell, R. (1985) How to supervise a Ph.D., *Vestes,* 28(2): 38-42.

[9] Department of Education, Science and Training (2004) *Backing Australia's Ability: Building our Future through Science and Innovation*, Canberra, ACT: DEST.

[10] Green, B. and Lee A. (1995) Theorising postgraduate pedagogy, *Australian Universities' Review,* 38(2): 40-45.

[11] Johnson, L., Lee, A. and Green, B. (2000) The Ph.D. and the autonomous self: gender, rationality and postgraduate pedagogy, *Studies in Higher Education,* 25(2): 135-147.

[12] Kandlbinder, P. and Peseta, T. (2001) *In Supervisors' Words: An Insider's View of Postgraduate Supervision*, Sydney, NSW: Institute for Teaching and Learning, University of Sydney, at: http://www.itl.usyd.edu.au/supervision/casestudies/book.pdf.

[13] Kyvik, S. and Smeby, J. C. (1994) Teaching and research: the relationship between the supervision of graduate students and faculty research performance, *Higher Education,* 28(2): 227-239.

[14] Pearson, M. and Brew, A. (2002) Research training and supervision development, *Studies in Higher Education,* 27(1): 135-150.

[15] Prosser, M. and Trigwell, K. (1999) *Understanding Learning and Teaching: The Experience in Higher Education,* Buckingham: Society for Research in Higher Education and Open University Press.

[16] Rowland, S. (2000) *The Enquiring University Teacher,* Buckingham: Open University Press and Society for Research in Higher Education.

[17] Schirato, T. and Webb, J. (2003). Bourdieu's concept of reflexivity as metaliteracy, *Cultural Studies,* 17(3/4): 539-552.

[18] University of Sydney (2004) *Postgraduate research higher degree training at the University of Sydney,* Academic Board Policy, at: http://www.itl.usyd.edu.au/ab/policies/PG_Rsch_Hghr_Dgree_Train_Sprvsn.pdf.

第 11 章

英国专门职业①中的专门知识：国家、大学与工作场所间的关系

David Scott，Andrew Brown，Ingrid Lunt，Lucy Thorne

专门职业理想意义上的典型模式，包括专门的知识和技能体系、该职业工作场所内的劳动分工、准入文凭与职业内部的流动晋升以及能够发放文凭的教育项目，这些项目通常基于高等教育机构（Etzioni，1969；Freidson，2001；Millerson，1964；Saks，1995）。此外，在决定专门的知识体系、从业者获取知识的方式这些方面，专门职业在一定程度上拥有独立于国家的权力。Whitty 将这种独立于国家的自治描述为"专业授权"，这是专门职业与国家间的协议，决定了专门职业的独立与自治程度（Whitty，2001）。这涉及与社会的"特殊关系"（Skrtic，1991：87），其本质是：

这些专门职业比其他社会团体拥有更大的自主权。（它们）设立自己的标准……与艺术、贸易或商业相比，它们受到更少的限制。作为回报，这些职业被期望为服务公众，并执行一套高标准的行为与规范准则。

这种"专业授权"或"特殊关系"受到三种不同方式的塑造：第一，专门职业与国家之间协商达成的自治程度会在不同的时间、以不同的方式进行重新谈判；第二，专门职业的主体可能会分裂，一个职业发展出专业主

---

① profession 与 occupation 这两个概念容易混淆。在本章中，profession 被译为"专门职业"或"专业"（出于行文流畅的考虑），occupation 被译为"职业"。professional 做形容词时，被译为"专业的"；occupational 被译为"职业的"；specialised 被译为"专门化的"。——译者注

（professionalism）的多种替代形式，进而与国家形成不同的关系（Whitty，2001）；第三，该专业的思想基础可能发生变化。正如 Hanlon 所指出的那样，专门职业拥有善行理念（ideal of beneficence）的特征，在这种理念中，人们相信专家会为客户机构的最大利益而工作。他认为，这在一定程度上已被一种"商业化了的专业主义"所取代，对收益率的追求意味着一些客户比其他客户更受优待（Hanlon，1998）。

然而，学术研究并没有深入讨论专业主义的流行，也没有深入讨论某些特定的职业（occupation）进行专业化（professionalization）的种种尝试（Whitty，2001），在此过程中，这些职业（occupation）寻求的是专业的（professional）地位与影响力，以及随之而来的回报。因此，专业化可以被理解为职业（occupations）内的成员采取的一系列行动，其目的在于拓展他们的权力和影响，支持他们特定的实践认识论，并确保他们得以持续存在的手段。这些策略之一就是专业博士学位的发展，大学对成就的认可，既是对个体学习的承认，也向个体所属的专业赋予地位，其目的是为劳动的职业分化建立更强的区隔。然而，这意味着专门职业受到了外部机构（大学）某种形式的控制，而外部机构反过来又受到国家的管控。

本章将重点关注教育与工程这两个职业领域在博士层次上的专业学习。本章的资料证据源于英国的两个专业博士项目 EdD（教育学博士）与 EngD（工程学博士）。本章将讨论与专业博士学位相关的知识生产场所（研究、教学和工作场所）之间的紧张关系，并展示在每个场所回应内部和外部压力的过程中，知识如何得以重构。本章也将特别关注这些冲突的解决又如何影响着该职业专门知识体系的发展。我们认为专门知识的生产这一概念指的是隐含在知识体系中的内容、技能发展、获取手段以及身份认同建构，这套知识与其他专门知识体系相对隔绝。

不唯英国，世界上其他国家也提供专业博士学位；事实上，第一个教育学博士（EdD）项目是 1921 年由哈佛大学创建的。在美国，获取专业博士学位通常发生于就职前，而非工作过程中。在澳大利亚，自 20 世纪 80 年代设立专业博士学位以来，已经经历了两代（Maxwell，2003）。第一代符合课程加论文的模式，以学术兴趣为主导。第二代的特征在于知识生产场所和性质的定位都有所转变（Seddon，2000），因此学术兴趣和对工作场所的关注是并存的。虽然本章的重点是英国的两种专业博士学位以及它们与各自工作场所和国家的关系，但这些问题与世界其他地区专业博士学位的发展也有着共通之处。

最近，英国及其他地方已经采取行动，为博士学位的完成制定国家标准和正式程序（Quality Assurance Agency，1999），这给学位提供者带来了提高完成率的压力，并取得了一些成功。然而，正如 Cowan 所指出的，其结果是"博士项目的科层化日益增强，并且在教学顺序、教学关系中都出现了这种趋势；科层化是通过备忘录的形式进行的；知识的科层化也进入训练方法之中"（Cowan，1997：196）。除了这种日益增强的科层化，以及随之而来的权力从大学向国家的转移，人们也愈发关注工具型知识的创造，并希望博士项目和博士学位的完成情况与感知到的经济需求，特别是专业实践产生更加紧密的联系。这受到了多重力量的驱动：首先是处于市场中的大学，大学需要争夺数量有限的潜在生源（在博士生教育中增加有助于工作业务的（vocational）要素，扩大潜在申请者的数量）。其次是专门职业希望提高其专业发展形式的地位，在某些情况下提高其从业许可的门槛，而这些需要大学的文凭授予。最后，政府决定在学科形式的知识和经济生产力之间建立紧密的联系。这些驱动力量使得博士学习更具多样性，也导致准政府机构对程序（如果不是产出的话）施加了更为严密的控制。

然而，如果说世界范围内博士学习的发展仅仅融入了专业博士学位的创造之中，那就会产生误导。伴随博士学习新形式的快速发展，哲学博士也进行了再创造和重构（Allen 等，2002）。事实上，哲学博士学习现在已开始融入重要的教学元素（例如，新型哲学博士，the New Route Ph.D.），因而它在教学形式上与专业博士学位具有相似性。但即便如此，我们依然可以区分英国专业博士学位和哲学博士学位，它们二者在学生修习一系列需要评估的课程方面存在不同的要求，而这些课程构成了学习项目。专业博士学位既关注研究技能的培养，也关注他们真实感兴趣的领域。学生随后提交的论文比哲学博士论文要求的短一些，平均长度为 5 万个单词。

本研究采用了多场所的案例研究设计，分为两个阶段。在第一阶段，对不同大学里的 12 个专业博士项目进行了深入的个案研究，以收集有关教职人员和学生经历的素材。除了第一阶段对学生和教职人员的访谈外，第二阶段还挑选了一些学生和毕业生，以探讨专业博士项目与他们的专业实践之间的关系。这个阶段也对学生、毕业生的雇主及同事进行了访谈，以了解他们对项目的看法，了解他们如何看待项目对专业实践的贡献。接下来，本章将使用这些访谈摘录作为证据，来展示每个项目的构成方式、每个项目的影响及其对每个职业群体（occupational group）内部专门知识体系的发展所做出的贡献。我们的目的是记录各院校为什么并且又以何种方式发展其专业博士学位（以便能够了解其特点），以及探究这些项目与专业实践和学生发展之间的关系。然而，我们的看法是，知识发展以及不同场所之间的关系是区域化的（Bernstein，1997），这表明，在不同的职业中（occupation），不同类型的知识正在发展；此外，在不同的职业（occupation）中，专业授权（professional mandate）的运作方式也有所不同。

Freidson 指出了专门训练的三种类型：手艺人、技术人员与专业人士（Freidson，2001）。专业博士学位属于最后一类，他认为，这种专业的协同运作必然发生在专门化的学校或大学院系中。他接着论述道，作为专门职业的一部分，大学的院系，不仅仅招生、训练和为学生颁发文凭。在教学之外，大学院系在专门职业主张的管辖范围内，致力于其知识与技能体系的系统化、精细化以及扩展，这赋予了大学院系及其所属的专门职业具有保存甚至扩张其管辖范围的能力。（Freidson，2001：96）

这种在专门学校或大学院系中进行的高级专业训练的模式，对专业博士学位来说仍存在许多问题。我们已经提到，在专业博士学位课程上发展的知识类型，对不同的职业来说是不同的。此外，通过控制向更高级别的专门职业供应人才，学院围绕着专业博士学位建立劳动市场屏障的能力，在本章讨论的两个领域中均受到了限制。高级的专业学位（例如专业博士学位），为晋升和地位带来的益处颇为复杂，而且不同的专业群体之间有很大的不同。一方面，在英国像临床心理学这样的专业（以及越来越多的其他类型的心理学专业）需要持有专业博士证书才能进入，对于已经获得专业博士学位的资深从业者来说，其收益日益增加；另一方面，在教育学领域，获得更高的专业学位，如 EdD，几乎很少能带来直接的晋升和地位收益。事实上，对某些专门职业，政府已设法绕过大学授予的专业认证资格，而建立起了自己的认证体系。在英国，学校校长就是例证，现在，他们被要求取得一个在大学之外被认可的资格证明。最后，专业培训既可以是职前培训，也可以是在职培训。虽然 Freidson 的模式更适合前者而不是后者，但如果认为这意味着大学要为该专门职业做出相应的安排，那仍然是一种误解。当然，大学里的博士生学者必定有其自身的议题，这些议题不能被简单纳入专门职业所声称的管辖范围内。

本章提出了三个相互依赖的知识构建场所：知识最初得以开发的研究场所；该专门职业的成员获取知识的教学场所；以及这些知识得以应用的工作场所，虽然知识的开发、获取和应用并不仅仅在这些场所内进行。这些场所是相互依赖的，因为工作场所的知识提供了一种环境，在这种环境中特定的教学形式被使用，工作场所的知识对这些教学形式可能是什么产生影响，转而反馈到研究场所之中。同样，教学场所与研究场所之间也存在着辩证的关系，研究场所总是随着新知识的发展，或新教学形式的发展，或新工作场所实践的发展而不断发展。然而，国家对这三个场所都进行了或多或少的干预，这决定了该专门职业的自治程度。此外，由于这些场所在不同的专业或职业中以不同的方式运作，所以将知识发展理解为区域性的是合理的。这种理解表明知识的不同形式，这些知识在它们影响工作场所的过程中也得到发展，这种理解是合理的。

知识场所

接下来，本章识别出与专业博士学位相关的三个知识构建场所。第一个是知识形成的研究场所。虽然它们曾经通常位于大学内部，但最近这种情况已经有所弱化，研究场所如今还包括大学外部的机构，以及受国家资助、通过为国家利益发声而运作的机构（Gibbons 等，1994）。在我们所关注的教育和工程两个不同的知识领域中，这些研究场所的构成方式是不同的。Bernstein 开发了一套分类体系，用来描述不同类型的符号系统。他区分了水平话语（horizontal discourse）和垂直话语（vertical discourse）两种形式，又将垂直话语进一步区分为等级知识结构和水平知识结构（Bernstein，1996）。Bernstein 将话语的水平形式描述为：

> 知识的形式通常表现为日常的、口头的或常识性的知识，（这些知识）具有一组特征：本地化、片段化、依赖语境、不言而喻、多层次，在不同的语境中常

常相互矛盾，但在同一语境中则不会。

（Bernstein，1996：170-171）

与之相反，垂直话语有两个特征：垂直性和语法性。垂直性是指理论发展的方式，它可以有两种形式。第一种是等级的，构成这种知识模式的结构可以一种等级的形式组织，椎体结构的底部以更加具体的命题开始，向上发展为更普遍和抽象的原则，有效地整合在一个等级结构中。然而，一些知识基础具有水平的结构，由越来越多的专门化形式或越来越多的专门化话语构成，它们彼此之间互不相容。其中的一个例子可能就是教育领域。

这种知识形式的类型关注的是内在性，即话语内部各部分之间的关系。Bernstein发展出一种更进一步的关系，试图将它关联至经验世界。一些知识基础"产生经验相关关系"的能力较弱（Moore和Muller，2002），进而作为一种知识形式，其推进的能力较弱；而另一些则与经验世界有着密切的联系，已经发展出一种强有力的语言来证实或证伪理论，因此具有更强的发展能力。

虽然知识可能在研究场所以特定的方式形成，并对在教学场所传递的信息产生影响，但反过来，在该场所内的知识重构也会因包括国家干预在内的内部和外部因素的影响而发生。因此，某个专门职业的知识基础可能由一个较弱的水平结构组成，这种知识结构伴随着话语的增多；然而，国家的干预可能意味着其中一种话语被给予了超越另一种话语的特权地位。例如，Scott等在专业博士课程中识别出了知识的四种模式（Scott等，2004）：第一种是学科性，在这里，实践环境被理解为思考的来源，而非进行理论化的舞台；第二种是技术理性，相比于基于实践的知识，外部知识居于优先地位，因此实践者要采用在其他地方发展出的规则与做法；第三种是能力与性情，包括对某些技能和品质的教学，比如对实践进行反思与元反思的能力，这可以让实践者形成他们对自己在工作场所中所做事情的理解；第四种知识模式是批判反思性，在这里，学生—实践者批判性地反思他们所在机构的话语、道德规范和工作方式，目的是改变其运作方式。

最近，国家重新界定了它在专门职业中的角色，在某些情况下，它会通过其强大的权力，以牺牲学科的、能力与性情的或者批判反思的知识形式为代价，来支持技术理性这一形式。例如，英国政府已将用于在职培训的政府资金从大学（通过 HEFCE①的拨款安排）重新分配到教师发展局（Teacher Development Agency），并严格限定了哪些专业发展的课程类型可以得到承认。这进一步模糊了自由裁量与僵化式专门化之间的区别，此二者可以这样理解：如果要成功完成任务，在组织工作和推进工作的过程中，前者应加强自由裁量的程度，而后者应限制自由裁量的程度。

这三个场所之间的张力意味着，在实践中这些知识模式会以各种方式进行折中，这是通过适应与移植的过程实现的，因此混合形式的知识得到了发展。例如，一门学科可能已发生某些变化，它可被理解为一种实践活动，与实践环境有着清晰且明确的关系。其结果之一是在学术和实践环境之间建立了薄弱的边界。EngD 与这一模式非常吻合。另外，一些形式的整合存在着较多问题，这些不同模式的知识之间存在张力。某种特定模式的知识可能很强大，并且可能得到了国家的支持，以至于它将其他模式的知识纳入本类。通过考察专业博士学位的发展，并将其视为在两个职业群体的专门化知识体系的形成过程中发挥着重要影响的要素（虽然不是唯一要素），我们就可以理解这两种不同的形成过程，以及这些专门化的知识体系的本质。其中第一个是工程学博士学位。

工程学博士学位

一些职业获得或提高专业地位所采取的行动，需要该职业能确保对某些界定的任务和某个知识体系实施垄断。工程学通常被描述为一门应用学科，尽管它是从基础的或者说纯粹的知识基础中发展而来，按照 Bernstein 的术语来讲，这些知识具有等级结构的形式。并且，研究场所和工作场所之间关系的架构很弱（Bernstein，1996）。

教授 EngD 课程的教师通常都具有行业方面的经验，事实上，这些辅导和指导学生的制度安排模糊了行业和学术界之间的区别，正如一名 EngD 协调人员所指出的：

不管怎样，我所参与的所有研究都是与公司有关的，所以我实际上是作为行

---

① HEFCE 的全称为 Higher Education Funding Council for England，可译为"英格兰高等教育基金管理委员会"。——译者注

业团队的一员在工作。只不过我刚好在这所大学工作。我们区分谁是行业导师，谁是学术导师，非常简单。如果他们是大学雇员，那就是学术导师；如果他们是公司员工，那就是行业导师。我们着眼于每一个特定的计划，以确保有导师指导，但有一些行业导师，他们比一般的学者更学术；也有一些学术导师，他们在商业方向的设定方面是非常优秀的行业导师。

他们将自己的学科理解为一种实践活动，最终的成果是市场上具有竞争力的产品。由于认识论的碎片化不那么明显，对工程专业特有的知识类型的垄断要求，更容易维持。事实上，对知识垄断的主张——这是专业主义的思想理念核心（Freidson，2001），其标志之一就是学术和实践环境之间的薄弱边界。在工程学中，这些薄弱的边界体现在，专业博士课程中传授的知识几乎不会受到其他学者和实践者的质疑，而学者和实践者之间建立的密切关系，也部分体现在评审安排同时需要学术和行业专家的参加。一位工程学博士导师解释了这一关系，并建议最好以研究工程师的身份来定义 EngD 学生：

所以我们希望培养工程师来进行创新。工程学博士之所以出现，是因为这个行业有一种强烈的感觉，那就是他们需要重新培训很多他们聘用的博士生。一般来说，这些人很擅长想出新点子，但在现实环境中实施这些想法则是他们以前从未做过的。所以，我们想在这个项目中把创意和执行结合起来。而对工程学博士最主要的要求之一，是他们必须在将知识应用于工程学项目时有所创新。我们更倾向于称他们为研究工程师而不是学生。

用 Bernstein 的术语来讲，工程学可以被描述为拥有很强等级的知识结构，但与此矛盾的是，它在市场中的基础性地位却很弱。之所以发展成这样，是因为工程师在不同的行业中执行着不同的任务，不同的工作场所形成了不同的劳动分工，以及技术员和工程师之间相对不稳定的区隔，使得在工作场所中围绕着某种专门化的核心技能与专业工作人员而建立起来的劳动保护很难维持下去（Freidson，2001）。

此外，在工程学领域，这些项目被专业方面和学术方面被识别出的能力所推动，这些能力得到了良好的界定，并获得了相关专业机构的认可。McWilliam 等区分了国家、专门职业、大学和工作场所之间的浅联系与深联系（McWilliam 等，2002）。在前一种情况下，联系很浅，特定的工作场所只是学生们的来处和学习结束后返回的地方。项目的开发、推行和评估,仅仅是有限地、暂时性地利用工作场所的实践者。在后一种情况下,联系很深,专业博士学位的发展受到了工作场所和专门职业的共同推动,这包括界定培训的类型,界定希望学生习得哪些特定的技能与品质。在项目的教学、指导和考核方面,专门职业与工作场所的实践者是合作伙伴,大学、工作场所和包括政府机关在内的外部机构之间存在着与资助相关的一系列安排。最后,项目有哪些潜在收益,所有合作方就此达成一致意见并加以具体说明,并且对项目能发展哪些知识类型做出了明确的、一致的理解。从这些角度来看,工程学博士可以说与国家、大学和工作场所都有着深层的联系。

英国的 EngD 项目是由工程与自然科学研究理事会(Engineering and Physical Sciences Research Council,EPSRC)于 1992 年发起的,该理事会是一个准政府机构,旨在将政府资金分配给参与其职权范围内活动的机构。根据 Parnaby 与 Finniston 报告的建议(Parnaby,1992;Finniston,1979),工程与自然科学研究理事会资助了 5 个"中心"作为"大学内部不同学院之间,以及大学与参与公司之间互动"的枢纽(EPSRC 网站,Winter 2002-3)。在 1997 年的一篇回顾之后,另外 10 个中心于 1999 年及 2001 年成立,使得目前共资助 15 个中心,其中大部分属于航空航天、运输知识及系统工程、环境科技、钢铁科技及制造系统工程等范畴。资助这些中心,并通过它们为研究工程师提供资金支持,显示出它们具有共同的目标和共同的认识论,也表明了国家、大学提供者和专门职业之间的深层联系。

EngD 项目在教学过程中所采取的教学方法有很强的架构,得到了严格的规制,并获得了工程与专门职业及学科知识之间高度信任关系的支持。这种工具性的方法也使得有可能与其他知识领域进行成功的合作。一位 EngD 导师认为,学科的折中主义是一个显著特点:

项目必须在更广泛的基础上,也就是从更广泛的角度来实现,不仅仅从科学与工程的角度,还要包括商业化的应用,要对其进行包装,某种程度上这也是它的经济意义,所以有一个更大的背景,代表了更大多数行业研究的更深层的本质。

人们认为,EngD 项目在多个层次上做出了贡献:研究工程师的职业发展和进步;通过培养一批有技能的工程经理而促成专门职业的发展;大学内创建的知识应用于实践之中，以及地区和全国范围内的经济复兴。此外，交付一个能够在工作场所实际应用的产品被认为是最重要的，正如一位 EngD 导师所建议的：

> 不过就算学生最重要的技术理念最终失败了，从行业的角度来看，也很难说学生是不成功的，因为在做这些工作的过程中，无论如何，他们可能做出了很多改进和改变，想到很多新点子和新观念，以及在其母公司或所在公司采用了新的工作方式。我认为，我们需要对所从事的行业有更多的了解，而不是简单地说一个化学家会从事化学制造，如果他是化学博士的话。我们必须意识到技术上的限制，如果你正在一个特殊的分子上开发一种新的变异，在诸如此类的情况下，如果你不关心这些问题也没什么要紧，那么就不必了解技术上的限制了。

在这里，该项目的一名学术导师认为，绩效性知识（performative knowledge）的发展是学术界与工作场所的最终目的。来自大学的投入会生产出更好的产品：

> 一般来说，大部分人谈到的是他们取得的进步，无论是降低价格、提高性能或者其他什么，通常而言，如果他们只是将其作为日常工作的一部分，就只能得到他们期待的一半左右。这是一个相当稳定的数字，不是吗？

研究工程师学习特定的技能，并在学习项目中习得特定的品质，使得他能够在实践场所中有更好的表现。正如我们所指出的，与教育学博士（EdD）相比，工程学博士展示出的学科与实践背景之间的关系更加紧密，因此更有可能采纳技术员模式的知识。此外，这也更符合国家的需要，并有助于得到政府的认可和赞助，而教育学博士无论是在政府方面，还是作为该专业取得进步的标志方面，都没有得到同样程度的认可。

教育学博士

自 1988 年通过《教育改革法》（*Education Reform Act*）以来，英国的教师职业经历了与国家关系的变化、专门职业的分化以及自身理念重新概念化的案例。1988 年以前，该职业群体从国家获得了一定程度的自治权，这意味着这一群体能够决定自身发展的方向。这指的是：它所接受的特定的服务理念，它对公共活动关注的程度和范围，它所建立的话语共同体的具体性质，它所依据的独特的实践认识论，以及它施加在其专门知识体系发展和维持上的控制。如果这五个基础要素是根据国家的需要并通过国家发挥主导作用的政策周期而形成的,那么这可被视为该职业群体对其核心业务控制的减少。事实上,自 1988 年以来英国教师专业权威的下降已经得到大量研究的关注(Bottery, 1997; Bottery 和 Wright, 2000; Helsby, 1999; Smyth, 2001; Troman, 1996)。这也反过来表明,英国的教学群体应该被描述为一个受国家监管的而非拥有从业执照的职业。

不过,现任英国政府通过在英国设立通用教学委员会(General teaching Council)而允许教学团体获得有限的从业执照形式。只有当该专门职业的工作与国家驱动的总体战略不存在冲突时,这一程度的执照才会被批准。这是通过限制委员会的职权范围而实现的,例如,新成立的教学委员会享有在师生关系和专业行为等方面的自由裁量权。不过,专业能力现在由国家通过财政、话语控制与结构控制这些方式,以及通过对实践与结果的检查来确定并加以强化。

英国的教师专业在过去 15 年间发生的第二个根本性变化是其专业职权范围的分化。这一点最贴切地体现在校长和教师越来越被理解为不同类型的专业人员,具有不同的能力,与国家和准政府机构的关系也有所不同,事实上他们之间的相互关系也正在发生变化。新校长在被任命前,必须取得由最近成立的国家学校领导力学院(National College for School Leadership)颁发和认可的国家资格证书。

这些变化的最终结果是,校长的角色得到了管理。以前,校长被认为是领导型的教师,现在这一角色转变为管理教师绩效或"高效的自主绩效性"(productive autonomous performativity)(Gunter 和 Ribbins, 2002)。如此一来,校长和教师能力清单上的条目是不同的,从而造成了这一专门职业的分化以及教师与管理者的逐渐疏远。此外,学校现在被视为准市场体系中的成本中心,相互竞争生源和成绩。并且,学校理解自身责任关系的方向是面向政府、准政府机构和家长,而不是面向作为一个整体的行业。

英国教师专业授权的第三个重大变化与政府和大学现在对职前训练和在职培训的管理方式有关,政府又授权大学提供这些课程。在职前训练阶段,大学的授课教师被要求遵守一套关于教学内容以及教学方式的规范守则,这是经由国家检查机构英国教育标准局（OFSTED）[①]正式审核的，该机构有权从授课者那里收回许可。因此，国家的规章制度既在实践场所发挥作用，也在专业培训场所发挥作用，后者对我们当下的目的更为重要。

正如我们提到的，专门职业、工作场所和大学都与教育博士学位的发展之间存在着微弱的联系（McWilliam 等，2002）。此外，EdD 的知识基础具有的水平结构，伴随着专门化的话语大量增加（Bernstein，1996）。因此，可以预期，不同大学提供的 EdD 项目所发展的知识形式，将反映这种认识论的碎片化，一些大学提供者将技术理性作为其首选的知识模式，而另一些大学提供者则采用了更倾向于"能力与性情"以及"批判"的知识形式。这里提供一个更侧重批判的例子：

我想说，在这 3 年里，他们必须建立起置身事外、批判地看待问题的信心，并建立一个更复杂的分析框架，用以理解他们自己所身处的世界。

（某 EdD 导师）

同样，EdD 的学生也会反思自己在学习期间所学到的东西：

当你解构特殊教育需求的概念时，这就变得非常困难，你不得不使用你觉得很压抑的术语参与评估。大多数时候，你学会了忘记它，并将你的知识进行了分类。这就是我对这整个过程的想法。将理论和实践结合起来并不简单。我认为，很多人假装这是一个平滑的连续统一体，但事实并非如此。

这可以与 EdD 项目主管的看法形成对照，主管认为：

我们的知识基础是关于教与学的最佳实践，并为学生提供发展自己实践的最佳方法。

他的意思是，有可能找到一套专门化的知识体系，然后以一种非中介的方式将其用于重塑工作场所。此种对目标的明确说明非常少见。的确，个体的个人发展和智力发展通常被置于突出的位置，因此，参加专业博士教育项目的收益也主要在个体层面上。一位 EdD 导师这样描述这些收益：

我所指导的学生极大地被个人发展的概念激发了积极性，很多人攻读这一类

[①] OFSTED 是英国负责评价学校标准的政府部门，其全称为 the Office for Standards in Education, Children's Services and Skills. ——译者注，详见网址：https://www.gov.uk/government/organisations/ofsted

项目与一些自身的原因密切相关,在项目方面的个人投资,以及因为研究是建立在其工作场所之中的,他们的个人身份和专业身份是他们努力的关键内容。所以,信心或者说个人的诚实,是他们带到学习经历中的重要内容。

这意味着 EdD 可以在多大程度上对专门化的知识体系做出垄断主张。尽管教育学博士生在个人层面上有所收益,但这几乎不会扩展到机构或者专业的层面。EdD 这种收益本质的模糊性,从一位 EdD 导师的评论中可见:

> 在我们的领域里,有各种各样的研究。我不想说,教育研究一定与改进实践相关。它要复杂得多,对于它的价值,我们的学生也可能有相互矛盾的看法。
>
> (EdD 导师)

有关完成 EdD 项目有何收益的主张,主要集中于个人反思与个体发展。此外,EdD 学生被期待遵行由大学制定和管控的一套实践。专业实践通过关注文本生产被客观化,而在许多情况下,文本生产对工作场所的实践几乎没有直接影响。例如,一名参加 EdD 项目的学生表示,对于她自己的事业前景、职场地位和专业实践而言,完成学业几乎没有什么收益:

> 这(EdD)并没有改善我的事业前景。事实上,我这么做引起了一些资深管理者的不满。直到教育标准局到我所在的学校,我不得不放下正在做的事情,攻读学位这件事才为人所知。你必须填一张大表格,所以必须放下正在做的事情。资深管理者看到之后说道:"好吧,我们知道你在攻读博士学位,但你不必把它写下来。"

这由一个看起来并不稳定的关系——作为知识领域的教育与专业实践、学术学科之间的关系——支撑。结果,国家、大学和工作场所之间只建立起很浅的联系,这与 EngD 项目建立起的深联系形成对比,进而直接影响并部分导致了这两个不同的职业群体被授予和所声称的专业地位的类型。

结论

过去 10 年,英国专业博士学位的兴起和扩张,与专门职业更广泛的议程和更广泛的专业化计划有关。然而,这种联系是复杂、多方面的。作为本章研究主题的两个专业博士学位项目,是首批在英国设立的专业博士项目,尽管设立的原因不同，针对的也是非常不同的职业群体。专业化（professiondisation）的一个方面是对专门化（specialisation）和专门化的知识（specialised knowledge）有所宣称。对于 EngD 来说，发展专门化的专业知识是明确的目标，以学界与业界的协同合作为基础，其关注点在于工具化；这种协同合作源于工程与自然科学研究理事会对 EngD 的发展历程，它也有理由发展 EngD。相比之下，EdD 项目对发展专门化知识的主张是有限的，大学与职业场所之间的关系往往更为脆弱，并且主要通过个人的专业发展来调节。

我们进一步指出，职业群体的知识发展是区域化的，因而通用的模型是站不住脚的。一个职业群体对专业地位和对知识体系的垄断程度，由知识发展的三个场所中的一系列因素所决定，是该职业群体与国家间特殊关系的结果。专业授权在两个职业群体——工程和教育——中显示出了不同的运作方式。其结果是，专门知识或强或弱地被架构（framed），如果是后者，那么会影响该职业群体围绕受过训练且得到认证的工作者群体建立劳动市场保护的能力，也会影响其维持在本职业内不同劳动分层或分工之间实现强烈区隔的能力。不过，我们也指出这只是其中的一个因素而已，特定职业内的结构问题也可能会产生影响。最后，我们并不是说专业博士学位本身唯一地决定了职业群体对专门化知识体系的控制程度，只是说它们可以成为加强或者削弱垄断控制的一个因素。

参考文献

[1] Allen, C., Smyth, E. and Wahlstrom, M. (2002) Responding to the field and to the academy: Ontario's evolving Ph.D., *Higher education Research and Development*, 21(2): 203-214.

[2] Bernstein, B. (1996) *Pedagogy, Symbolic Control and Identity*, London: Taylor and Francis.

[3] Bernstein, B. (1997) *Class, Codes and Control*, Volume 3, London: Routledge.

[4] Bottery, M. (1997) Teacher professionalism through action research—possibility or pipe dream, *Teachers and Teaching: Theory and Practice*, 29 (1): 273-292.

[5] Bottery, M. and Wright, N. (2000) *Teachers and the State: Towards a Directed*

Profession, London and New York: Routledge.

[6] Cowan, R. (1997) Comparative perspectives on the British Ph.D., in N. Graves and V. Varma(eds), *Working for a Doctorate: A Guide for the Humanities and Social Sciences*, London: Routledge.

[7] Etzioni, A. (ed.) (1969) *The Semi-professions and Their Organization: Teachers, Nurses, Social Workers*, London: Collier-Macmillan.

[8] Finniston Report (1979) *Committee of Enquiry into British Engineering*, London: HMSO.

[9] Freidson, E. (2001) *Professionalism: The Third Logic*, Chicago: University of Chicago Press.

[10] Gibbons, M., Limoges, C., Nowotny, H., Schwartzman, S., Scott, P. and Trow, M. (1994) *The New Production of Knowledge: The Dynamics of Science and Research in Contemporary Societies*, London: Sage.

[11] Gunter, H. and Ribbins, P. (2002) Leadership studies in education: towards a map of the field, *Educational Management and Administration*, 30(4): 387-416.

[12] Hanlon, G. (1998) Professionalism as enterprise: service class politics and the redefinition of professionalism, *Sociology*, 32(1):43-63.

[13] Helsby, G. (1999) *Changing Teachers' Work: The Reform of Secondary Schooling*, Buckingham: Open University Press.

[14] McWilliam, E., Taylor, P., Thomson, P., Green, B., Maxwell, T., Wildy, H. and Simons, D. (eds) (2002) *Research Training in Doctoral Program: What Can be Learned from Professional Doctorates?*, Canberra: ACT: DCITA.

[15] Maxwell, T. (2003) From first to second generation professional doctorate, *Studies in Higher Education*, 28(3): 279-292.

[16] Millerson, G. (1964) *The Qualifying Associations: A Study in Professionalisation*, London: Routledge.

[17] Moore, R. and Muller, J. (2002) The growth of knowledge and the discursive gap, *British Journal of Sociology of Education*, 23(4): 627-637.

[18] Parnaby Report (1992) *Working Party Report*, London: HMSO.

[19] Quality Assurance Agency (1999) *Code of Practice for the Assurance of Academic Quality and Standards in Higher Education: Postgraduate Research Programmes* (updated 2004), London: QAA.

[20] Saks, M. (1995) *Professional and the Public Interest: Medical Power, Altruism and Alternative Medicine*, London: Routledge.

[21] Scott, D., Lunt, I., Brown, A. and Thorne, L.(2004) *Professional Doctorates: Integrating Professional and Academic Knowledge*, London: Open University Press.

[22] Seddon, T. (2000) What is doctoral in doctoral education?, paper presented at the 3rd International Professional Doctorates Conference, Doctoral Education and Professional Practice: The Next Generation?, *Armidale*, 10-12 September.

[23] Skrtic, T.M. (1991) The special education paradox: equity as the way to excellence, *Harvard Educational Review*, E(12): 148-206.

[24] Smyth, J. (2001) A culture of teaching 'under new management', in D. Gleeson and C. Husbands (eds), *The Performing School: Managing, Teaching and Learning in a Performance Culture*, London and New York: Routledge Falmer.

[25] Troman, G. (1996) The rise of the new professionals? The restructuring of primary teachers' work and professionalism, *British Journal of Sociology of Education*, 14(4): 472-487.

[26] Whitty, G. (2001) Teacher professionalism in new times, in D. Gleeson and C. Husb and s (eds), *The Performing School: Managing, Teaching and Learning in a Performance Culture,* London and New York: Routledge Falmer.

第 12 章

项目式博士学位：基于项目的建筑设计研究

Brent Allpress，Robyn Barnacle

本章探讨了项目式博士学位（Ph.D. by project）这一模式所带来的机遇和面临的阻碍。若要理解项目式博士是什么、它必须为相关者提供些什么，需要在其学科背景下关注研究生教育实践的特殊性。作为一项案例研究，我们考察了澳大利亚皇家墨尔本理工学院（Royal Melbourne Institute of Technology，RMIT）建筑学科提供的建筑设计研究的培养模式。

通过聚焦于学科思维方式在研究过程中的角色，我们的讨论也提出了与其他设计学科以及创造性实践研究相关的一系列问题。通过探讨如何解释项目过程中所蕴含的研究这一关键问题，我们勾勒出一些议题与概念，这对于在创造性学科中理解和定位基于项目的研究（project-based research）非常必要。

培养博士生就是要将候选人沉浸于某个研究共同体独有的思维方式、研究技术与实践，并习得这些文化。项目式博士为传统的学位论文写作模式提供了一个替代方案。虽然我们专门研究了 RMIT 建筑学模式下基于项目的设计研究，但这并不妨碍将我们的讨论引向设计学科。这正是我们案例研究的特性，它可以揭示有关项目式博士学位的问题。

我们的讨论不仅提出了与其他设计学科相关的洞见和疑问，并且这也与更广泛的科研领域相关。质疑科研教育中的传统产生了更广泛的一些议题，这些议题涉及知识生产中不同思维方式的角色。思考知识生产实践的替代性方案凸显出传统模式的局限性，这些局限从内部来看并非总是显而易见的。这为重新思考和创新不同学科的科研教育提供了机会。

科研教育的环境

近年来，科研教育的概念日益受到社会和经济力量的渗透。特别是所谓"知识经济"的兴起，使得人们愈加重视科研教育在促进经济繁荣与创新中的作用——英国的"创意产业"模式就是一个很好的例子（参见英国文化、媒体与体育部 Department for Culture, Media and Sport, UK: http://www.culture.gov.uk/what_we_do/Creative_industries/）。正如其他评论家所指出的那样（Drummond, 2003），我们现在必须做的事情似乎更多指向社会的经济偿付能力，而非自身的道德改良或智慧。在这样的背景下，追求知识深度的过程中所伴随的专业化，这也曾是科研学位所珍视的，如今已转变为一种累赘。在知识经济中，知识只因有用才有价值，效用蕴藏于应用而非深度之中。

处理一些你所知道的情况，很好；更好的是，应对那些尚不知道的事情，此即终极游戏。这就是为何研究生通用能力的发展在澳大利亚、英国以及其他地方的大学里变得如此流行。通用能力，或者说通过从事科研而得以磨炼或发展的研究技能、品质或性情，保证了可迁移性。这些能力被运用于博士研究项目范畴之外的主题和情境。拥有可迁移的研究技能，可以说是博士研究生创新的有力源泉。

从某些方面来看，基于项目的博士学位可被视为处于此种情境中。该模式引入了工作场所对工具性的敏锐诉求，这在当今高等教育政策的趋势中显而易见。尽管与工作场所相关，但如果认为基于项目的研究必定直接可用，那么这种理解是不正确的。事实上，正如 RJVGT 建筑与设计学院的研究生所评论的那样，正是研究和工作之间的差异使得前者颇有价值：

（我们）来大学是因为看重研究经验及其与想法间的关联。因此，让研究经历模仿工作场所的技能，这种做法颇为愚蠢，这正是我们努力要摆脱的……大学提供了工作无法提供的东西。所以如果使大学越来越像工作场所，那么大学所拥有的吸引力则可能越来越小。

（Barnacle 和 Usher, 2003: 351）

在某些学科，特别是教育和商科领域，项目式的研究学位往往是基于工作场所的，考虑到研究以候选人当前的专业工作为基础，并且候选人也希望研究直接有益于工作场所的实践、加深对工作场所问题的理解，等等。在其他学科，特别是建筑和美术领域，情况并不一定如此。

在本章中，我们对包括但不限于产业情境下专业实践的项目式研究进行了更广泛的界定。我们的主要焦点在于基于项目而进行设计（换句话说，主要是建筑学科内知识生成的实践）的研究模式。此种研究可能发生在候选人专业工作的情境中，也可能发生于学术界内。后者有可能完全是推理性质的，因而缺乏任何直接的行业益处。然而，这并不是说毫无益处。关于科研教育的社会和经济角色以及科研知识和技能的可迁移性，已有广泛的讨论，我们在此不做赘述。相反，我们想要强调的是，基于项目的研究可能缺乏直接的产业焦点，因而它与哲学或理论物理等学科内的推理性研究有更多的共同点。这类研究的典型代表是为知识而知识的研究，而在知识的工具性价值变得至关重要时，这种追求则充满危险地被低估了，这正是当下所发生的事情。有趣的一点是，在基于项目的研究中，对知识的探求集中于且通过学科的思维方式而进行，因此这对于理解和推进学科知识也至关重要。

关于项目式研究与工作场所之间的关系，这里需要做出最后一点说明。认为博士生已经参与到劳动之中，这种想法是有益的。我们需要挑战下述观念：博士候选人仅仅为劳动或生产的合法形式做准备，而这些劳动或生产活动只有在学生完成学业进入劳动力市场或工作场所之后才发生。正如其他人所指出的那样，例如 Pearson 与 Evans 等的研究，所有研究领域的博士候选人应被视为接受一种专业教育，在其学习过程中，他们已经是积极为知识社会和知识经济做贡献的研究者（Pearson，2005；Evans 等，2003）。

这一点尤其符合基于项目的研究学位，鉴于许多候选人已成年并且已是专业人士。此外，正如 RMIT 建筑学的创新教授 Van Schaik 所说，设计学科中的从业者只有通过设计才能成为更好的设计师（Van Schaik，2005）。基于项目的研究学位则为专业从业者提供了此种机会。

项目式研究与学位论文的差别

以学位论文还是以项目来完成学位,其间最明显的差别也许在于论文以何种方式进行呈现。完成一项学位论文,意味着占据一个位置:将某些事情向前推进。在传统的学位论文模式中,论文在很大程度上以理论的方式进行传递,而在项目式博士学位的模式中,学位论文则在很大程度上以经验的方式传递(我们之所以强调"在很大程度上"是因为项目式博士学位通常也包含理论成分,而传统的博士学位也经常利用不同的媒介形式)。在学位论文中,论点通过论证而在理论上向前推进。论证依赖证据,证据既可以通过案例研究或实验的方式在经验上获得,也可以通过概念分析在理论上获取。无论是何种方式,学位论文通过理论描述与分析来呈现证据。另外,在以项目为基础的博士学位中,向前推进是在经验的层面上通过创造某种工作而实现的,其本身体现着研究。例如,此种工作的形式可以采取三维原型或模型、电影、素描或优化,再或者是一条创意性写作。

另一个差别在于项目式博士学位中的研究活动也不限于传统学位论文的范畴。从词源上我们就能看出学位论文(thesis)与项目(project)的明显差别。前者源于希腊语,意思是"放下"(setting down)。后者源于拉丁语,意思是"向前扔"(throwing forth)。两者都包含传递或交流想法的含义,但它们传递的方式却很不相同。论述的目标在于传递唯一的含义:如果你愿意,请把它放下来。而当研究呈现在作品之中而没有通过论述来传递时,含义就没有那么严苛的界定,也可以有多种解释。

不过,情况并不总是如此,意识到这一点也很重要。对于训练有素的读者来说,通过写出来的论证而传递含义的论文至少是可以读的。对于那些首要的思维方式并非基于语言的学科而言,易读性在学科之外就可能受到局限。因此,对于那些不了解表达用法的特殊形式的读者来说,含义可能是含糊不清的。这可能会在广义的创造性学科内引发对于科研地位的误解。

学科的思维方式

我们如何理解世界,如何理解我们的学习与思考方式,均受到历史、文化、社会和人际力量的引导与形塑。作为这些力量汇聚在一起的空间，学科为人们提供了一个兼具编码知识和缄默知识的认知框架，通过这个框架我们参与到世界之中。这些框架如此有效、如此自然，以至于它们面目模糊，我们也不再意识到它们是如何深刻地影响着我们的思维和行动方式的。

思维方式的意思在学位论文自身的概念中体现得很明显，这一概念的含义很明显地体现出微妙的历史变化，这涉及很容易被忽略的本体论含义。根据德国哲学家海德格尔的说法，在古希腊文中，论文（thesis）的意思是"放下"（setting down），在制作祭品或者为已经存在之物带来一些新东西（例如树立一座雕像）的意义上，它用来意指"向前躺下"（letting lie forth）（Heidegger, 1993: 207-209）。然而，在论文的现代概念里，它逐渐被理解为"占用"（commandeering）或"固定在某位置上"（fixing in place）。前者涉及"任其发生"，后者则暗示出获得或保住。其间差别的重要意义关乎真理的性质：真理是通过"有待发展的解释"来获得的，还是以"不加隐藏"的方式来获得的。关于知识的性质以及思想同世界的关系而言，这两种理解秉持着差异巨大的前提假设：前者是理性的，而后者是诗意的。

我们暂且先不讨论这两种理解各自的相对优点，在本章的语境下，这种差别的意义在于学科实践的不同模式在多大程度上能与其他模式相互适应。更宽泛地讲，这将引出各种各样的学科在当下科研的政治经济体系中的地位与表现这一问题。在当今的体系中，技术科学一如既往地占优势，效用胜过好奇心，这种情况也将长期持续下去。更具体地讲，如何获得真理，对于项目式研究如何被理解为知识生产的另一种模式，具有启发意义。

将学位论文理解为"任其发生"，为项目式博士学位以其自己的方式获得理解提供了一种重要的模式。通过"让真理在工作中发生"这一理念，我们可以解释运行于项目式博士学位中的一种思维模式，这种思维并不依赖论证，或者说，它没有论证。我们并不是说所有的项目式博士学位都要体现这种模式（也不是说所有传统的博士学位不可以含有这种方式），而是说基于它们的生产过程，它们拥有可以这样做的独特潜力。

项目式的建筑学研究

上文有关学位论文性质讨论的相关问题，在建筑学科内博士学位的历史得到展现。传统上，建筑学内的研究生科研涉及学位论文，通常使用艺术史、建造科学、社会学这些临近学科的方法论。这些论文通常都采用发展起来的、逻辑上建构的、自洽的论证，以回答一个或数个特定的研究问题，基于科学或人文学科业已形成的传统和方法论来进行论证。尽管对于"为了设计的研究"（research for design）或"关于设计的研究"（research about design），这种方式可能是有效的，但它也有效地排除了或边缘化了通过设计的研究（research through design）。

Peter Downton 将"为了设计的研究"界定为给设计提供支持的研究，例如提供信息与数据分析（Peter Downton，2003）。"关于设计的研究"则通常指从历史上或理论上对设计先例或设计议题进行定位的那些研究。与此不同的是，在设计中进行研究的候选人参与到一系列以项目为基础的设计探索与推理之中。在设计中进行的研究会使用学科内的设计实践和技术，诸如建筑手稿、图表和模型。这些研究活动并不遵循科学中假设检验的模式。它包括解决问题，但不能被简单地归结于此。设计研究必定具有探索性和重复性。它发生于创造性探索反复循环的过程中，不断地回应错综复杂的问题。蕴藏于整体情境中的关键的建筑关系，是被建构的又被置于突出的位置。有效的设计要回应特殊的情境，或者就其关心的问题要做反复的测试。在候选人对其设计的暂时成果进行不断反思的过程中，研究问题会形成以及不断地经历调整与提炼。在创造性应用和批判性反思的循环中，学科的以及设计的知识得以推进。在这种方式下，基于项目的研究模式提供了很大的空间，方法论以及涉及相关学科设计与沟通实践的过程都可以融入其中。

RMIT 建筑学是国际范围内第一个项目模式的研究生学位项目。在 Van Schaik 的领导下，建筑硕士学位（项目模式）启动于 1987 年，第一批学生于 1990 年毕业。建筑博士学位（项目模式）在 20 世纪 90 年代中期设置，第一批学生于 2000 年毕业。这种模式在历史上的先例见之于 RMIT 的 Fine Arts 以及其他地方的项目式博士。

这种模式随后扩散至 RMIT 各处，如今已成为设计和专业性学科内研究生科研的主导模式，室内设计、工业设计、景观建筑、时尚与传播设计都提供了基于项目的硕士与博士学位。这种模式也在工程领域得到应用。RMIT 的美术硕士（项目硕士）略有差异，更少强调将相关解释写成文字。在其他专业领域，例如教育，差异主要在于研究项目所处的情境不同，有关工作场所的研究最为常见，通常采用行动研究的方式。在 RMIT 建筑的学位项目中，候选人可能承担业界情境中的研究项目，但是他们也可能通过推测性的作品来参与研究。

如同传统学位论文的培养模式，项目博士学位经常是在职攻读的，因而在读时间通常长于 4 年。在读期间主要在与主导师和副导师的密切交流中，通过研究完成具有原创性的研究项目。在 RMIT 的项目式博士中，针对具有创新性的设计或专业实践项目，需要提供一份介于 2 万～4 万词汇的框架性介绍。基于项目的研究，其基本的构成要素包括规模和范围，但这很难预先确定，然而人们倾向于认为项目式研究的工作量，应当同传统博士学位的工作量具备可比性。博士学位的范围和时间跨度使得它相当于一系列项目设计而非单独一个设计制作，不过这也取决于该项目的规模和复杂性。项目式博士学位候选人面临的一大风险是他们的工作量可能相当于攻读两个博士学位，考虑到他们提供的文字介绍相当于准博士学位论文。

"为了设计的研究"与"关于设计的研究"这些业已确立且颇为常见的模式可以轻易地适应传统的论文模式。对于候选人来说，究竟选择传统的论文研究还是项目式研究，只需要简单地测试一下基于项目的研究的价值，这种模式是否能够产生一些研究，而这些研究用其他方式则无法进行。

反思性实践

RMIT 建筑的项目研究在数个领域都有应用，包括城市建筑实验室内的城市建筑研究（Murray 和 Bertram，2005）、空间信息建筑实验室利用数字技术进行的研究设计（参见 HYPERLINK http://www.sial.rmit.edu.au）。RMIT 的项目式研究最早开始于由 Van Schaik 设计的反思性实践受邀计划。在设计实践中展示出高水平专业能力且获得同行赞誉的实践者受邀回到学界，对其工作以及体现于其实践中但却隐含着的研究进行反思。候选人在读期间通过新的项目在研究情境下拓展其专业水准，在学位项目中与导师和其他候选人所组成的共同体进行对话。为何要重返学界，这些实践者给出的最常见的原因是这提供了与支持性的反思性共同体参与对话的机会，可以深化设计的思考，以发展创新性与有效的实践方式。

受邀计划最初仅是（项目式的）建筑硕士学位，最近已经拓展并发展为（项目）博士学位。这部分是因为意识到了项目式建筑硕士（the master of architecture by research）潜在的降级可能。随着澳大利亚也发展出类似欧洲博洛尼亚协议的框架，原先5年制的本科建筑学位变成3年本科层次的前职业学位（pre-professional degree）加2年专业性的课程式建筑硕士学位。RMIT设置建筑博士学位（项目式研究）作为首要的研究学位，意识到在建筑学院中国际化的人员构成也是活跃的专业人士。这些候选人通常都已取得硕士学位，他们面临着专业发展和晋升中的天花板，于是来攻读博士学位以通过实践活动和基于项目的研究对知识做出原创性贡献。

在RMIT项目式的研究学位运行的过程中，一个重要的创新举措是研究生跨学科科研会议，该会议由建筑与设计学院每2年举办一次。候选人向来访的国际或本土评论员、指导教师展示正在进行的工作，他们也有机会了解其他候选人的工作和努力，此外，他们也可以知晓即将毕业的候选人的成果，这些学生也正好借此机会通过公共展示接受检验。在这些活动中，通过实践者和学术同行之间批判性的对话沟通，实践共同体得以形成。硕士与博士层次上的受邀模式具有持续性的重要收益正在于此。这一培养方式也通过培育典范从业者新型的领导力而重构了学界与业界的关系。

文本说明的角色

任何建筑设计的项目都是一项综合性的工作，需要回应、处理一系列复杂的、彼此竞争的情境条件或约束。处于学界之外但又落于专业实践或其他行业经济之中的项目，为那些协调专门职业与经济责任的候选人带来了一些特别的困难。候选人使用了实际上已经建造出来的项目作为工具，他们被鼓励去筛选性地提取其中的精华并加以推进,进而为学科内的知识做出原创性的贡献。这种研究以及其中内含的思维方式是被选择性地建构的,并且通过说明性的文本、档案资料及其他诸如图样、模型、制图等学科内的呈现方式,以便为更广泛的学科共同体所用。在研究情境下,建筑学的呈现为候选人带来了一些复杂的问题,因为建筑学的呈现模式通常发挥着其他专业性的以及推进性的沟通功能。而在研究情境下,建筑学呈现的关键职责依然是为建筑设计领域以及其他的设计研究者和实践者提供可用的新知识。

文本说明是对研究项目及其产出的过程进行定位的框架性阐释。此处的危险之一是有可能陷入设计方法或其他设计科学应该是什么的谬见之中。多少有点华而不实的方法论在20世纪70年代的时候如日中天。它试图为设计过程提供连贯的、理性的解释。实际上,它是对设计复杂性过分工具化的解释,使设计过程的线性叙述服从于逻辑标准。这种理性的方法论不足以解释综合性设计活动的复杂之处。设计活动线性过程的假定理解忽略了创造性项目探究和设计发展过程中非线性、反复性和循环性的特征。

考核

项目研究的模式需要相应的学科内文件记载,以便其中蕴含的研究为他人所了解和找得到。这对于检查评估、档案存储以及后续的传播都有一系列要求。RMIT建筑与设计学院的博士生候选人会将其作品公开展示。候选人在由三位成员组成的考核小组面前对设计的文本说明(thesis)进行汇报和答辩,整个过程由某位研究人员担任主席。不过考核者并不承担批评者的角色,这是本科层次设计评估中颇为常见的话语模式。相反,他们提出一些问题,这些问题引导候选人进一步阐述其研究。最终的评估将综合考虑候选人的展示、口头答辩以及框架性的介绍文本。这种评价方式不同于科学的地方在于它主要关注性质上的一系列标准。主席的角色是确保考核围绕着候选人具体的研究问题以及相应的评价标准进行。

考核之后,候选人要为研究项目提交最终的视觉录像(durable visual record, DVR),这相当于学位论文,但以与学科实践和传统相关的多媒体形式进行保存,以确保项目式研究为他人所知且可获取。DVR 包含说明文本以及展示的永久性资料。RMIT 的建筑项目也将考核答辩过程进行录像,以作为永久性的档案资料。

从对知识做出原创性贡献这一点来看,项目博士这种模式也达到了传统博士学位同样的要求。这种发现主要发生于应用研究的过程中。设计研究力图通过发展新兴的实践和技术而培育创新,选择性地回应设计中的问题进而在成果上实现质的推进。

传播

通过考察这些工作在多大程度上可以发表,或者项目是否令人满意、能否公开展出,考核人员被要求评估这些工作是否达到了要求的水准,即是否对知识做出了原创性贡献。首选人也被期望展示出独立思考、批判性思维以及独立开展工作的能力。最终,正如对其他博士学位获得者一样,对项目式博士学位获得者的奖励同样也是承认候选人有望成为对学科领域做出持续贡献的学者或科研工作者,承认他们能够自行从事研究。

这也引出了什么样的扩散机制可以为项目式博士生所用的问题。由于基于项目的研究模式相对较新,因此将这些研究进行发表或展览的既有途径都较少。RMIT 的建筑学素有传统,将研究生项目以书系的方式通过学校的出版社发行,以推动研究设计的扩散并提升这一学位项目。然而,基于项目的设计研究仍旧缺乏更为广泛的扩散机会。有大量的期刊和会议聚焦于建筑史、理论或技术。设计研究这一术语也被解释为设计科学,往往依赖源于其他学科经验分析的方法论。设计是建筑学科的核心活动,然而很少有学术发表详细记录或传播设计驱动的研究。

Brent Allpress 与纽卡斯尔大学的 Micheal Ostwald 教授在 2005 年共同创办了《建筑设计研究》(*Architectural Design Research*)这份刊物,以填补建筑学话语秩序中的空白。《建筑设计研究》是一份引入同行评议的国际性刊物,发表基于项目的设计研究以及与此有关的研究话语。受项目式博士学位这种模式的启发,该期刊的目标在于发表在项目设计中进行的建筑研究。发表出来的基于项目的研究相伴随的文本说明有助于定位、组织以及清晰地传递这个项目在建筑设计领域内所做出的知识贡献。有关项目的解释说明有可能是基于文本的,但也有可能包括学科内的其他呈现方式,例如图样或绘画,这些同样也可以进行框架性的介绍。这份期刊也推进了建筑设计话语发展,包括学术性的设计研究文章,这些文章讨论当下建筑设计中重要的难题、新兴的设计策略与实践、当代设计实践与项目的学术评论,还有一些文章是作者本人对于其基于项目的设计研究所做的一些拓展性讨论。这份期刊也为寻求资助的设计研究者提供同行评议的记录,由此致力于引导基金资助经济的转变。

Shane Marray 的《建筑设计与话语》(*Architectutal Design and Discourse*)这篇文章就体现了第一个议题。在此文中,他重构了通过 RMIT 建筑学博士学位项目(项目式研究)而从事的研究。Murray 批评了国际范围内建筑话语与设计实践之间的关系。他指出建筑理论日益被用作设计获得外部权威的来源,借助这个学科之外的话语权威来获得合法的成果。他提出其他的设计话语模式,以作为反思、建构与传播建筑师在设计特别是一步一步的设计过程中的做法。

如何阐明设计者与实践者推进建筑设计知识中的复杂性,Murray 提供了清楚的解释。这篇文章对于任何进行框架性介绍或清楚地解释基于项目的建筑设计研究与成果的人而言,都具有启示意义。

Murray 完成于 2003 年的博士学位研究项目,也为这种研究模式提供了典范。他做了三个有关设计项目(design project)的基础性的案例研究。这三者均是适合引发设计思考的竞赛作品。他的研究包括命题以及对研究方法的评判,由此可以展开对具体设计过程的探究和描述,进而发展能够有利于理解建筑设计过程的话语。这种方式也指向了基于项目的设计研究的重要职责,即研究可以增进学科内知识,并且其他研究者和实践者可以在此基础上进行进一步的项目研究。

院校的进展

历史上研究生科研中传统的学位论文模式占据主导,也引发了一些问题。以往,攻读研究生学位的实践者不得不放弃其重要的、基于项目的实践,而这些实践蕴藏着学科知识与专长,例如设计、绘图和制作。在完成传统的学位论文的过程中,候选人不得不采用话语的、经验的研究方法,这相当大程度上借鉴了艺术史和建造科学这些相邻的学科。在建筑学学科内，国际范围内鲜有活跃的、典范性质的实践者在攻读博士学位之后试图或成功获得了建筑学学者的终身教职。结果，世界范围内许多机构的建筑学院内，艺术史和建造科学背景的学者在教师中的比重较高。

此外，建筑学学位项目内的研究受到了国家竞争经费计划（例如澳大利亚研究委员会）资助，这些研究也趋向于由运用建造科学或艺术史相关方法的学者来主持，而非建筑专业学科内的学者，更遑论设计领域的专家了。

上述建筑设计研究领域内创新发展的偏移，以及实践者很少获得终身制的学界职位，许多机构的学者与专门职业之间引发了文化上的断裂和隔阂。这也在国际范围内遏制了建筑设计教学与科研的创新。引入项目博士的一大意义在于它在建筑学科内为那些主要专长和关注点集中于建筑设计与实践的学者提供了职业生涯的路径。类似的研究模式与路径在创意产业与美术领域中相关的设计学科领域内也存在同样的问题。

在 RMIT，一些广受尊敬与冉冉升起的国际学者和机构也参与到了项目式的研究模式之中，这是通过他们作为来访的国际评论家与评审专家而实现的。Colin Fournier 教授和 Jonathan Hill 教授是最早的访问学者，他们分别在巴特莱建筑学院（Bartlett School of Architecture）和伦敦大学学院（University College London）指导了城市设计硕士学位（项目式）和博士学位项目（项目式）。

其他采用了 RMIT 路径与过程的学院包括新西兰奥克兰的建筑学院，这所学院在 Mike Austin 教授的指导下提供项目式建筑学硕士、景观建筑硕士学位。伦敦威斯敏斯特大学的建筑学院提供基于设计项目的硕士和博士学位。Jenny Lowe 教授于 2002 年从 RMIT 获得建筑学博士学位（项目式），现任英国布莱登建筑学院（School of Architecture，Brighton）的院长，她正在建设项目式的研究学位项目。

奥克兰大学（the University of Auckland）、谢菲尔德大学（the University of Sheffield）、伦敦大都会学院（London Metropolitan College）以及皇家艺术学院（the Royal College of Art）也发展出类似的项目。伦敦金史密斯学院的建筑研究中心（The Centre of Architectural Research at Goldsmiths College）在这种模式之下提供

了一个有趣的变种，研究是以项目形式存在的而并非设计，研究者运用基于项目的学科实践去探讨分析性的问题及其他研究问题。这种方式与一系列包括建筑学在内的学科都具有相关性，创造性的努力可能并不总是最基础的活动，但是在方法论的层次上，基于项目的实践可能最适合用于从事某些研究或探讨某些特定类型的问题或难题。

相关的文献

作为一种新兴发展的模式，建筑学科内关于项目式研究的文献和讨论还相对较少。RMIT 建筑学的教授正积极地通过一系列发表和论文来论述、传播这种模式。Van Schaik 已经发表了一系列书籍 *postgraduate Invited Stream books*，介绍了每个研究生候选人项目的特征，并形成了有关这种模式的文章（1993，1995，2000，2003）。在《掌握建筑学》（*Mastering Architecture*）这本书中，他基于 50 位参与这一聚焦于实践的反思性项目（program）的建筑师的研究，对这一学位项目的前 20 年进行了综合性反思。

关于机构为建立和维持实践共同体而提供基础设施以促进实践创新中的作用，这本书也勾勒出一些更大的期待。《阻碍精通》（*Thwarted Mastery*）这一章尤具启示意义，它探讨了这种抱负在微观实践和制度环境中经常遇到的障碍。Van Schaik 将其分类为：受到已有秩序的遮蔽，对技术过度改良而牺牲了其他方面；遗忘了累积的文化资本；涉足学科之外的领域而混淆了知识基础；无法将创新提升至普遍话语以围绕着新出现的想法和实践进行国际对话。

Peter Downton 也对基于作品研究中的跨学科研究方法进行了观察和反思。在《研究设计》（2003）这本书中，Downton 为创意产业和设计专业的研究生候选人所进行的项目式研究的方法提供了教科书式的梳理。它提供的框架考虑到了捕捉与分享缄默知识与实践中的复杂性，也考虑到了通过批判性反思和生产之间的循环而推进创新的复杂性，从而避免了设计科学与设计方法过度简化过程的陷阱，同时避免了在约束与成果之间持有工具性因果关系的理解。

Paul Carter——RMIT 项目的访问教授，在其《物质思维》（*Material Thinking*）（2004）这本著作中为在艺术与设计学科内有关创新性研究的理论与实践进行了哲学意义上的解释。Carter 特别将学科之间或跨越一系列学科的合作实践视为创新的关键场所。Van Schaik 与 Carter 共同指导了 RMIT 攻读项目式学位的博士生，这些候选人在建筑学和公众艺术学领域内工作。

结论

在国际范围内，政府和组织机构已开始关注到 Richard Florida 的经济观点，即在诸如都柏林、波士顿或墨尔本这些中心城市，重工业向创意资本转移，在此过程中创意产业日益成为经济非常重要的组成部分（Florida, 2002）。对于 Florida 观点的一个尖锐批评是其理论模型突出了创意产业中经济活动的规模，而忽略了此种活动产出的内在价值（Rossiter, 2006）。在评估产出的质量、投资与支持这一领域创新的举措发展方面，需要建立一系列标准。

我们可以从 RMIT 建筑学博士（项目式研究）及其他类似学位的制度结构和文化实践中吸取经验。在回应当下城市的复杂情况及新兴的技术方面，在如何提升和拓展设计专业人士发展与转换其学科实践以实现真正创新的能力上，此种博士生教育进行了程序和实践方面的探索。RMIT 采用的项目式研究在学界与业界之间培育了典范意义上的实践共同体，在实践者、研究者以及正在崛起的实践型研究者这一类精英人士之间维持了具有建设性、批判性的对话，这一切反过来也促进了项目模式的发展。科研教育在培育产业界与学界之间的沟通对话中是重要的角色，政府和大学内的政策制定者意识到这一点可从中受益。通过展示出科研知识与技能在学界与工作场所之间的双向流动，项目研究挑战了此类知识与技能从学界转移至工作场所单向流动的固化理解。考虑到博士候选人已经是成功的专业人士，他们在诸如交流技能等方面更为娴熟，在这种情况下对发展"通用技能"的关注也具有局限性。

颇为有意思的是在新知识与实践的发展过程中候选人创新与领导力的增长。此处关键的一点经验是在创造性学科内的研究需以自身的术语进行推进，使用并且更新自身学科的思维方式。这一切在更广阔的专业实践领域内将具有推动真正创新的潜力。

参考文献

[1] Barnacle, R. and Usher, R. (2003) Assessing the quality of research training: the case of part-time candidates in full-time professional work, *Higher Education Research and Development,* 22(3): 345-358.

[2] Carter, P. (2004) *Material Thinking,* Melbourne: Melbourne University Press.

[3] Downton, P. (2003) *Design Research*, Melbourne: RMIT University Press.

[4] Drummond, J.(2003) Care of the self in a knowledge economy: higher education, vocation and the ethics of Michel Foucault, *Educational Philosophy and Theory,* 35: 57-69.

[5] Evans, T., Macauley, P., Pearson, M. and Tregenza, K. (2003) A brief review of PhDs in creative and performing arts in Australia, paper presented at the Australian Association for Research in Education mini-conference, 'Defining the Doctorate', Newcastle, at: http://www.aare.edu.au/conf03nc/ev03007z.pdf.

[6] Florida, R. (2002) *The Rise of the Creative Class,* New York:Basic Books.

[7] Heidegger, M. (1993) *Basic Writings,* edited by D. Farrell Krell, New York: Harper Collins.

[8] Murray, S. (2005) Architectutal design and discourse, *Architectural Design Research,* edited by B. Allpress and M. Ostwald, 1(1): 83-102.

[9] Murray, S. and Bertram, N. (eds) (2005) *38South Vol3: Urban Architecture Laboratory, 2002-2004,* Melbourne: RMIT University Press, at: http://gallery.tce.rmit.edu.au/131/38south/.

[10] Pearson, M. (2005) Framing research on doctoral education in Australia in a global context, *Higher Education Research and Development,* 24(2):119-134.

[11] Rossiter, N. (2006) *Organized Networks: Media Theory, Creative Labour, New Institutions*, Rotterdam: NAi Publishers.

[12] Van Schaik, L. (ed.) (1993) *Fin de Siecle? and the Twenty first Century: Architectures of Melbourne, RMIT Masters of Architecture by Project.*

Melbourne: 38South Publications.

[13] Van Schaik, L. (ed.) (1995) *Transfiguring the Ordinary: RMIT Masters by Project*, Melbourne: 38South Publications.

[14] Van Schaik, L. (ed.) (2000) *Interstitial Modernism,* Melbourne: RMIT School of Architecture and Design.

[15] Van Schaik, L. (ed.) (2003) *The Practice of Practice: Research in the Medium of Design,* Melbourne: RMIT University Press.

[16] Van Schaik, L. (2005) *Mastering Architecture: Becoming a Creative Innovator in Practice*, Chichester: Wiley-Academy.

第13章

围绕候选人的专业经验构建博士学位

Carol Costley，John Stephenson

专业研究领域的博士学位（DProf，有时也称为ProfD）展示了博士生教育的一种不同路径，它不再仅专注于科研训练或者关注对特定职业内的职业发展有所助益。它的目标是通过专业人员在其所处的情境中发展通用的高阶能力，进而培养他们拥有最高水平的学术能力，并做出被同一领域的同行公认的重大贡献。虽然与哲学博士以及其他专业博士学位的性质有显著不同，但其目的仍然是让有能力之人（通常是全职工作者）有机会获得博士学位，这主要基于博士生科研与发展的成果及其在专业实践中展现出博士的能力。设计DProf项目，是为了对通过个体及其组织、网络等能够发挥影响力的专门职业的关键领域产生影响。本章展示了该博士学位的具体实践是如何从基于工作的学习中产生的，并通过案例展示了如何构建、实施和评估该项目。

DProf牢牢地扎根于以工作为基础的学习模式中，这与英国2000年启动的"通过工作进行学习"（Learning Through Work，LTW，2007）的项目是一致的。LTW践行了Billett所称的"两方面的中心作用，一方面是社会实践，特别是工作场所的可供性；另一方面是以个人参与作为理解学习如何发生的基础"（Billett，2006）。在将大学与雇主联结起来以支持实践者的发展方面，它让学习者发挥核心作用。英国研究生教育委员会（UK Council for Graduate Education）的一份报告显示，"少数大学开设了通用性的专业博士学位的项目，其典型特征是可以协商内容,以满足学生的职业需求"(UKCGE,2002:34)。后来的一份报告对"DProf 的案例做了很好的说明"(UKCGE,2002:37)并且记录了英国越来越多的 DProf 项目(UKCGE,2002:95-99)。

DProf 采取了以工作为基础的学习方式(work-based learning),这种方法要求学习者自己界定课程的范围和重点,在此过程中,他们能够通过高阶学习与知识生产对其所属机构或职业领域的实践做出改变。鉴于 DProf 以基于工作的学习为模型(Boud 和 Solomon,2001),它与基于实践的知识密切相关,并将实践者主导的调查作为研究与发展的原则。它并非从既有的学科中产生,学科有特定的范式以及教学法。它旨在提高工作者的实践,但这并不是从一门门科目的课程中有所收获,而是聚焦于在职业/个人的情境下为个体实践者提供培养与展示博士层次的学习机会。DProf 经常使用学习协议来规划研究,包括迄今为止的进展、当前的职业方案、在候选人的领域和长期发展中希望产生的影响(Glasgow Caledonian University,2007)。

目前关于专业博士学位范围的争论有第一代和第二代之分(见第 11 章)。DProf 不能简单地被划归为任何一代。Lester 获得了 DProf 学位,她是从哲学博士学位转过来的,她认为第一代专业博士学位以下述方式来了解专业实践:它们"采取研究者的视角,研究者处理实践中的情况;它们并没有采用工作于其中的实践者的视角"(Lester,2004)。Lester 接着论述道,第二代专业博士学位"对研究过程以及身处其中的实践者的中心地位采取了更加情境化的视角",但是仍然可以看出,"攻读专业博士学位的学生需要将其原本的工作方式搁置,并假设那些体现了另一种知识的特点。学科实践以这种方式进行,由此学生需要遵守规则,无论他们当下的定位和导向是什么"(Scott 等,2004:54)。Lester 对其作为哲学博士生和 DProf 学生的不同经历做了如下描述:在前一种经历中,她被视为一名兼职的学生;在后一种经历中,她被看作一名全职的专业人士。

DProf 由实践者自己围绕着个人的职业情况而构建,以便于在专业情境中产生高水准的表现,并且 DProf 在结构上及运行过程中与专业情境相契合,即使实践者并没有严格遵照已有的专业形式。英国高等教育质量保障局(UK's Quality Assurance Agency)签署了针对高等教育各阶段成就(包括博士学位)的通用标准,这些标准为"非传统"情境下的"专业卓越"提供了被评价的机会,评价是基于水准的可比性,尽管 DProf 在结构、内容和方式上与其他博士学位有所不同(Thorne,2001)。

某 DProf 项目参与者的案例

我们通过米德尔塞克斯大学(Middlesex University,2007)的案例来对 DProf 进行说明,该项目于 1998 年推出,发展势头迅猛。截至本章撰写之时(2007 年 8 月),该项目已成功毕业 72 人,还有 251 名在读博士生。该项目由大学的工作式学习研究所(Institute for Work-based Learning)管理,该所的职权范围覆盖整所学校,专门从事有关工作式学习的奖励、研究和咨询工作。大学里一些专业领域——健康学、社会科学和商学——也进行了一些安排部署,以促进和管理它们自己的专业项目。部分候选人偏好直接参与某个专业领域的项目,这样具有与其他候选人一同工作并接受学科内指导的优势。截至本章写作时,又有 60 名候选人在这几个领域注册入学。其他候选人更愿意参与一般性的 DProf 项目,其优势是与不同背景的人一起工作,能够使用不同于他们已经熟悉的学科范式的方法。

以下是一些近期完成项目的人的简介,从中可以看出这些项目所吸引的候选人具有怎样的特点:

- 一位校长,她希望在其学校建立一种新的社区导向的学习文化。
- 一位高级墓葬经理,他要在环境、文化和官僚体系掣肘的情况下解决一个大城市的墓地拥挤问题。
- 一位大型国际性宗教的行政主管,他基于对过去和现行做法的审视以及对可能趋势的判断,为未来的发展制定议程。
- 一位建筑师,他希望成为调解争端的权威,并为促进人们对该领域的广泛理解与实践做出贡献。
- 一名理疗师,他希望通过在职读博的机会来提升专业地位。
- 一名职业资格顾问,正在为一个目前缺乏专业地位的专家群体建立专业地位。
- 一名心理治疗师,通过与实践相关的新的高水平项目而为有经验的从业者拓展自我提升的机会。

● 一名高级研究员，他正在参与对小学生的发展体系、标准和程序进行的全国性评估，以使其满足当前的需要。

● 一名特别护理服务领域的政府顾问，他在评估政府在该领域的服务成效。

● 一名大学的质量保障管理人员，他正在为新教员建立发展体系。

从上述案例可以看出，他们在工作中已经拥有足够的权威和领导能力，可以进行博士水平的研究，也可以开发出能够对其组织、社区或专业领域产生广泛影响的项目，并做出创新，这种创新相当于高水平知识（对于学术研究）的贡献。他们都希望通过 DProf，在其特定领域中为改善实践而做出某种贡献。在有些情况下，他们的工作领域对应于大学的学科领域，有些则不然。雇主（通常是业务经理）或候选人所在专业领域的某位关键人物，需要签署并认可学习协议，主要目的在于证实博士生的学习计划与其领域相关。

结构

基于学分的模块制项目被用来支撑工作式的科研与学术理念，这主要通过课程设计的方式来实现。模块的描述指标和学分符合大学和英国高等教育质量保障局对授予博士学位的要求，并分布于核心的一般性进程之中（QAA，2000）。完成这种模块制的博士学位共要求 540 学分，其中 180 学分在硕士阶段完成，360 学分在博士阶段完成。关键的模块如下：

● 学习回顾（硕士阶段 20 学分）。

● 学习水平的识别与认证（Recognition and Accreditation of Learning，RAL，硕士阶段最高可达 100 学分，博士阶段 160 学分，具体取决于当前学习与能力的水平与性质，它们是否达到了 DProf 描述指标的要求，并对此提供证明）。

● 计划制定与实践者研究（硕士阶段 60 学分）。

● 项目自身的主要研究与进展（在 160 到 360 学分之间，取决于 RAL 在博士阶段的进展情况）。

每位候选人均可根据个人的情况来平衡 RAL 和最终项目之间的相对学分比重。例如，一位取得大量专业成就的学生可能会获得最高 160 个 RAL 学分，打算最后只做一个小项目，而一位相对缺乏经验的专业人员则需要在这两者之间进行不同的平衡分配。毫无疑问，RAL 学分的赋予是例行程序，所有候选人都必须在 DProf 学位授予的通用标准下，准备一份经过全面研究且被证实的个人工作回顾，一位候选人曾将此过程形容为典型的"耗神费力"。博士学习的时间从 7 个学期到 11 个学期不等，取决于博士阶段的 RAL 申请是否成功。

60 个学分的"计划制定与实践者研究"模块会介绍一系列研究方法，这对所有候选人来说都是必修的，他们需要在最后拟开展的项目中展示出高水平的方法论能力。

评估与质量保障

在硕士层次上，初始阶段的课程模块，为候选人最终的研究与项目开发奠定了基础。这些课程模块使他们能够深度反思他们迄今为止的个人和职业发展过程，评价他们为什么以及如何获得目前的位置及专业水平。前期的模块也让候选人——他们已经是在其领域具有相当专业知识的实践者了——将研究视为一种方法，通过这种方法，他们为其组织与/或专业领域带来了具有一定理论性和信息含量的思考，从而丰富和充实了自己的工作领域。对项目恰当的指导与考核，需要具有博士生教育相关知识的同行，同时他们也愿意以下述观念来看待这种博士学位：成果应该既具有为实践做出原创贡献的潜力，同时也有理论论证的支撑。从本质上讲，这意味着具有相关经验的人必须有意愿对这种博士学位进行指导和考核，并且有能力将博士学习看成是不断发展进步的过程。并不是所有有经验的博士生导师都能胜任这一角色。

能够为大学基于工作的学习项目提供支撑的是学生在取得学位前必须展示出来的通用水平的成就。在项目开始之初，所有候选人都会知悉 DProf 计划有关通用水平的说明，在课程的关键阶段和最终评价时，这一说明被用作衡量进步的指南和评判标准。在协商经验相当于多少学分时，必须根据博士层次的具体标准，在候选人经验的证据以及对经验的解释之间进行匹配。例如，一名高级政府官员就他在泰晤士河 94 英里[①]潮汐水域的环境管理过程中相关的知识和能力做出说

[①] 1 英里=1.609 34 千米。

明；其他例子还包括为发表而写作，在专业工作中建立各种体系过程的领导力和管理工作，领导组织变革或专业变革，例如推行可持续发展政策以及为特定的专业领域制定员工发展计划。提出用于学分认证的内容必须与拟开展的项目工作直接相关。在为他们的主要项目进行规划和寻求批准时，他们必须说明该项目如何产生可以用这些标准做判断的成果。初始模块是在大学的模块化课程中进行"教授"和评估的，模块化课程拥有一些已经建立起很长一段时间的工作常规：评估委员会、提交日期、外部检查专家，等等。这一过程可以使候选人按时推进工作，并确保他们工作的每个阶段都得到评估，相关进展也能得到反馈。

作为最终工作的一部分，他们必须向外部检查专家展示项目的专业影响如何达到了通用标准的要求。在项目结束时，所有成功的候选人都对是什么支撑起博士层次的工作持有坚定的认识。在每个阶段都遵守这些标准，能够确保他们在专业领域内的活动及能力可与大学传统学科领域内博士候选人的成果一比高下。如下述案例所示，持续遵守优秀表现之标准的过程，最终在候选人的个人和专业发展方面均做出了有价值的成果。

通用水平的标准分为下列三大类：认知层面的标准、可迁移的标准与可操作的标准。简单地说，认知层面的标准包括知识、分析、综合和评估。这些标准拥有一整套关于硕士和博士层次的描述指标，这些指标与英国高等教育质量保障局的指导方针相一致。例如，博士生层次的知识"需要证据以表明候选人拥有某一复杂领域内本质上是跨学科的深度知识，并且正在突破当前理论的和/或研究理解的极限"（QAA，2005）。对每位候选人的计划和最终项目的正式评估，包括由内外部独立的评审专家进行的严格面试。与大学所有的博士评审专家一样，DProf的评审专家也是由大学的研究学位委员会批准的；他们应该至少进行了三次博士学位的评审并具有相关领域的经验知识。此外，该项目还有一名首席外部评审专家，负责审查早期的模块，报告整个项目的稳定性和水准，其任命基于大学的规章制度，他/她是博士生学习方面的专家。

支持与指导

提供有效的辅导性支持有一项额外的挑战，那就是需要帮助那些经验、专长与长期以来的兴趣都在于实践情境的候选人去接纳他们不熟悉的文化，或者说他们过去曾经历过这种文化，但在他们日后的兴趣与活动中却没有体现出来。工作环境和地点的多样性（有些地方离学校很远）意味着候选人大多通过在线讲座、研讨会、讨论板和电子邮件进行远程交流。交流主题涉及常见的过程问题和研究方法。这些活动由学术人员——包括许多与工作式学习研究所有关的访问教授——来进行引导和管理。研讨会被录制下来，并进行现场直播，然后进行现场讨论，候选人也可通过虚拟的学习环境进行下载。研讨会主题的一些例子如下：实践者—研究者项目的伦理问题、现象学、反思性思维以及通过博士项目生产原创知识。工作环境的广泛多样性意味着同辈群体以远程的方式形成。导师和候选人之间的交流大多通过电话和电子邮件进行，在双方都方便的情况下会安排面对面的交流。

大学为候选人安排了两名导师，其中一名来自工作式学习研究所的核心团队（即学术顾问），他全程为候选人提供支持；另外一名通常是大学其他单位的人员，具有与本项目所处领域相关的专业知识。鉴于专业导师与候选人要就项目进行密切合作，所以选择和任命导师时要特别谨慎，需要参考他们在相关领域进行博士生教育的可靠度。随着候选人的项目逐渐成形，一位在相关专业领域具有丰富专业知识的外部顾问可能加入候选人的支持小组中。学术顾问可以帮助候选人从整体上理解博士项目的基本特征和程序，他在教育方面的主要作用是帮助候选人对他们以前的学习进行自我评判与实质性的回顾，在协商学分时汇集和评估候选人专业经验的证明材料，并将他们的专业志趣融入主要的研究计划中。在研究项目开始后，专业导师和外部顾问会更多地参与指导工作，帮助候选人形成对当前情况的专业理解——这些情况往往受到社会政治因素的影响，帮助候选人获得用于研究的资源以及其他专业支持。

一项仍在进行中的研究项目分析了师生的在线交流，研究发现导师们在下列情况中最有帮助（Young 和 Stephenson，2007）：

- 帮助候选人接纳并对他们自己的项目施加控制。
- 对候选人初期的紧张及其对高等教育文化特别是博士阶段的活动不熟悉表示体谅。
- 在符合工作场所活动周期（不只在学期期间）的时间内，学生能够联系到导师,并且导师能对候选人的需求做出及时回应。
- 对与项目有关的大学程序的所有方面提供解释。
- 帮助候选人对自己接受挑战的能力建立信心。
- 在适当的情况下,确保候选人的计划与成果"在正轨上"。
- 随时准备对候选人的进步和表现给予切实的反馈,在进行负面反馈的同时提出改进建议。
- 愿意发展相互尊重的关系——导师尊重候选人在专业领域的能力,候选人尊重导师在大学文化和程序方面的专业知识。

专业导师的角色与指导传统学术型博士的导师类似,即不断挑战候选人的理解,并提供思考的资源。外部顾问的主要工作是帮助候选人在实践领域内产生影响。

资源

与 DProf 项目中关键流程相关的资源,特别是评估、博士层次工作的通用标准以及关于先前经验申请学分的建议,都集结成指导手册,学生们可以获得这本小册子,也可以通过 DProf 项目的内部网络获取。关于不同的项目适用什么样的研究方法,工作式学习研究所会提出专家意见,并在校内举办研究沙龙作为补充。所有候选人都可以使用大学的专业资源,但他们更倾向于使用在线图书馆服务。

项目的主要关注点通常在候选人的工作场所或其更广泛的专业范围内,或两者兼而有之。在前面提到的案例中,与项目有关的专业素材大多来自常规,例如专业机构、更广泛的实践社区、工作中正在进行的研究与项目开发,以及具有类似兴趣的同事。事实上,职场同事参与候选人的项目,提供相关的材料和信息并不罕见。项目,原本就存在于通过与专业同事的社交与非正式交流的过程而揭示出的知识与理解之中(Eraut, 2004)。一些候选人利用自己的博士学位,特别是在"博士身份"罕见且受人尊重的领域,为自己打开大门,使自己能够接触到通常不易接触到的材料。"为了我的博士项目,您能否帮忙让我看/拥有……",这是一种比常规请求更有效的方法。当然,除了这些来自工作环境的资源,大学图书馆也能提供些补充资料。候选人也可以通过大学联合计划获取在其他大学的图书馆进行阅读的权限,当然,还有大英图书馆。

基于工作的候选人也会将互联网作为资源。上面提到的一些人，在网络上发表了与他们主要领域相关的作品，并得到了其他专业人士的建设性回应，因此，网络提供了一个更大的知识库，也提供了有价值的同行评议。事实上，此种在线交流可以作为候选人取得专业影响力的证据，成为最终评估的一部分。

进行中的研究与评估

自米德尔塞克斯大学通用性的 DProf 项目设立以来，学者一直在对它进行研究和评估。特别是在 2004 年，大学启动了一系列研究活动，对完成该项目的学生的经历进行调查。由于候选人的经历具有高度的个体性，这项研究聚焦于学生个体的案例，研究中利用了学生的课程档案，如个人对以往学习的回顾、对专业经验的学分申请以及为最终评估提交的主要成果。通过分析每位毕业生关于项目如何给个人和职业带来影响的反馈记录，也能得出有价值的见解（Stephenson 和 Costley，2007；Stephenson 等，2006）。本小节将主要基于上述资源，以及在通用 DProf 项目的管理中承担关键角色之人的经验与观察，对候选人有关整个经历的个人反思进行分析，我们发现成功的参与者感受到的主要收获是：

个人和专业更强的公信力：

作为个人："知道自己是，也被人认为是这个专业领域的专家，这种感觉是很好的。"对于更大的专业团体来说："我也觉得这是（专业共同体）应得的，它可能会在我们日后进行的各种谈判中提高某种地位。"

增强个人及专业能力，以及对自己行动力的信心：

"能够发现不同工作之间的联系，有能力从中总结出大于各部分之和的经验。"

"我现在知道，我可以让自己正在做的事情有所不同。"

致力于持续性发展：

"在一个人职业生涯的后半段从事更高级的工作是非常好的，对 50 多岁的人来说，在学术上受到认可的环境中不断学习，这种想法非常好。"

"一旦你完成了课程，就意味着下一阶段或下一系列项目的开始。"

从成功候选人的观点以及教员的评估中，我们对项目的具体组成部分（模块）

获得如下认识：

第一个模块——**学习回顾**，是对以前教育与生活经验的批判性评价。一开始，人们可能会认为这一模块偏离了候选人想要推进的具体项目，但很快其价值就得到了广泛认可。它使候选人在自己个人与职业的历史及愿景的情境下，将它们深深地融于项目之中。对这段经历典型的反思性看法是："通透的""诚实的自我评价""有启发性"。因此，候选人可以从他们目前的职位上开始这一项目，并更清楚地了解他们在这个阶段获得学术学位的动机（Doncaster 和 Lester，2002；Stephenson 等，2006）。

学习水平的识别与认证（RAL）使得已经具有专家知识的专业工作者熟悉博士工作的通用标准。该模块向他们介绍了质量与成功这两个概念在学术界与专业领域中的复杂性以及它们的差异，并帮助他们从学术角度来评价其专业经验的质量与价值（"**这表明我比自己想象的要好**"）。RAL 这一过程澄清并确认了他们想做的项目的方向，及其对他们所在领域的影响（Armsby 等，2006；Doncaster 和 Thorne，2000）。

在**项目计划与研究方法**模块，候选人对研究方法采取了非常实用主义的看法，对学习普遍意义上的研究原则充满沮丧情绪，但对于可能与其专业目标有关的研究方法却很用心。项目的批准程序——包括向学习领域的资深学者和专业人士做口头陈述——为他们阐明自己的计划并使这些计划接受正式且批判性的审视而提出了一套行动准则。对计划的学术认可增强了他们的信心——他们以工作为基础的项目还"在正轨上"，也证明了他们作为成功的专业人士，同样可以在学术上取得成功（Armsby 和 Costley，2006；Gibbs 等，2007）。

最终的项目评估程序要求候选人向评估小组做正式陈述，并就评审人员提出的问题进行回应。候选人所提交的各种最终成果，如专业项目报告、书籍、政策文件、对拟在专业领域内产生重大影响的行动方案进行说明的指南和规程等，均可作为最后评估的依据。方法论路径、伦理学方面的考虑以及最终成果的细节之处都是一直在进行研究的关键问题，它们表明候选人如何在实施变革、发展创新的方法以及为复杂问题提出可持续解决方案方面发挥了独特的作用（Doncaster，2000；Lester，2004；Costley 和 Gibbs，2006；Armsby 和 Costley，2007）。

出现的命题与启示

许多候选人参加这个项目是为了以一种新的思维方式来提高自己，这种思维方式"超越了他们目前的实践共同体"（Doncaster 和 Lester，2002）。他们在自己的专业领域已经是专家，知道如何获取自己熟知的、典型的专业知识以及以学科为基础的知识。DProf 提供了一种以不同的方式来促进学习的机会，对这种学习方式，有不同的说法，如跨学科学习（Gibbons 等，1994；Barnett，2000）、横向学习（Bernstein，1999）、相互关联（Antonacopoulou 等，2005）以及通用的、多维度与跨职业（inter-professional）学习。学习和环境的某些特征——例如学习者的自主性、个人发展、以工作为主的学习环境，对候选人在项目中取得成绩具有重大影响，远远超过从其研究项目的专业活动中所获得的收获。这与 Malfroy 和 Yates 的研究相一致，他们发现环境、指导与教学、知识生产是联结博士生教育和工作场所的三个关键因素（Malfroy 和 Yates，2003）。

Antonacopoulou 在他对 Argyris 工作的高度评价中（Antonacopoulou，2004），重点提到了他关于学问以及工作反思的研究，也提到了他是如何得出下列结论的，即学术最终是个人的、在其核心处蕴含着一段自我发现的旅程。Antonacopoulou 发现，有些人对待学习非常认真，不仅把它当作研究现象，而且将其当成一种生活方式。后来，她和其他人共同对这一结论进行了扩展研究，展示出学习成为工作生活的一部分，工作和学习在人生旅途中都是不可或缺的（Antonacopoulou 等，2005）。这一观点也可以从 DProf 项目中看出，因为这些项目都扎根于真实的工作环境中，在组织或者职业共同体中进行，能够对候选人产生积极的影响。

DeFillippi 从四个角度对他称作"基于项目的学习"的概念做了说明（DeFillippi，2001），之后又由其他学者对此进行了定义。DProf 提供了一个更深入的视角，它从工作式学习所蕴含的认识论的方法中产生了不同的见解，工作式学习的传统根植于独立学习、社会科学以及体验式学习。DeFillippi 还讨论了Raelin 关于为基于工作的学习设计行动项目的报告，并承认"越来越多的证据表明，这些项目可能对公司的长期成功大有裨益"（Raelin，1997）。Raelin 的发现与 DProf 研究和发展项目的意图相符,这个意图便是对组织和/或专业领域产生影响。

对基于项目的学习的批评,可被用于批评基于实践者的探究,即"根植于社会和行为科学中的先天/后天和宏观/微观辩论,以及关于知识本质的争论"(Murray 和 Lawrence,2000:18)。作为局内人,收集数据需要特别地对伦理、局内人偏见以及有效性的问题加以注意。从为实践带来原创性贡献(这种贡献以基础知识为支撑)的视角出发,这种博士学位驱动了博士候选人的学习。项目的目的是在研究实践持续期间或结束时能做出实际的变革,这为研究人员施加了特殊的约束,因为他们在限制研究实践和变革的体系中工作。他们在专业领域的经验和地位是进行这种博士学习的必要前提。他们需要获取特定的内部信息,为实践带来影响和重大变革。他们的处境很重要,因为引入创新通常需要合适的时间和地点。在某种程度上,成功的项目也许可以部分归功于实践者或研究者围绕规范性约束进行协商的能力,即他们如何在系统规范与其创造力和独创性之间保持平衡。

Scott 等认为,Gibbons 等对知识模式 1 和模式 2 所做的区分(Gibbons 等,1994)具有局限性(Scott,2004)。他们认为更重要的是"大学理解并在其中构建学术知识和专业知识间关系的方式"(Scott,2004:42)。根据从 DProf 项目收集的证据来看,大学为了确保最终学术学位的水准,建立了一个计划框架,候选人自己在此框架内建构了职业环境和大学之间的关系。候选人之所以能够建立这种关系,是因为他们必须让自己的个人项目同时符合大学及其组织或职业团体的要求。Gustavs 和 Clegg 研究表明,在以工作为基础的学习项目中,候选人、大学和组织之间的三方合作关系可能会出现问题,并且大部分个人学习与组织学习从表面上来看涉及特别的能力(Gustavs 和 Clegg,2005)。回到由 Antonacopoulou 提出的有关学问的观点(Antonacopoulou,2004),看起来 DProf 更重视个体在规划自己学术研究中的作用,尽管个体通常处在一个多少可以自由决定什么学习内容对其工作有益的情境而非学术情境。按照 Scott 等提出的五种知识模式,DProf 对知识的贡献似乎是通过性情模式(dispositional model)与跨学科的模式而做出的,因为它"本质上涉及个人以及他们自己的实践"(Scott 等,2004:51)。DProf

项目反对"方法论的帝国主义"（Scott 等，2004：48），因为每个人的项目在领域和方法上都是不同的。由于候选人同时利用了职业资源和学术资源，他们将自己的工作理论化的方式似乎有所不同。正如 Scott 等的界定，DProf 模式的公信力，既来自职业同事的认可，也来自学术界的认可（Scott 等，2004）。

对当前实践的反思、根据博士水平标准对以往经验的评估以及在工作中采用反思性方法，是 DProf 的关键方面。自我发展要求候选人在与自我理解的关系中来理解他们的职业自我。Tennant 认为，在当代博士生教育中，"自主的学生"这一概念正变得越来越像"进取的自我"（Tennant，2004），而 DProf 为这一论断提供了支持。必须在自我、专业领域和大学之间建立有效的工作关系，并在工作和学术上向关键听众证明自己的工作、成就和意图的合理性，可以在工作中提升自我信念、获得更广泛的同行认可、提高知识技能并致力于自我的持续性发展。项目的自我管理本身就是导入自我管理式学习的主要手段。关于学习过程本身的讨论具有特别的重要性，因为人们越来越意识到高水平的个人技能与特质（或称"软"技能与特质）在专业工作中的作用（Eraut，2004）。

学习者控制的关键作用可能是 Scott 等提出的性情模式的另外一个方面，因为对候选人来说，他们在关键环境中发挥能动性具有显而易见的好处，而这又主要来源于支持和考验能动性施展及成果的项目结构（Scott 等，2004）。Stephenson 和 Foster 已经阐述了学习者在处理大学和工作场所间关系的关键角色（Stephenson 和 Foster，1998）。Eraut 等发现了自信对于处在职业生涯中期的学习者的重要性，这种自信来自迎接工作中遇到的挑战，而这份自信则取决于所获得的支持（Eraut 等，2004）。就 DProf 的情况而言，这些挑战的环境非常严苛，他们必须向更广阔的职业界与不太熟悉的学界里的重要合作者证明自己的成就和进步。Boud 和 Lee 在对哲学博士的研究中提出了一个问题：有什么明确的教学法可以为同伴学习提供机会呢？"成为同伴"也意味着成为研究共同体一员（Boud 和 Lee，2005）。对 DProf 来说，"成为同伴"意味着成为积极参与专业领域的发展并得到认可的贡献者。因此，为博士学习提供的支持框架，对于来自不同专业背景的候选人能够将博士水平的学习引入不同的环境中具有重要作用。

跨学科方法会给这个项目招来批评。哲学博士和大多数专业博士都以学科专业为中心,这符合大学的传统结构。跨学科的 DProf 是建立在通用的评价标准上,不需要深入了解某一学科的特定科目或知识体系。DProf 候选人的能力是由广泛的、通用的标准来判断的,这一标准与实践的、现实的结果直接相关。这种方式并没有扎根到大学实践中;大学教员没有接受过这种学习方式的教育,也没有接受过跨学科和跨专业角色进行评估的教育(Boud 和 Tennant,2006)。没有一个外部评审专家的"专家库",可以从中召集人员为这类项目的成果做出判断,也几乎没有具体的理论背景来概念化这一研究领域。许多学者对跨学科持怀疑态度,从中找不到实质性知识的深度来满足他们对论文在知识上有所贡献的期望。由理论支撑的实践中知识——也就是 DProf 项目作为博士项目的核心——的复杂性,并不总被认为与被学科专家评判的学位论文具有对等地位。

然而,有一些证据表明,之后被看重的并不是博士研究中的实质性知识。例如,Pole 指出:

大家认为实质性知识的深奥性质在完成博士学位后用处有限。在这种情况下,从博士学位获得的实质性知识被认为不如其他形式的知识和技能重要或有价值。

(Pole,2000:109)

传统博士生的工作很可能在理论上根植于某个学科的框架内。DProf 和其他一些新形式的博士项目,从实践中而非受学科引导来发展理论。一些大学通过重新思考它们的规章和制度,从整个大学的层面而不是通过学院来获取人员和资源,找到了利用校内机构与大学外部专业领域知识的方法。从历史上看,大学并没有形成一种容易接受此类安排的方式,因此,构建 DProf 这样的项目,既是课程开发和创新的成就,也是组织、领导力以及组织定位的成就。

DProf 的成功及其为博士学习领域带来的好处,似乎是源自更强大的自信、智识发展,致力于进一步的自我发展以及重要的"新"的职业学习,候选人的组织和专业领域发生了直接的积极改变,这也验证了 Scott 等所称"知识的合作生产有丰富工作场所的潜能"(Scott,2004:158)。这些好处显然与其他类型博士学位的成果相互叠加并给后者以支持。或许,DProf 只是找到了一种方法,使上述成果可以适用于更广泛的专业领域。

结论

候选人是施加控制的主要能动者,在关键的学术与职业环境中发挥这种能动性,是此类博士学位对个人及其工作场所或专业领域产生影响的基础。因此,"自我的项目"就被看作一项必要的事业,它处于地方化的环境中,具有辨识度,候选人也具有一定的位置性情(positionality)。关注这种新的"有影响力的自我",为当前有关职业博士学位的讨论增加了一个特别的维度。博士学位的工作包括培养实践者,提高他们管理和创造对组织有潜在影响的项目的能力。候选人不仅要知道什么情况下做什么工作,还要知道如何将自己当作一名实践者来培养。DProf项目能够在学术能力和职业专长两个方面实质性地提高博士的能力。这个过程本身就是成果的重要组成部分——基于个人的自我成就、工作投入和自身持续发展的学问。

DProf项目有一系列特征,例如获得自我认知;在复杂而充满活力的实践共同体中与他人合作;创造新知识,从而增加共同体的基本资源。我们看到了抽象的、与人相关的、以前被低估的知识参与其中。通过综合各种信息而创造的知识,为项目带来了可被感知到的结果,这些成果在负责任的价值观和伦理考量中具有积极的作用。这种多样化和批判性的思维、群体知识构建,以及对任何将会发生的事情都无法进行规划的开放式过程,可以带来高价值的学习。

为专业人士及其组织和/或专业领域提供更多机会与发展前景,包括利用高等教育所提供的宝贵资源与各个领域的专业人士进行卓有成效的接触。大学必须从结构和知识创造、认知和使用的角度跨学科进行思考。这些项目提供了创新、成为知识的创造者和关键使用者,从而带来变革并对专业实践产生积极影响的方法。通过将项目的重点放到大学外部的工作环境中,同时承认并将批判性思维、研究专长和学术界的其他特征与社区和专业领域面临的现实问题联系起来,这一目标得以实现。

参考文献

[1] Antonacopoulou, E. (2004) On the virtues of practising scholarship: a tribute to

Chris Argyris, a 'timeless learner', *Management Learning*, 35(4):381-395.

[2] Antonacopoulou, E., Jarvis, P., Andersen, V., Elkjaer, B. and Høyrup, S. (2005) *Learning, Working and Living: Mapping the Terrain of Working Life Learning*, London: Palgrave.

[3] Armsby, P., Costley, C. and Garnett, J. (2006) The legitimisation of knowledge: a work-based learning perspective of APEL, *International Journal of Lifelong Education,* 25(4): 369-383.

[4] Barnett, R. (2000) *Realizing the University in an Age of Supercomplexity*, Buckingham: SRHE and Open University Press.

[5] Bernstein, B. (1999) Vertical and horizontal discourse: an essay, *British Journal of Sociology of Education*, 20(2):157-173.

[6] Billett, S. (2006) Relational interdependence between social and individual agency in work and workinglife, *Mind, Culture and Activity,* 13(1): 53-69.

[7] Boud, D. and Lee, A. (2005) 'Peerlearning' as pedagogic discourse for research education, *Studies in Higher Education*, 30(5):501-516.

[8] Boud, D. and Solomon, N. (2001) *Work-based Learning: A New Higher Education?*, Buckingham: Society for Research into Higher Education and the Open University Press.

[9] Boud, D. and Tennant, M. (2006) Putting doctoral education to work: challenges to academic practice, *Higher Education Research and Development,* 25(3): 293-306.

[10] Costley, C. and Armsby, P. (2007) Research influences on a professional doctorate, *Research in Post-Compulsory Education*, 12(3): 343-355.

[11] Costley, C. and Armsby, P. (forthcoming) Developing work-based learning at doctoral level, in J. Garnett, C. Costley and B. Workman (eds), *Taking Work Based Learning to the Core of Higher Education*, London: Middlesex University Press.

[12] Costley, C. and Gibbs, P. (2006) Researching others: care as an ethic for

practitioner researchers, *Studies in Higher Education,* 31(1):89-98.

[13] DeFillippi, R.J. (2001) Introduction: project-based learning, reflective practices and learning outcomes, *Management Learning,* 32(1):5-10.

[14] Doncaster, K. (2000) The Middlesex University Professional doctorate: a case study, *Continuing Professional Development,* 3(1): 1-6.

[15] Doncaster, K. and Lester, S. (2002) Capability and its development: experiences from a work-based doctorate, *Studies in Higher Education,* 27(1): 91-101.

[16] Doncaster, K. and Thorne L. (2000) Reflection and planning: essential elements of professional doctorates, *Reflective Practice,* 1(3): 391-399.

[17] Eraut, M. (2004) Informal learning in the workplace, *Studies in Continuing Education,* 26(2): 247-273.

[18] Eraut, M., Steadman, S., Furner, J., Maillardet, F., Miller, C. and Blackman, C. (2004) *Learning in the Professional Workplace: Relationships between Learning Factors and Contextual Factors,* Division I Paper Session, 12 April, AERA Conference, San Diego.

[19] Gibbons, M., Limoges, C., Nowotny, H., Schwartzman, S., Scott, P. and Trow, M. (1994) *The New Production of Knowledge: The Dynamics of Science and Research in Contemporary Societies,* London: Sage.

[20] Gibbs, P., Costlcy, C., Armsby, P., and Trakakis, A. (2007) Developing the ethics of worker-researchers through phronesis *Teaching in Higher Education,* 12(3):365-375.

[21] Glasgow Caledonian University (2007) *Scottish Centre for Work Based Learning, Doctorate in Professional Practice,* at: http://www.caledonian.ac.uk/s cwbl/ progs/pglf.html.

[22] Gustavs, J. and Clegg, S. (2005) Working the knowledge game?, Universities and corporate organizations in partnership, *Management Learning,* 36(1): 9-30.

[23] Learning Through Work (2007) http://www.learndirect-ltw.co.uk/ep/web/home/ ltwhome/ homepage/.

[24] Lester, S. (2004) Conceptualising the practitioner doctorate, *Studies in Higher Education,* 29(6): 757-770.

[25] Malfroy, J. and Yates, L. (2003) Knowledge in action: doctoral programmes forging new identities, *Journal of Higher Education Policy and Management*, 25(2): 119-129.

[26] Middlesex University (2007) Institute for Work Based Learning, Doctorate in Professional Studies, at: http://www.mdx.ac.uk/wbl/courses/dprof/dprof.asp.

[27] Murray, L. and Lawrence, B. (2000) The basis of critique of practitioner-based enquiry, In L. Murray and B. Lawrence (eds), *Practitioner-based Enquiry: Principles for postgraduate research,* London: Falmer Press, pp. 18-41.

[28] Pole, C. (2000) Technicians and scholars in pursuit of the Ph.D.: some reflections on doctoral study, *Research Papers in Education,* 15(1): 95-111.

[29] QAA (2000) The framework for higher education qualifications in England, Wales and Northern Ireland, at:http://www.qaa.ac.uk/academicinfrastructure/FHEQ/background/ewni/2000/default.asp#annex1.

[30] QAA (2005) Code of practice for the assurance of academic quality and standards in higher education, Section 1: Postgraduate research programmes, at: http://www.qaa.ac.uk/ academicinfrastructure/codeofpractice/section 1 /postgrad 2004.pdf.

[31] Raelin, J.A. (1997) A model of work-based learning, *Organisation Science,* 8(6): 563-578.

[32] Scott, D., Brown, A. , Jaunt, I. and Thorne, L. (2004) *Professional Doctorates: Integrating Professional and Academic Knowledge,* Buckingham: Society for Research into Higher Education and the Open University Press.

[33] Stephenson, J. and Costley, C. (2007) The impact of a professional doctorate centred on the candidates' work, *Work Based Learning,* 1 (1), at: http://test.cy-designs.com/middlesex.

[34] Stephenson, J. and Foster, E. (1998) Work-based learning and universities in the

UK: a review of current practice and trends, *Higher Education Research and Development,* 17(2): 155-170.

[35] Stephenson J., Malloch, M. and Cairns, L. (2006) Managing their own programme: a case study of the first graduates of a new kind of doctorate in professional practice, *Studies in Continuing Education,* 28(1): 17-32.

[36] Tennant, M. (2004) Doctoring the knowledge worker, *Studies in Continuing Education,* 26(3): 431-441.

[37] Thorne, L. E. (2001) Doctoral level learning: customization for communities of practice, in B. Green, T. W. Maxwell and P. Shanahan (eds), *Doctoral Education and Professional Practice:The Next Generation,* Armidale: Kardoorair Press, pp. 247-274.

[38] UKCGE (2002) Professional doctorates, at: http://www.ukcge.ac.uk/NR/rdonlyres/53BE34C8-EBDD-47E1-BIC7-F80B45D25E20/O/ProfessionalDoctorates2002.pdf.

[39] Young, D. and Stephenson, J. (2007) The use of an interactive learning environment to support learning through work, in D. Young and J. Garnett (eds), *Work-based Learning Futures,* Bolton: University Vocational Awards Council.

第 14 章

风险时代的博士生教育

Erica McWilliam

任何学术研究的管理者都会告诉你：博士生很重要。从智识的角度来看，博士生是研究与学术文化的贡献者，同时他们也是绩效指标，用来衡量入学与按期毕业的量化单位。将博士生视为绩效指标（除此之外还有经费和出版物）在当今的大学里发挥了一种特殊的作用，本章将对这种作用的性质和目的进行详细阐述。广泛地说，我的兴趣在于大学应如何使其自身可视化、可计算，从而成为一种有效且高效的高等教育组织——它是如何向自身及他人展示它作为一种"质量机构"的。其中，我特别感兴趣的是完成对博士生教育管理活动中的风险意识。

操作效应是何意？

我并不打算在本章中详细论述 Austin、Lyotard 或 Butler 有关操作性（performativity）的讨论，我也不打算详细阐述他们理解和使用"操作性"这一术语的方式有何不同，因为这本身就足以构成一项专门的研究。不过，在探究博士生教育如何成为高等教育绩效指标之前，我将首先在三位学者研究的基础上提炼出有关"操作性"这一概念的关键假设。

从广义上讲，将操作效应（通过行动或者执行，使一些事情得以发生或存在）理解成是从复杂的社会关系网中衍生出的效应，这样相对会清晰易懂一些，社会关系使某些事变得可想、可说、可做。譬如，就在几十年前，将按时完成博士学位视为高质量博士训练的衡量标准并不可取,反被视为荒谬。当时,Margaret Mead 的博士研究激励了许多其他的博士生——不论是正确的还是错误的——在偏远地区开展长期的民族志研究。而如今,按时获得博士学位已然从一种理想状态变为一种被执行的计算,换言之,在高等教育领域中,这完全是可以想见的,也是可行的。如此一来,它改变着博士生及其导师们决定学位研究做什么或不做什么。按时完成学业的迫切性不可避免地将博士生经历划分为一系列相互独立的时间阶段(如第一阶段,预确认等),而在其中的每一个阶段应该做什么、在什么时间、用什么方式以及由谁完成都很重要。

我并不认为按时获得博士学位这一要求仅仅是一种操作性的效应。优秀的导师总能明白高效工作以按期毕业符合学生自身的利益。经济和其他方面的压力也会敦促博士生避免延期毕业。因此,导师和学生表现出的实用主义在这层意义上与"操作性"一样发挥了作用。不过,我的兴趣在于作为一种强有力的逻辑,操作性改变了人们对于优秀指导和卓越学习的种种理解。

操作性行动并不是任性或武断的,而是在言说着在什么过程中做出了相应的行为,这些行为在某个特定历史时期出现并构成了什么是正常的、可接受的做法。作为具有规范力量的实践,绩效性行动排除了"晦涩难懂"的实践,而强化了其他时代可能难以想到的新做法。(比如,如今在英国,人们纷纷建议对学校的资助应该以学校降低其学生平均体重指数的能力为基础,至少在一定程度上如此,这种观念/社会实践在其他许多地区是难以想象的,不过也在逐渐变得可以理解。)

在计算机化的社会,操作效应使知识商品化成为可能,并通过将其延伸到特定知晓者与知识范围之外而使其"外在化"。试举一例,专业的医学知识被标准化和常规化,由此可以用来诊断、分类与治疗寻常类别的"病人",这就将专业服务的焦点从病人转向关于病人的信息。通过处理那些被认为有助于高效实现组织目标的一整套集合的要素,应对个体客户(如病人或学生)而采取各种各样的随意做法就很可能被排挤掉了。诸如"成年""兼职""国际化的"以及"低社会经济地位"这些类别构成了一整套要素集合体,这些要素被用于博士候选人身上,并且它们在将学生塑造为或多或少"存有问题"的过程中确实发挥着独特的作用。

根据 Robert Castel 的研究，操作性工作（performative work）的一个效应就是：专业人员与客户之间的关系（在博士生教育中即为导师与学生之间的关系）转变为专业人员与一系列客观化的客户信息的关系（Castel，1991）。换句话说，专业人员与受助主体的直接关系——这是传统治疗形式的重要特征——转变为专业人员与信息的关系。Castel 指出：

> 专业人员和客户之间直接的面对面不再是干预的必要形式。相反，关系存在于建立人群信息流的过程之中，这以对一系列有可能产生危险的抽象因素进行聚集与辨别为基础……之后这些信息会通过与专业实践毫无联系的渠道被储存、分析和传播，特别是利用计算机化的数据处理媒介。

（Castel，1991：281，293）

Castel 的研究聚焦于精神医学领域实践的变化，其理论化的工作预见到"作为某类例子的病人"很可能在其死亡之后继续发挥作用。从掌控对病人提供的服务这个角度来看，"真实"且最重要的关系是如何应对日益增多的病人信息。这也帮助我理解了这样一个现象：在就诊时，医生看我的时间非常短，而盯着计算机屏幕的时间却非常长。双眼紧盯屏幕，将我视为计算机信息，她能更好地"了解"我，并能为知识库增添信息，也能从中获取信息。这不意味着她对我关注不够（虽然从人际交流的角度来说，我觉得这确实有点儿让人恼火），相反，正是因为她明白"全面了解我"的重要性，所以她才极少与我进行眼神交流。

我认为博士生教育专家与其"客户"之间社会关系的这种转变在大学里日益明显。优秀导师密切关注一系列抽象的因素，这些因素共同建构了学生/客户或多或少面临着的潜在风险——例如挂科、浪费学校资源、做出低质量的研究，这在如今既正常又可接受。正如前文所指出的，通过对不同因素的相关性统计，导师们被诱导着对学生的群体类别进行区分（如校外生、在线生），从而确定针对这类群体对应风险的应对模式或干预措施。我们仍然被期望"了解"学生。不过，什么才能算得上是"了解"学生，已被大学内研究管理的操作性行动（performative acts）所改变。我并不是说我们在与学生建立愉悦关系的过程中受到了阻碍，而是说在对博士生教育进行管理的过程中重要的关系主要是针对学生信息的。我们通过储存及阅读数据之类的行动履行这种关系——这无关乎学生与导师之间私下交流了什么。除非被指涉嫌不当行为，否则私下交流了什么，并不需要加以公开。总的来说，除非在学生评估中被提到，温情、移情共鸣等都不作数。我并不是说我们应该忽略指导的这些方面，只不过我们不应该期待这些会在学校管理记录中得到认可。当然，如果我们被授予"年度最佳导师"的荣誉，那么另一种操作性事件（performative events）就很可能发生。

实施（风险）管理

所有这些源于何处？——或者说，用操作性的话语（performativity terms）来讲，这种基于信息流的新关系是如何被视为博士生教育的有效实践的？要想探讨这个问题，就需要理解我们这个历史时期的政治和道德风潮，以及这种风潮如何生成了组织管理的特定逻辑。根据 Anthony Giddens 和 Ulrich Beck 的研究，在 21 世纪之初，组织生活的重要特点是风险意识，这是一种消极的逻辑，它将人们对管理与分配的注意力从物质/产业的"正面（goods）"转移到了"负面（bads）"上来，换句话说，人们的注意力被转移到了控制那些有关什么会出错以及需要何种系统来阻止这种可能性发生的知识上来（Giddens，2002；Beck，1992）。

现在，包括大学在内的所有社会组织都是风险组织。这是因为所有的组织都需要理性的系统来计算和对付那些对组织活力与名誉造成伤害的任何形式的威胁。在那份关于社会和文化生活的人类学研究中，Mary Douglas 表示，风险不再指得失的可能性，风险仅仅意味着危险。她写道：

现代的风险概念——如今被解释为"危险"，被援引用来保护个体不受其他人的侵害。它是支撑个人主义文化思想体系的一部分，这种文化维持了工业系统的扩张。

（Douglas，1992：7）

作为组织管理逻辑，风险意识满足了全新的、不断蔓延的全球文化的"法务需求"（Douglas，1992），这需要人们对那些处于道德和政治上可接受范围之外的、经济上可行方式之外的危险保持警惕。

"风险"的这种消极内涵与它在前资本主义时代里出现时所蕴含的逻辑特征背道而驰。根据 Bernstein 的研究，"风险"唤起了一种与 16 世纪航海业相关的热切期望，与风险作为"危害最小化（hazard minimization）"的现代观念相比，这种含义更为积极乐观（Bernstein，1998）。正如 Giddens 对我们的提醒，风险的现代主义含义——"从未来可能性的角度出发而对危害积极地进行评估"——只有在魔法、宇宙学和神秘命运让位于催生了预测、记账和保险的科学计算之后，才能出现（Giddens，2002：22）。我们在近些时代所目睹的是风险从"碰运气"向"冷静计算"的转变（Keynes，转引自 Bernstein，1998：12）。根据 Giddens 的说法，冷静的、精于计算的现代主义风险思潮的显著特点是"在对危言耸听的谴责与对遮遮掩掩的谴责之间来回拉扯"（Giddens，2002：29）。风险的这种左右摇摆体现于组织生活的内外，各种相反的言论建构了在不同程度上具有危险性的特定问题，一些特定的人群也或多或少地"处于危险之中"。这并不意味着"作为危险的风险"是"不真实的"。相反，这意味着在思考社会与组织的福利方面时，作为一种冷静计算的道德风潮，风险意识现在已是毋庸置疑的逻辑。

在包括大学在内的所有西方组织中，"作为风险最小化的风险管理"已变成一项高度优先的、制度上广泛存在的话语系统。虽然在理论上人们可能会认为风险管理的理论研讨会涉及冒险以及风险最小化的话题，但在实践中，风险管理和风险最小化已经变成一组同义词。

虽然风险管理的逻辑具有消极的特征，但它并没有呈现出消极的样态，而是通过将其表述为一系列有效的制度政策与实践而得以重构。作为"用来形塑何人通过何种方式冒何种风险的监管措施体制"（Pidgeon 等，1992：136），风险管理被以效率和良好治理的语言表述出来。它作为"发展的知识"来到我们身边（Hobart，1993），我们可用其为自身及我们的学生谋得福利。作为发展的知识，它"主要以经济、技术与管理中的用语"来表达（Hobart，1993：2），而非学术、理论或学科知识的术语，它建立在一系列概念模型的基础上，这些模型"具有普遍性，或者看上去能提供最准确的预测或对事件进行控制"（Hobart，1993：9）。因为公共资助的组织（例如大学）需要像管理内部过程一样去积极地经营其声誉，它们"必须在业已确立的准则下行事，并假定特殊的情况也符合整体的模式"（Hobart，1993：9）。用 Vitebsky 的话来说，这其实是运用管理模型的过程，这些模型"既适用于所有地方，又不适用于任何地方；既适用于所有人，又不适用于任何人"(Vitebsky, 1993: 100)。

通过经济、技术和管理知识进行风险最小化的动员发生于西方政府将自身重新定位于教育服务的购买者而非赞助者的过程,这并非巧合。在新的教育市场中,"后福利时代"的大学正在争先恐后地向任何以及所有潜在的赞助者证明它们的效用。这意味着一种对大学及其管理的全新理解,而这反过来必定要贬低那些在传统上已被接受的组织形式(Du Gay, 1994)。作为社会组织,大学已经被呼吁将自身改为工作场所,它可以从"有关其他企业的研究"中学习雇员态度与公司绩效间的关系(Ramsden, 1998: 39)。此处一个很关键的假设是大学"在本质上与其他组织并无二致",因此良好商业实践的一般性话语也适用于大学,这一点不言而喻。

一旦这个假设被认定是真实的,许多事情将源于大学文化向商业模式的转变,在这种模式里,所有投入和产出都必须是可计算的。在某种意义上,博士生教育可被理解成隐修制度的最后堡垒,它在这种管理的逻辑中被保护或隐身遁形。许多博士生导师的教学工作都是在私人空间(如教授的办公室)里进行的,远离公众严苛的监督。然而,一旦类似于澳大利亚"科研训练计划(Research Training Scheme)"的资助模式以美元价值来衡量投入与产出,那么好的博士生教育实践将越来越不可能是随性的、不同寻常的、漫长的。随着博士生教育进入问责的范畴,识别出那些适用于风险管理的博士生教育实践就可预期了——实际上这也是必要的。优秀(即有风险意识的)大学里的优秀学者慢慢开始与其他"学习型管理者"一样,进入"注意力经济"的系统运转之中(Taylor, 2005),这种注意力经济聚焦于将机构面临的风险降至最低,因此也被纳入迅速发展的问责制度中,这套制度如今正被用于对博士生的"诊断、分类与治疗"(Ericson 和 Haggerty, 1997: 104)之中(参阅 McWilliams 等, 2005)。

风险与审计

"审计爆炸"在高等教育管理中已经持续了一段时间(Strathern, 1997),这不仅仅体现在博士生教育中,也体现于作为风险意识组织的大学的各个层面。Marilyn Strathern 指出,审计文化可以防御系统性的随意,运用旨在确保组织精确性的机制以应对社会的不精准（Strathern，1997；Strathern，2000）。Strathern 表示，这其中的逻辑就是管理系统需要统一，因为个体并不是整齐划一的，他们也不大可能如此。虽然审计爆炸可能会产生驱除个性的后果，但在 Strathern 看来，以审计文化为重要特点的高强度科层制监控，其运行逻辑对于作为审计文化"产物"的个体而言，并非"一体适用"。标准化是用来衡量组织绩效的特定模式。所以，我们在排名表和类似的比较数据系统中聚集大量学生风险管理数据的同时，还可以谈论"个体差异"。通过这种方式，每所大学在向其自身及外部他人履行职责的过程中，可以展示出其效用。

虽然极少人会否认公众问责伦理的重要性，但了解一下还有哪些事物在"风险最小化的审计"逻辑下可能发生也是至关重要的。公众对浪费识别与清除的诉求的强化，所导致的不仅仅是要求问责。正如 Alan Lawson 所指出的那样，它在整体上将高等教育塑造为一种"稀缺"资源而非大多数人可得的资源：

> 由于高等教育被赋予了价值，它是一种潜在的商品。但是，只有当它是值得付费的商品时，它才会显得稀缺。一旦它变得稀缺，就会受到人们的竞争，并接受审计，审计将不可避免地揭露这些稀缺资源是如何被浪费的……高等教育已经被重新定义为一种我们"浪费"不起的"稀缺"商品。
>
> （Lawson，1999：11）

Lawson 指出，将与流失率和毕业率相关的高学历学生数据混在一起来看，使得整个领域都容易遭受浪费的指责。关键的是，他表示一旦有了这种指责，就会因诸如"高级学位学习与社会脱节""雇主对高学历毕业生不满"这样的观点而持续发酵（Lawson，1999）。他的观点使人们开始关注高等教育中有效实施风险最小化的方式，如何作为界定每所大学及整个高等教育部门本身能够被分配到什么资源的策略。大学正面临越来越大的压力，不得不考虑削减特定的服务和职能，在具体决定是否削减以及如何削减的时候，这种逻辑就有用武之地了。政府必然能够并且的确是直接"干预"了大学的内部运作，但政府干预的大部分活动实际上是风险最小化政策所产生的效应。通常而言（也有一些例外情况），资金流向了那些被认为是政策执行最有效的大学，其有效的绩效表现是由"生产率"的标准测量所塑造的。此处的逻辑彻彻底底是理性的：质量越好，能获得的资金就越多。因此通过质量、卓越与生产率的正向逻辑，风险的负面逻辑得以转变且令人接受。

我们必须认识到，在这个逻辑"之外"没有空间——这是一种不自由的状态，而所有公立大学正是在其中展开它们的日常工作。并且，这些工作日渐要求在每个层面都有一种严苛的自我管制（self-regulation），这能够识别"浪费"并抵御不断下降的标准。从博士生教育的角度来说，"浪费"可以通过那些显然是毫无意义的论文选题来间接确定，搜寻这类证据的记者几乎不需要读一下摘要或者标题之外的内容，即可断言轻浮（frivolity）在博士生项目中颇为常见且将继续持续下去。

这并不意味着不存在相互竞争的逻辑。记者可能也在搜寻战胜逆境的故事；学生可能会用脚投票，选择一些课程且摒弃另一些课程，而不考虑特定项目（如法医学）与就业能力之间的相关性；大学教师可能会继续无视顺从的要求并继续保有他们的工作职位。然而，我们确实明白大学正承受着压力，它们需要看上去充满智慧且高效地表现自己，这就意味着任何带有纵容或轻浮意味的事物都是可以嘲讽批评的对象。

媒体对博士生轻浮或不得体行为的大部分指责主要针对人文学科尤其是文化研究，这一点并不令人意外。有些指责甚至讽刺说认真的、有分量的、与行业相关的博士研究不如明显乏味、短命的学术研究。比如，《超级博士输给了金发女郎和吸血鬼题材》(《太阳先驱报》（Herald Sun），2003 年 7 月 13 日，第 15 页）这篇报道讽刺一位"才华横溢的商科毕业生"所写的有关退休金的论文（"无趣却有意义的"博士论文）不如诸如"耶稣是同性恋""对金发女郎的渴望""纹身""妮可·基德曼和汤姆·克鲁斯离婚""神奇女侠和战士公主西娜的新唯灵论""巴厘岛的冲浪文化""吸血鬼"等选题的博士论文（同上）。一旦把这些与公共教育的成本联系起来（例如在《太阳先驱报》的那篇文章中，上述列举的那些没有价值的论题甚至早于"当前共有 1550 份澳大利亚研究生奖学金，这些奖学金高达 8 700 万美元"这些统计数据之前），整个领域都会被指责管理不善以及/或者掩盖事实，博士生教育领域是否需要风险管理的争论也随之成为一项公众议题。

风险"事件"

每一条此类指控,一旦出现在公共领域内,就会发挥"风险事件"的作用(Kasperson 等,1998),对卷入其中的个体或系科、对大学的整体管理产生深远影响。尤其当它被认为是大学甚至是大学内部结构的"典型"问题时,情况就更是如此。如果这些负面评价紧跟着一系列对该领域活动的类似指控或负面报道,这个问题就会更加恶化。

风险事件的发生并不意味着这些指控是真实的,但它的确意味着作为组织的大学将面临麻烦。风险事件既作为"科学活动"同时又作为"文化的表现形式"而发挥作用(Kasperson 等,1998:149)。根据 Kasperson 等的研究,风险事件通常有"明确的时间与地点",它倾向于"与心理、社会和文化进程相互作用",以便"增强或减弱公众对风险以及相关风险行为的感知"(Kasperson 等,1998:150)。任何对不恰当行为的指控在下述情况下都会成为风险事件:倘若这些指责与其他社会文化进程的互动导致了一系列行为,这些行为强化了组织感知到的危险,并引发了对"额外的组织回应与保护措施"的需求(Kasperson 等,1998)。例如,如果公众对整体劳动力市场,尤其是对"有学位证书的"专业工作者已感到普遍的担忧,那么一些负面的言论(比如对博士学位的不实指责)就可能对处于监督之下的大学产生更强有力的影响。此外,由于风险会叠层加倍,因此任何进一步的争论都可能产生新的风险,构成风险管理的一系列行动及其回应也将快速增长。

华威大学的"偷窥丑闻"就是一个有趣的例子(Williams,2005)。该大学试图为住校学生解决不太令人满意的安保措施潜在的风险隐患。在安装了监控摄像头后,住校生投诉一些安保人员可以通过这些摄像头进行偷窥。后来那些"被抓到将监控摄像头对准学生房间"的安保人员,又指责华威大学在这项指控被调查的过程中"胁迫"他们辞职,这使得该风险事件进一步恶化。再后来,华威大学的管理者们又被指控掩盖事实,他们为了不"把问题复杂化"而示意那些"学业最后 2 年"的"受害者"们保持沉默。对于那些试图将名誉和个人伤害最小化的管理者来说,这些接连不断的挑战并非无足轻重。不管他们是选择行动抑或是无为而治，华威大学都将继续"处于风险之中"，每一个新行动都继而会引发"风险最小化"的回应，这又产生了新的组织风险。

有风险的博士学位

博士生教育在大学风险管理中有着特殊的地位，这是因为博士学位是所有大学最重要的学位。在内、外部人士看来，无论是过程还是结果，博士生教育都不应该受到指责。当有关"博士生"的风险事件发生时，它可能会强化这样一种迷思，即博士生水准已经不再像从前那样值得称道且令人尊敬了。然而我们只需要简单了解一下博士学位不太为人所知的过去便会发现，博士学位远非神圣不可侵犯，它一直都是大学里的一个充满风险且有瑕疵的事业。

比如，在 20 世纪初，学界内部人士认为原创性的探究、真正研究的艺术与科学永远不会产生于博士学位所代表的那种"训练"（Rae，2002）。对于 Hoyle 及其同时代的其他人来说，训练仅仅意味着"一味追求学位而导致的对原创性的破坏"（Hoyle，转引自 Rae，2002：131）。数十年来，博士学位将人们引入神秘且受到诸多约束的科研世界的合法性一直都备受怀疑。学界内许多知名人士都认为"原创性的训练"自相矛盾。早期作为教学资格的博士学位还受困于下列事实，即在学位授予中"贿赂绝不可能不被知道"（Haskins，1963：230）。

这段历史在"坚持曾经道德无瑕的标准"这一新教式的呼吁下，合乎时宜地消失了。此类呼吁在媒体报道中显而易见，比如《纳尔逊不喜欢卡布奇诺课程》（*Cappuccino courses not Nelson's cup of tea*）（《南华早报》（*South China Morning Post*），2003 年 10 月 25 日，p.2）、《"愚蠢的"学位面临被取消》（*'Silly degree' faces the chop*）（《太阳先驱报》（*Herald Sun*），2003 年 10 月 19 日，p.1），这些报道用同样的博士论文选题作为论据，反复重申博士水准下降的观点。"同性恋耶稣"是一个值得注意的例子，它既是愚昧的能指，又是后基督教时代道德沦丧的病症。作为一个"怪诞的话题"（《南华早报》，2003 年 10 月 25 日，p.2），它引出了一个更加宏大些的问题，即"荒诞的学位"（《太阳先驱报》，2003 年 10 月 19 日，p.1），如今许多大学竟"愚蠢到为这些学位提供特定课程"（同上）。

尽管学界内部人士可能会抱怨说这是对学术自由的又一威胁，但在操作性的组织情境下这些问题并不能被忽视。它必须接受风险管理，以便能缓解博士生项目、教师、大学和高等教育部门所遭受的负面影响。在"同性恋耶稣"这一风险事件中，学者们通过"警告学生不要放弃思想自由"来做出回应（《太阳先驱报》，2003年10月19日，P.1），而时任联邦部长的一位政治对手则宣称这些指责是"对学术自由的骇人攻击"（同上）。然而，这场锋芒相对的争论并不是一次性的。一旦它发展出了势头，就会一直持续，正如身体已经死亡但其病例一直留存的病人一样。

"宽松"的风险

在对"宽松"或"质量下降"的博士项目的指责中，明显出现了一种类似的争论。"愚蠢的"博士学位易受"过于宽松"的指责，这一点是不言而喻的。但是，"宽松"并不仅限于不靠谱的研究论题。澳大利亚媒体对"评分宽松"的指责，例如"让不及格的学生及格"（《信使邮报》（The Courier Mai），2001年2月3日，p.1）、"大学的考试时代"（《广告人》（The Advertiser），2001年2月10日，p.67）、"评分调查暴露的过失"（《澳大利亚人》（The Australian），2001年6月6日，p.23）、"大学在评估实践方面得分颇低"（《澳大利亚人》，2001年6月27日，p.31），都倾向于针对某一个有问题的情况，但也暗示所有公立大学都涉嫌"长期造假"（《信使邮报》，2001年2月3日，p.1），并由此滥用政府资助中的公众信任。

这些指责出现时会发挥一种特殊的作用，即根据对"标准"构成威胁的程度，认定某些群体会比其他群体"更具风险"。比如，在澳大利亚大学的"宽松评分"和"支付学费的海外留学生"之间的联系被反复、持续地提及与建构（《信使邮报》，2001年2月3日，p.1），诸如"大学'偏袒缴费生'的过程中出现学生搭便车的行为"的这些指责（《太阳先驱报》（Herald Sun），2001年5月16日，p.29）在某种程度上构成了澳大利亚高等教育"出口繁荣期的阴暗面"（《澳大利亚人》，2001年6月20日，p.34），这也促使媒体提出了疑问：国际学生的这个投资划算吗？（《澳大利亚金融评论》（Australian Financial Review），2003年9月13日，p.19）

一旦大学被要求"提高大学标准"（《澳大利亚金融评论》（Australian Financial

Review），2003 年 10 月 27 日，p.1）以回应对与海外学生相关联的"宽松"问题，它们会迅速照做以防止名誉受损。比如，当新南威尔士大学在这个问题上受到质疑时，它很快做出保证："对国际学生英语的要求将……提高"，与"提高的英语写作要求"保持一致（《澳大利亚人》，2001 年 6 月 6 日，p.23）。大学无法承受对"支付学费的海外学生"进行"宽松评分"这一指控坐实的代价，但是如果这一利润丰厚的客户市场受到威胁，大学也不会去冒任何失去收入的风险。当博士生项目被指责"过于宽松"时，此类问题会进一步恶化，因为博士生项目在大学里最具威望。

实行博士生教育

以上讨论试图深入剖析的是风险如何充当思考、谈论和实施博士生教育的脚本。它探讨了博士生教育在何种条件下"让自身成为思考对象"（Foucault，1985：11）。这样一来，它使人们开始关注什么可被视作对博士生有效的管理和监督，什么是"好的"博士生教育。在将博士生教育建构为风险自觉的绩效对象时，我强调了一些当人们接受博士生教育时的"规范性文本……它们阐释了有关人们举止得体的规则、看法和建议"（Foucault，1985：12）。我的观点是作为现代管理逻辑的风险所产生的脚本，使得所有参与到这一复杂工作的人都开始"质疑他们自己的行为，监督并管控自己的行为，并将自身塑造为伦理道德的主体"（Foucault，1985：13）。换句话说，学术导师恰当的表现是承担起风险意识管理的道德伦理责任。

将风险界定为博士生教育中关键的推动力量，我并非为了支持或反对这种发展。它是我们进行博士生教育的条件，而非有待解决的问题。这并不表示我们要不加思考地接受它。我们的确需要关注任何声称"将我们从不足之中解救出来的"的做法中所蕴含的讽刺，以及那些含有风险意识的做法中所蕴含的讽刺。

G. K. Chesterton 曾警告世人："我们这个世界的真正麻烦并不在于'这是个非理性的世界'，亦非'这是个理性的世界'。最常见的麻烦其实在于'这是个近乎理性但又并非如此的世界'。"（Chesterton，1909：149）当全能理性的体制被用于管理近乎理性的人时，荒谬几乎是不可避免的。风险既引导又限制了学者们关注什么，也影响着我们如何理解有效的教师或研究者意味着什么。风险亦敌亦友，既是施动者（enabler）又是约束者，它与我们每个人的生活息息相关。

参考文献

[1] Beck, U. (1992) *Risk Society: Towards a New Modernity*, London: Sage.

[2] Bernstein, P. L. (1998) *Against the Gods: The Remarkable Story of Risk*, New York: John Wiley.

[3] Castel, R. (1991) From dangerousness to risk, in G. Burchell, C. Gordon and P. Miller (eds), *The Foucault Effect: Studies in Governmentality,* London: Harvester Wheatsheaf, pp. 281-298.

[4] Chesterton, G. K. (1909) *Orthodoxy,* New York: Lore Press (reprinted by Greenwood Press, Westgport, 1774, pp. 147-150).

[5] Douglas, M. (1992) *Risk and Blame,* London: Roudedge.

[6] Du Gay, P. (1994) Making up managers: bureaucracy, enterprise and the liberal art of separation, *British Journal of Sociology,* 45(4): 655-674.

[7] Ericson, R.V. and Haggerty, K. D. (1997) *Policing the Risk Society*, Toronto: University of Toronto Press.

[8] Foucault, M. (1985) *The Use of Pleasure: The Histoiy of Sexuality, Volume 2*, translated by Robert Hurley. London:Penguin.

[9] Giddens, A. (2002) *Runaway World: How Globalisation is reshaping our lives*, London: Profile Books.

[10] Haskins, C.H. (1963) *The Rise of Universities*, Ithaca, NY: Great Seal Books, Cornell Press.

[11] Hobart, M. (ed.) (1993) *An Anthropological Critique of Development: The Growth of Ignorance*, London: Roudedge.

[12] Lawson, A. (1999) From West to waste through dirty data, *Campus Review,* April 7-13, p. 11.

[13] Kasperson, R. E., Renn, O., Slovic, P., Brown, H. S., Emel, J., Goble, R.,

Kasperson, J. X. and Ratick, S. (1998) The importance of the media and the social amplification of risk, in R.E. Lofstedt and L. Frewer (eds), *The Earthscan Reader in Risk and Modem Society,* London: Earthscan Publications, pp.149-180.

[14] McWilliam, E., Lawson, A., Evans, T. and Taylor, P. G. (2005) Siily, soft and otherwise suspect: doctoral education as risky business, *Australian Journal of Education,* 49(2): 214-227.

[15] Pidgeon, N., Hood, C. C., Jones, Turner, B. and Gibson, R. (1992) *Risk perception, in Risk Analysis, Perception and Management,* London: The Royal Society, pp. 89-134.

[16] Rae, ID. (2002) False start for the Ph.D. in Australia, *Historical Records of Australian Science,* 14:129-141.

[17] Ramsden, P. (1998) Out of the wilderness, *The Australian,* 29 April, pp.39-41.

[18] Strathern, M. (1997) 'Improving ratings'; audit in the British University system, *European Review,* 5(3): 305-321.

[19] Strathern, M. (2000) The tyranny of transparency, *British Educational Research Journal,* 26(3): 310-323.

[20] Taylor P. G. (2005) Managing our attentional economy in a changing landscape: complexity, learning and leadership, keynote presentation at QTU's Leadership—The Changing Landscape Conference for Educational Administrators, Brisbane Convention and Exhibition Centre, 19 August.

[21] Vitebsky, P. (1993) Is death the same everywhere: contexts of knowing and doubting, in M. Hobart (ed.), *An Anthropological Critique of Development. The Growth of Ignorance,* London: Routledge, pp. 100-115.

[22] Williams, C. (2005) Cover up revealed after two security guards were forced out for using cameras to spy on bedrooms, Warwick Boar, 27 September, at: http://www.warwickboar.co.uk/boar/news/cctv_voyeur_scandal/.

第 15 章

欧洲博士生教育的新挑战[①]

Alexandra Bitusikova

欧洲高等教育和科学的发展近年来主要受到两大倡议的影响：一是博洛尼亚进程，它创造了欧洲高等教育区（EHEA）；二是里斯本战略，其旨在建立欧洲研究区（ERA）。这两大倡议均对博士生教育产生了深远的影响，博士生教育被视为连接二者的桥梁。

博洛尼亚进程始于1999年，最初是一个旨在发展、引导和推动欧洲的大小国家进行高等教育改革的政府间进程。之后它十分迅速地拓展了其地理范围及活动领域。不可思议的是，尽管高等教育属于国家主权的范畴，且不同国家有所差异，但欧洲的教育部长们对在博洛尼亚进程的框架内协调高等教育的承诺却一直非常坚定。欧盟委员会最初只是扮演旁观者的角色，但近几年它逐渐升级为重要的支持伙伴。如今，参与博洛尼亚进程的有46个成员国。其中有西方国家，也有东方国家；有发达国家，也有发展中国家；有的国家拥有长期的高等教育持续发展史，有的国家则在不到20年前才进入欧洲主流。博洛尼亚进程成为推动全欧洲进行高等教育改革的重要手段，具有深远影响。这一进程的影响也逐渐溢出欧洲，尤其是在国际学生及教师流动的模式与规模、学位结构、教育和研究领域

---

① 本章的写作基于欧洲大学联合会项目的研究结果。该项目出版了下列两份报告：第一份是《面向欧洲知识社会的博士项目》（*Doctoral Programmes for the European Knowledge Society*），出版于2005年；第二份报告是《欧洲大学的博士项目：成就与挑战》（*Doctoral Programmes in Europe's Universities: Achievements and Challenges*），出版于2007年。本章作者为这两个项目的协调人，并参与了这两份报告的撰写。

内日益增强的国际竞争与合作方面产生了影响。

在早期阶段,博洛尼亚进程聚焦于大学学习的结构化,这主要在高等教育的前两个阶段——学士阶段和硕士阶段——展开。直到 2003 年在柏林举行的教育部长峰会(《柏林公报(*the Berlin Communique*)》)上,人们才一致决定将这一进程延伸至第三阶段——博士阶段。这一举措加强了欧洲大学的高等教育与研究使命之间的联系,促使人们对年轻研究人员培养改革的必要性及增加他们职业机会的重要性展开进一步讨论。

将博士生教育纳入博洛尼亚进程,承接了欧盟里斯本战略(2000)的政策目标,并与该目标密切相关,目的是通过增加研究人员数量、增强研究和创新能力、推动经济发展以使欧洲成为最具竞争力的知识型经济体和知识型社会。博士生教育可以被视为实现这些宏伟目标的基石。欧洲需要具有博士学位,能够在不同的经济部门工作的高素质、敬业型研究人员的持续供应。与此同时,它还必须面对人口增长停滞、年轻人对研究事业丧失兴趣、对高水平学术人才的全球竞争日益激烈等挑战。这些压力是博士生教育变革的主要推动力。对研究人员数量需求的变化,以及要求他们的职业选择更多样、更灵活,激发了人们对欧洲的博士生教育进行重新思考。

作为授予博士学位的关键的知识型院校,欧洲大学在博士生教育改革进程中发挥了关键作用。近年来,它们积极参与了一系列由欧洲大学协会(European University Association,EUA)——欧洲高等教育院校重要的独立代表组织——发起的讨论和项目。在这一过程中,欧洲大学协会也与其他利益相关者进行了合作,包括国家教育部、博洛尼亚进程的后续参与国、学生与青年研究者组织(欧洲学生联合会[①]与欧洲博士生与青年研究者理事会[②])、其他的大学与研究协会,以及欧盟机构(主要是欧洲委员会和欧洲议会)。

欧洲大学协会如今的首要工作重点是促进欧洲高等教育和研究领域之间的紧密联系,从而加强欧洲的研究能力,提高欧洲高等教育的质量和吸引力(欧盟

[①] 欧洲学生联合会的英文名称为 European Students' Union,ESU。——译者注
[②] 欧洲博士生与青年研究者理事会的英文名称为 European Council of Doctoral Candidates and Junior Researchers,EURODOC。——译者注

格拉茨宣言 2003)。自 2003 年以来，欧洲大学协会已经建立起认真讨论博士项目的发展及未来方向的框架。欧洲大学协会所有倡议的主要目标一直都是促进优秀实践典范的交流，鼓励院校、国家乃至整个欧洲在博士生教育的发展中进行合作。

欧洲大学协会博士讨论及项目的成果不仅体现在博洛尼亚进程的政策对话，还体现在 2005 年卑尔根教育部长大会拟定的建议之中。在这次会议上，教育部长们申明：

> 博士层次的资格证书需要和欧洲高等教育区内有关资格证书总体框架充分保持一致。博士生培养的核心内容是通过原创性研究推进知识进步。鉴于对结构化博士项目的需求以及对透明监管和评估的需求，我们认为大多数国家在第三阶段的工作量通常相当于 3~4 年的全职工作。我们敦促大学确保它们的博士项目能促进跨学科训练以及可迁移技能的发展，从而满足更广泛的就业市场要求。我们需要实现欧洲高等教育区内从事研究工作的博士生数量的总体增长。我们认为博士项目的参与者既是学生又是处于初期阶段的研究人员。
>
> （欧洲高等教育部长会议[①]公报，2005：4）

欧洲大学协会受命继续讨论欧洲博士生教育未来的发展，并准备在 2007 年伦敦的会议上提交给部长们报告。欧洲大学协会近来组织了大学关于欧洲博士生教育趋势的讨论，下文将对讨论的结果进行呈现。

成就

从欧洲所有关于博士生教育的讨论中得出的第一个，同时也是最为明显的结论是博士生教育的组织过程存在极大的差异，这种差异不仅存在于欧洲范围内的不同国家，而且存在于同一国家内的不同大学，甚至同一大学的不同部门和不同学科之间。欧洲教育与科研传统的多样性可被视为一种优势，但若管理不善，也会导致分裂。博洛尼亚进程或许是管理博士生教育传统多样性的有效工具。它的目标是在一个共同的框架内，通过不同路径实现协调（但并非统一）（Chambaz 等，2006）。

---

① 对应的英文名称为 Communique of the Conference of European Ministers Responsible for Higher Education。

第三阶段——博士生阶段——被视为博洛尼亚进程的关键部分。然而，它与第一、第二阶段有着明显的区别。它的特别之处在于博士学位最主要、最关键的组成要素是研究。研究的原创性仍然是博士学位的典型特征。大学必须认识到它们有责任为博士生提供高质量的训练，一方面要通过做研究而培养博士生的研究能力，另外也要提供一些课程培养学生可迁移的技能，为年轻的科研人员在不同领域的职业生涯做好准备。如今，博士学位不像过去那样基于纯粹受好奇心驱使的研究，而是常常受到包括政府、工业和商业在内的利益相关者需求的驱动——正如 Taylor 和 Beasley 所描述的"现实世界的需求"（Taylor 和 Beasley，2005：11）。

欧洲博士生教育的结构和组织

选择最适合于博士生教育的组织结构一直是欧洲各大学所有讨论中的一个关键问题。组织结构必须向院校和博士生体现出更多的价值：提高透明度和质量，改善录取和评估程序；创造有关发展可迁移技能的协同效应。个体化的学习项目日益遭到质疑和批评，它被认为无法应对为全球劳动力市场多种职业培养人才的挑战。个体化项目主要基于博士生候选人与导师之间工作同盟的传统模式，它通常没有结构化的课程阶段。然而，在某些学科（主要是社会科学和人文学科）中，个体化的学习项目仍是一种普遍存在的模式。

最近的发展状况以及对欧洲范围内实践的分析都表明，许多国家越来越倾向于结构化的培养方案，博士生被分到博士生院/研究生院/研究学院中。《欧洲大学协会趋势报告（五）》（*The EUA TRENDS V Report*）（Crosier 等，2007）表明，在参与调查的欧洲高等教育院校中，30%的院校表示它们已经建立了某种博士生院、研究生院或研究学院。这个问题在 2006 年博洛尼亚进程成员国的调查中也被问到过①。在回复的 37 个国家中，16 个国家表示它们的教育院校在现有模式（如传统的个体化培养或"孤立的"结构化博士项目）之外也引入了博士生院、研究生院或研究学院。这种趋势反映出两种需求：一是培养数量充足的博士生；

---

① 我们在 2006 年 9 月向 46 个博洛尼亚进程成员国发放了有关博士生教育资助的调查问卷。法国的 Yukiko Fukasaku 在 2007 年根据 37 个国家的回复进行数据分析，结果发表于《欧洲大学的博士项目：成就与挑战》（*Doctoral Programmes in Europe's Universities: Achievements and Challenges*）。

二是创造出活跃的、国际上认可的科研环境，以在地区、国家、国际的层次上促进合作。与此同时，人们相信，以结构化的方式组织博士生教育能够缩短攻读博士学位的时间，提高博士毕业率。

在欧洲出现了两种主要的组织结构，用于推动高质量、面向国际的博士学习：

- 研究生院——一种包括博士生，经常也包括硕士生的组织结构。它提供行政管理方面的服务，为可迁移技能的发展提供支持，组织录取工作、课程和研讨会，负责保障质量。
- 博士生院/研究学院——只包含博士生的组织结构。它可能围绕一个特定的学科、研究主题或跨学科研究领域来组织；并且/或者聚焦于建立研究小组/网络，以项目为驱动。它可能涉及一个或多个院校并在它们之间组织合作。

博士项目的年限

博士生的学习年限在最近几十年才成为被细致研究的课题，这主要是政府对公共开支进行督查的结果。这个问题对于博士生及博士项目的资助非常重要。欧洲的全日制博士项目通常持续 3～4 年；非全日制的学习年限则更长。然而在大多数国家，攻读学位的时间往往比博士生及项目的平均资助期限长（有时会长很多）。此外，只有约一半的博士生能顺利完成学业，拿到学位（Taylor 和 Beasley，2005：10）。正如 Golde 指出的那样："整个高等教育体系中学术能力最强、学术上最成功、受到最严格评估、被精挑细选出的学生——博士生——最不可能完成其所选的学术目标。"（Golde，2000：199；Taylor 和 Beasley，2005：10）这些警示性的数据表明，大学越来越有必要认真监测博士生获得学位的年限以及毕业率的变动情况。根据欧洲大学协会 2006 年的调查，只有 18 个博洛尼亚进程的成员国对博士生的毕业率进行了监测（《欧洲大学的博士项目：成就与挑战》(*Doctoral Programmes in Europe's Universities: Achievements and Challenges*, 2007)。北美以及一些欧洲国家的经验均表明，在研究生院、博士生院或研究学院这种结构中，能更加成功地对这些问题进行监测并提高博士生的毕业率。

指导、监控和评估

作为衡量博士项目质量的重要内容,如何指导、检测以及评估博士生的进步,一直都是大学讨论的重点话题。最近各大学举行的讨论、与博士生组织(EURODOC)代表的讨论,另外还有几份国家评估报告,它们均表明提高指导标准、在博士生培养过程中发展新的指导方式非常有必要。

一些大学的案例表明,博士生、导师与院校签订合同,对各方的责任和权利做出明确规定,是一种很好的做法。为了提高学术指导的透明性和公平性,引入多种指导方式越来越受重视。我们应该在国际和部门间的层面上鼓励学术指导或联合指导,导师既可来自学术和科研院校,也可以来自不同欧洲国家的非学术组织(例如工业和商业部门)。

为应对国际劳动力市场的变化而对博士生教育进行的改革,也使导师的角色发生了改变。一些欧洲大学日益意识到导师专业技能的不断发展以及导师绩效考核的重要性。然而,这一讨论处于初期,许多欧洲国家尚未开启。2004 年,英国在高等教育质量保障局(Quality Assurance Agency)专门为博士项目制定的实践守则(Code of Practice)[①]的基础上,成功地引入了导师的职业技能培训。这种培训通常是以非正式的方式来组织,例如用为期 1 天的会议进行个案研究、讨论、分享成功的实践做法及经验。激励导师进行有效的、高质量指导的方法还包括诸如为最佳导师颁奖或提供奖励,等等。

可迁移技能的发展

传统的博士生教育难以满足学术界外的职业要求,工业界和其他利益相关者对此的抱怨与日俱增,由此产生了对可迁移技能进行训练的需求。若欧洲想成为领先的知识型经济体和社会,那么为各领域培养训练有素的年轻研究者十分关键。正如 Taylor 和 Beasley 所说:传统的博士生教育是为了培养学者,而新知识经济需要的是研究型企业家(Taylor 和 Beasley,2005:12)。

---

① Quality Assurance Agency for Higher Education(2004)*Code of Practice for the Assurance of Academic Quality and Standards in Higher Education, section 1: Postgraduate Research Programmes.*

可迁移技能（通用性的、终生的）的发展应当是高等教育三个阶段的组成部分。博士教育阶段的主要目标应该是使博士生意识到，他们通过研究而获得与培养的技能具有重要性。可迁移技能的培养可以用不同的方式进行组织，包括从传统课程和讲座到更多以学生为中心的互动方式，尤其是在一些暑期课程（院校的、院校间的、跨国的）或个人发展中心通过"做中学"来培养可迁移技能，正如英国研究生（UK GRAD）项目和英国研究生教育委员会（UKCGE）提供的机会。可迁移技能发展的一个重要因素是聚集来自不同学科和不同级别（1~3年级）的博士生，以鼓励跨学科对话并培养创造性思维及创新。

培养可迁移技能需要充裕的资金。确保将可迁移技能的发展纳入院校质量评估程序，这也很重要。参与技能培养的学术人员既应当包括在研究领域很活跃并且能理解教授其他技能之必要性的专业学者，也应该包括学术界之外的顾问（如行业、公司，等等）。在评估和提拔有关学术人员时，应当看重教授可迁移技能这一点。

博士生教育国际化

博洛尼亚进程的主要目标之一是提高欧洲高等教育的吸引力和国际竞争力。博士生教育的国际化和支持国际流动已经成为院校策略的核心组成部分。通过鼓励博士项目内部的流动性，通过支持欧洲及国际联合培养的博士项目，欧洲大学加入了优秀博士生的争夺战之中，而这是全球"学术人才之战"的一部分（Scott，2006：4）。人们应当认识到国际流动（包括跨部门和跨学科的流动）对于青年研究者职业发展的价值。

对于较小的院校和国家来说，在那些博士生数量不足、研究设备或基础设施匮乏的学科和跨学科领域中，流动可以是他们培养年轻研究者的一种手段。

大学以及国家与欧洲层面的政府部门，通过引入并提供资助的政策工具，积极促进46个博洛尼亚进程成员国里博士生的流动。然而，法律、行政和社会障碍（如与签证、工作许可和社会保险等问题有关的障碍）仍然是亟须各参与方解决的问题。

除了支持国际流动性，增强大学内部的国际化也十分重要，尤其在博士生教育这一阶段，更应如此。博士生培养和研究本身就具有国际性。应当为博士生提供充分的、多样化的机会以参与国际化。这一点可以通过以下方式得到实现：招聘更加国际化的教职人员；组织国际研讨会、会议和暑期课程；发展更多欧洲和国际联合培养的博士项目。新科技的运用，如远程电话会议、网络学习等，也可以促进博士项目的国际化。

挑战

尽管许多欧洲大学已就博士生教育改革的必要性达成共识，并对此项改革的重要方面也形成一致意见，但仍有一些需要讨论和解决的问题。

硕士学位向博士学位的转变

根据博洛尼亚进程，拿到硕士学位方可进入第三阶段学习。在大部分欧洲国家，硕士学位是通往博士教育的主要入口。在某些国家，对于优秀的学生来说，他们拿到学士学位后进入博士学习阶段也是可能的。欧洲的大学都认同这一点：虽然拿到硕士学位是进入第三阶段学习的常规要求，但不应仅限于这一途径。

在博洛尼亚进程扩展至三个教育阶段后，前两个阶段在很多欧洲国家相互连接在一起，而博士生教育则被视为独立的、不同的事业。随着国际流动与合作在博士生教育的层次上日益增强，阐明硕士学位的作用及其与博士学位的关系将变得十分重要，这主要是因为欧洲之外的博士生/研究生教育既包含硕士阶段，也包含博士阶段。在一些欧洲国家，似乎已经出现了从"学士—硕士/博士"向"学士/硕士—博士"的范式转移。许多大学也开始将第二和第三阶段的活动联系起来。这种转变需要在国际层面上进行探究和讨论。

新博士学位的发展

随着全球劳动力市场需求的变化，一系列新型的博士项目开始在部分欧洲国家出现。博士生在学术机构或学界以外的就业能力，以及个人和社会对终身学习的需求，都促进了新项目的发展，这些项目包括专业博士学位、基于大学与行业合作的博士学位，以及不断增强的欧洲合作和更大范围的国际合作，这常常创造了联合培养的或欧洲博士学位。博士项目和博士学位的多样性反映出欧洲的高等教育日益多样化，在此过程中，大学拥有自主权，它们可以确定自身的使命，确定优先发展哪些项目和研究领域。

并非所有大学都接受博士学位日益多样化的趋势。英国和爱尔兰兴起的专业博士学位，在欧洲大陆的部分地区就遭到了怀疑。专业博士学位基于实践，它注重将研究以反思的方式嵌入职业的实践之中。这种学位满足了当今劳动力市场的需求，它试图解决跨学科、就业能力以及创业精神等方面的问题，同时也重视研究。然而，其批评者们则质疑专业博士学位论文的研究质量和范围。欧洲对包括专业博士在内的不同新博士学位的讨论达成了共识：原创研究必须是所有博士学位的核心部分，所有被称为博士的学位（不限类型与形式），都应当基于此核心过程及其成果（European University Association，2006）。这些包括完成个人论文（基于对知识的原创贡献或对知识的原创应用），并通过大学专家委员会（包括外部专家）的评估。

博士生的身份

在欧洲，博士生被视为处于早期阶段或年轻的研究者，他们能为知识创造做出重要贡献，对欧洲的发展至关重要。不管是在学术界还是在其他部门，为青年研究人员的工作条件、权利及职业前景提供保障，都具有极大的重要性，这也是取得成功的关键前提之一。无论是作为处于职业生涯初期阶段的青年研究者，抑或是处于其职业生涯的不同阶段，博士生都应当拥有相应的权利。大学与欧洲的政府部门在解决博士生地位和条件的问题上拥有共同的责任。

有关博士生地位的问题在许多论坛上被探讨过，博士生自己也经常参与讨论。在不同的欧洲国家，人们如何看待与理解博士生，也不尽相同。欧洲大学协会 2006 年对博洛尼亚进程成员国所做的调查结果显示，在参与调查的 34 个国家中，22 个国家的博士生身份是混合的，即博士生既被视为学生，也被当作雇员；9 个国家的博士生仅被视为学生；3 个国家的博士生仅被视为雇员。无论博士生的身份如何，重要的是他们应享有相应的权利，包括医疗保险、社会保险和养老金等权益。欧洲博士教育的社会维度必须是院校、国家和欧洲政策的重要组成部分。

职业发展

为博士生提升研究职业的吸引力及其他职业前景,是大学和其他利益相关者(包括国家和欧洲部门)的共同责任。《欧洲研究人员宪章及研究人员招募准则》(*The European Charter for Researchers and the Code of Conduct for the Recruitment of Researchers*)是欧盟委员会发布的一组建议(European Commission, 2005),该文本强调了职业发展可持续性与连续性的重要意义,这适用于处于职业生涯不同阶段的研究人员——包括初期阶段研究者(博士生和博士后研究员)。学界应当在与学术界外部的合作中开发博士生的就业机会,从而在学界内外以及学术界和其他就业部门之间开辟清晰通畅的职业路径。一些欧洲国家建立了致力于促进研究人员职业生涯发展的组织(如英国研究生项目 GRAD 或职业研究与咨询中心 CRAC),为数众多的大学也为学生引入了职业发展服务,但欧洲仍有许多大学和国家才刚刚开始。

博士生教育的资助

博士生教育是研究者职业生涯形成的关键阶段,无论这些研究者在学界还是非学术部门工作。此外,博士生教育对欧洲未来发展也很关键。鉴于博士生教育的重要作用,对这一阶段的教育及博士生提供适当的、可持续的资助,毫无疑问是很有必要的。不过,不同的欧洲国家在资助方面差异很大,这可被视为实现博洛尼亚进程和里斯本战略共同目标的一大障碍。通过对博洛尼亚进程后续参与国提交的问卷进行分析[1],可以清楚地发现奖学金/研究生奖学金/助学金是资助博士生的主要方式,尽管大约一半国家也提供薪水或助教奖学金。不同国家的博士生获得资助的金额差异极大,最少的每年不到 5 000 欧元,最多的每年约 30 000 欧元。一些国家提供的奖助金额太低,因而很难吸引最优秀的人才,难以确保教育的可持续性及研究的发展,经济上较为贫困的国家也无法阻止"人才流失"。对博士生的资助要保持稳定,应涵盖博士项目的整个阶段,同时还应该提供充足的资源使博士生能在体面的条件下生活和工作。

---

[1] 参见第 238 页脚注。

欧洲各国资助博士生教育的方式千差万别。有些政府一次性为院校提供全部的资助金额；而有些国家的院校则通过竞争性经费获得资助，还有一些国家则将这两种机制结合起来。当为博士项目提供资助时，经费通常是拨给了某些特定的研究项目（和与之相关的博士项目），而非拨给大学本身。除了政府的直接拨款之外，很多国家的或私人基金会、研究委员会、捐赠机构和其他组织，以及欧洲科学基金会（ESF）也提供额外的资助来源。

资金来源、渠道、机制和模式的多样性并非坏事。这一趋势或许已不可逆转，因而政府部门、研究委员会和其他资助院校之间需要进一步的磋商与协调，以发展出博士生及博士生教育的最佳资助模式，这将成为一个日益重要但也复杂的问题。

结论

欧洲博士生教育最新的发展情况清晰地展现了第三阶段的重要转变。博洛尼亚进程和里斯本战略是欧洲博士生教育转变的主要驱动力，尽管全球化、人口预测以及世界社会、经济和文化变革等全球性的外部力量也对第三阶段改革产生了影响。若大学希望吸引来自全世界各地的优秀人才并发展为享有盛誉、国际公认的研究型高校，博士生教育不再仅仅是大学院系的责任，它也成为大学院校战略的关键组成成分。各国和欧盟的政策制定者们也意识到了博士生教育对知识社会和经济体的重要意义，并将其纳入国家及跨国的研究、创新与竞争力战略中。然而，欧洲第三阶段的转变属于范围更广的全球博士生教育转型的一部分。院校竞争力和国际竞争力需要与大学和其他利益相关者在国际层次上日益增强的合作携手共进。分享良好的实践经验，探讨世界不同地区博士教育发展趋势，立足本土、面向全球，是完善和加强博士教育、促进全球知识生产的必由之路。

参考文献

[1] Chambaz, J., Biaudet, P. and Collonge, S. (2006) Developing the doctorate, in *Bologna Handbook*, Berlin: Raabe Academic Publishers, C 4.4-2, pp. 1-18.

[2] Communique of the Conference of European Ministers Responsible for Higher

Education (2005) *The European Higher Education Area:Achieving the goals,* at: http://www.bologna-bergen2005.no/

[3] Crosier, D., Purser, L. and Smidt, H. (2007) *TRENDS V: Universities shaping the European Higher Education Area,* Brussels: European University Association.

[4] European Commission (2005) *The Charter for Researchers and the Code of Conduct for the Recruitment of Researchers*, Brussels:European Commission.

[5] European University Association(EUA) (2003) *Graz Declaration*, at: www.eua.be.

[6] European University Association (2005) *Doctoral Programmes for the European Knowledge Society,* EUA Report, at: www.eua.be.

[7] European University Association (2006) *Bologna Seminar on Doctoral Programmes: Final Conclusions. Matching Ambition with Responsibilities and Resources,* at: http://www.eua.be/fileadmin/user—upload/files/Nice_doctorates— seminar/final_ recommendations_in_EUAtemplate.pdf.

[8] European University Association (2007) *Doctoral Programmes in Europe's Universities: Achievements and Challenges,* EUA report prepared for European Universities and Ministers of Higher Education, at: www.cua.be.

[9] Golde, C. (2000) 'Should I stay or should I go?': student descriptions of the doctoral attrition process, *Review of Higher Education,* 23(2):199-227.

[10] Quality Assurance Agency for Higher Education (QAAPHE) (2004) *Code of Practice for the Assurance of Academic Quality and Standards in Higher Education, Section 1; Postgraduate Research Programmes*, at; http://www.qaa.ac. Uk/academicinfi:astructure/codeOfPi:actice/sectionl/postgrad2004.pdf.

[11] Scott, P. (2006) The global context of doctoral education, in *Bologna Handbook,* Berlin: Raabe Academic Publishers, C 4.4-1, pp. 1-12.

[12] Taylor, S. and Beasley, N. (2005) A *Handbook for Doctoral Supervisors,* London and New York; Routledge.

第 16 章

政策驱动下的博士生教育变革：
澳大利亚的个案研究

Ruth Neumann

本章以 21 世纪初期澳大利亚博士生教育为例，分析了全球博士生教育政策的变化。本章展示了一项关于博士生教育经历的全国研究的发现（Neumann，2003），该研究是在政府有关博士生教育政策逐渐兴起的背景下开展的。它展示了博士生教育迅速变革的状况，凸显了澳大利亚博士生教育领域的多样性和灵活性。这种变化是由联邦政府对高等教育资助政策的变化所引起的。大学必须做出调整，从基于博士生注册数进行资助的时代转变为根据实际的博士毕业情况计算竞争性绩效并在此基础上进行分配的时代。大学乃至国家面临的挑战在于这一过程不应以牺牲多样性为代价，因为在日益激烈的资助竞争以及基于结果而进行绩效测量的压力下，大学管理会倾向于采用风险最小化的策略。

虽然本章的重点是澳大利亚博士生教育的发展，但上文提到的全国性研究开展的时间也反映出世界范围内博士生教育的变化。在美国，卡内基基金会开展了一项针对博士生教育之未来的研究，研究选取了六个学科，调查了这些学科内设有前瞻性博士项目的大学学系（Golde 和 Walker，2006）。在欧洲，始于 1999 年的博洛尼亚进程正推动很多国家重新审视其博士项目，以期为博士生培养的时间和质量保障制定一个欧洲框架（欧洲大学协会，2007）。在英国，高等教育基金委员会对博士生毕业情况和指导质量进行了研究（英国高等教育基金委员会，2005）。在全球范围内，博士生教育已进一步走向中心舞台。不过，如何应对博士生教育的转变，这带有国家和地方特征，具有比较的意义与价值。

本章首先介绍自 1990 年来博士生教育的全国政策背景，然后概述全国研究中呈现的澳大利亚博士生教育实践的一些关键发展。本章着重探讨两个主要方面：一是受学科和院校环境双重影响的博士研究结构的多样性；二是各学科博士研究和指导实践不断变化的性质。对于受更广泛的政策环境、学科和学校情况影响的各种学生经历以及变化的实践，该研究的结果能够提供洞见与启示。本章最后对博士生教育多样性的影响进行了探讨。

政策背景

澳大利亚政府有关研究与科研训练白皮书引入了资助博士生的激进政策（Kemp，1999）。可以说，自 20 世纪 50 年代联邦政府开始通过奖学金和助学金资助研究培训以来（Murray，1957），这是最重要的变化，它促使大学及大学的管理将注意力集中到博士生教育上。

在 1991—2000 年这段时间，研究生的数量几乎翻了一倍，达到 37 000 多人（DBTYÁ，2001），其中的 3/4（27 750）为博士生。在数量增长的同时，学生的多样性也在增加。除了传统上直接从本科毕业及荣誉研究生跨入博士生教育阶段的全日制学生外，攻读博士学位或专业博士学位的非全日制和参与远程教育的学生也成为重要的一部分。日益增多的国际学生以及更大的年龄跨度，也增加了学生的多样性。

伴随着近十年来博士生数量的增长和多样性的增加，提供博士生训练的学科范围不断拓展。全新的专业领域（professional fields）——许多属于社会科学——与传统的科学和人文学科一并为博士学习提供机会。学科的拓展包括博士学位（哲学博士学位或专业博士学位）结构与类型的多样化。这种多样化来源于两篇在 20 世纪 90 年代初所写的评论文章：一篇是综述性文章，《澳大利亚研究生学习和高等学位评论》(*Review of Australian Graduate Studies and Higher Degrees*)（NBEET，1989）；另一篇是后续报告《高等教育课程与研究生学习》(*Higher Education Courses and Graduate Studies*)（NBEET，1990）。这两篇文章审视了博士生科研（doctoral research）的范围和结构，并提议博士结构多样化，特别提出要引入专业博士学位。人们认为，专业博士学位有多个目标，其中关键之一是为非传统学科和专业领域中的博士生教育提供机会，并为当时预计会不足的教职人员创造了获得博士资历的快速通道（NBEET，1989；NBEET，1990）。到 2001 年年初，已经在教育学、卫生学、法学、心理学、管理学、创意艺术和科学等领域开设了 131 个专业博士项目（McWilliam 等，2002）。最近，公共卫生和热带医学等领域也开设了专业博士项目。总体而言，政策制定者和顾问们都将专业博士学位视为提高学费收入和增强博士科研训练"实用性"（relevance）的手段（Neumann，2002a）。

1991—2000 年这段时间可谓博士生教育蓬勃发展的时期。尽管政府财政紧缩，但博士生的数量和多样性却不断增加（Neumann，2002a）。在 20 世纪 90 年代末，澳大利亚整体的高等教育政策变得更加注重经费的资助、问责与价值，这些是通过对教育产出的测量，以及教育产出对澳大利亚经济的贡献来衡量的（Neumann，2007）。20 世纪 90 年代末，政府给大学的运营经费大幅减少。尤其是人文领域，也包括耗资巨大的科学和工程领域，都经历了财政紧张而被迫压缩它们的院系规模（Illing，1997；Wells，1996）。

虽然这 10 年来博士生数量增长十分强劲，占大学学生总数的比重不断增加，但博士毕业人数占毕业生总数的比重却增长缓慢（DETYA，2001）。政府对绩效的关注与日俱增，与此相应，政府作了一个影响深远但颇具争议的决定，即在确定政府每年应为大学拨入多少研究经费时，将研究生毕业的情况作为一项重要指标（Kemp，1999）。在此之前，政府一直是根据研究生的注册数量来提供年度经费的，而这种做法被认为助长了大学对指导质量的自满，延长了毕业年限并且推高了流失率（DETYA，2001；Gordon，2000；Kemp，1999）。自 2001 年起，科研训练计划（RTS）开始推行，大学经费分配基于竞争绩效——主要根据前 2 年的毕业情况来计算。在科研训练计划的框架下，资助学生的最长年限由 5 年降为 4 年，而预计 3 年会成为常规的期限。

大学对资助方式的变化感到担忧是可以理解的。基于院校绩效而对大学进行竞争性的资金分配，产生的影响是大学将其注意力集中于博士生教育实践的管理上。对于资助方式对多样性产生的影响，大学还有更多的担忧，比如学生类型、研究领域与问题的广度以及研究方法等（Neumann，2002a；Smith，2000）。对大学来说，将风险最小化并使毕业学生数量最大化，进而使研究资金数额最大化的诱惑变得非常大（Chubb，2000）。这是审视博士生教育的理想机遇，随着各院校将它们的做法从一个资助时代（即资助入学）的结束调整为另一个资助时代（即对毕业的竞争性资助）的开始。因此，对博士生教育经历多样性的研究，审视了某一时期有关博士生教育的院校实践和程序，这一切反映出一个时代的做法，并揭示出顺势发展自身的院校定位。

实践中的博士生教育

博士生教育经历的研究项目

1999年白皮书提出的激进资助政策及其对博士生教育发展的潜在影响，为全国博士生教育经历的研究提供了动力。研究的目的是更加深入地了解学生对他们博士教育经历的看法。研究考虑了博士学位的类型（哲学博士学位或专业博士学位）、招生模式（全日制或非全日制）以及学习过程的阶段（早期、中期或晚期）对学生经历的影响。这些被置于学科与院校的背景中加以考虑。研究对来自6所大学多个学科的访谈和文本资料进行了分析。在130多次访谈中，2/3的访谈对象是学生。该研究主要关注4类学科群组：自然科学学科（以物理和生物科学为代表）；基于自然科学的专业（profession）（化学工程、土木工程、电气工程、机械工程）、人文学科和社会科学（历史学、政治学、文化研究、创意艺术）；基于社会科学的专业（教育学、法学、管理学）。参与研究的大学都经过精心挑选，以确保大学研究的多样性以及成立时间、学生规模和政府研究资金拨款等方面存在差异。机构的地理位置可反映出大学是城市大学还是地区院校，也可反映出大学是单校区的还是多校区的。在两所最大的大学中，每年的博士生入学数为2 000～4 000人，其他大学每年的博士生入学则在500～900人。两种不同的博士学位是研究设计中的核心要素。因此，该研究努力将既提供哲学博士学位又提供专业博士学位的院系涵盖其中。

下面各小节重点介绍了有关项目结构以及研究主题与指导实践变化的重要

研究发现。

博士学位的结构与模式

20世纪90年代初期,有关研究生学习的评论文章旨在讨论现有的博士课程结构能否适应未来的就业和职业道路。这些评论并没有提出具体的结构,但期待专业博士学位提供"专业的训练",这种专业训练"除了单纯的课程学习外,可能还需要大量的调查工作、项目和练习"(NBEET,1989:28)。因此,本研究对所有学科群组和院校中哲学博士学位和专业博士学位项目的结构、组织都进行了述评。在6所大学中,5所大学的专业博士学位项目被纳入研究范围。并非所有的大学都提供专业博士学位,而在那些设有该学位的大学里,也并非每个学科都有专业博士学位。专业博士学位开设在人文学科/社会科学和基于社会科学的专业中,包括创意艺术(创意艺术博士,DCA)、教育学(教育学博士,EdD)、管理学(工商管理学博士,DBA)和法学(法学博士,SJD)。

一种普遍的看法是,哲学博士是完全以研究为重心的,课程的设置要么取决于某个特定学科或院系的实践,要么建立在个人需求的基础上。相反,人们认为专业博士学位的结构更为多样化。该研究并没有发现哲学博士学位和专业博士学位在项目结构方面的重大区别。4个学科群组中,近50%的哲学博士项目包含正式的课程内容,其余的则仅需要开展研究,如果有必要的话,学生也可以参加课程学习。哲学博士项目是否包含课程要素取决于特定的院系。因此,部分哲学博士学位——比如物理博士,一些只需要开展研究,而另外一些则包含课程内容。在同一所大学里,不同的院系在其哲学博士项目中是否包含正式课程也存在差异。

哲学博士项目中包含三类课程:第一类几乎只存在于以社会科学为基础的专业中,这种类型开设了正式的研究方法课程;第二类既存在于上述专业中,也存在于人文学科/社会科学中,其重点是如何开展、撰写和组织博士论文;第三类在本质上是对学科知识的拓展,常见于自然科学学科和工程学领域。课程的开设时间与其目的相关,也各不相同。因此,带有研究方法课程的项目通常会在博士生教育的初期上课,而旨在引导学生进入博士学习进程的课程通常在博士学习期间的前半段开设。需要拓展内容知识的项目，处于任何学习阶段的博士生都可修习。

在专业博士学位项目中，虽然人们预期会有，但并非所有的都必须包含必修课程：有一个专业学位项目仅做研究即可。在基于社会科学的专业领域和人文学科/社会科学中，专业博士学位项目的课程结构与哲学博士学位项目的课程结构相同，即有关研究方法的课程和有关如何撰写论文的课程。一些项目也开设了少量的内容拓展课程。只有一所大学为专业博士学位项目采用了论文组合模式（portfolio model），给出的解释如下：

这种模式是为身处某一专业并对此专业有所贡献的人设计的……他们被要求进行一项或两项研究项目……他们通过一系列经历推进研究，这些经历促成了系列论文的发展。论文组合需包含……可能会有点棘手，它包含至少四篇期刊论文。

(副校长)

这种组合模式的要求被认为很繁重，发表要求也被认为有问题。在这所大学以及其他两所大学里，专业博士学位项目被描述为"处于反思"或"处于悬置状态"。经验丰富的导师们指出了工作量的要求艰巨。这一点可能在某种程度上解释了为什么几个专业博士学位项目中活跃的学生数较低（与注册数相比）。并且其他经验丰富的导师还表示，像组合模式这样的结构为学生与考核者们带来了困惑和不确定：

请想想那个笑话，你要么走在马路的这一侧，要么走在马路的那一侧，如果你走在马路中央，就可能被撞身亡，对吧？我觉得某些工商管理学博士项目的情况就是如此。他们还没有在脑海中形成清晰的概念。当他们和学生交流时，肯定没有想清楚这些事情是怎么回事，因此人们全都在这条高速公路上毫无方向地游荡，最终总有人会受伤……我觉得问题在于，在不同大学里，工商管理学博士项目和哲学博士项目之间并没有清晰明确的差别。

(大学教师129，管理学)

然而，随着院系和大学还在反思和调整其博士项目，针对博士论文与组合模式的教育讨论仍将持续（Maxwell 和 Kupczyk-Romanczuk，2007）。

博士研究论题

除了哲学博士和专业博士学位在项目结构上具有不同特征之外，有人认为二者在研究主题的性质上也存在差异。在最初的 NBEET 报告中，人们设想在专业博士学位项目里，研究活动将是实用的、以职业或实践为导向的，而且不一定要在大学内进行（NBEET，1989，1990）。最近澳大利亚和英国关于专业博士学位的一个讨论主题（Bourner 等，2001；Lee 等，2000；Scott 等，2004）强调了研究题目与实践建立联系的重要性。更多多样化的探索——如通过论文组合或者采用更具反思性、实践者导向的研究生教育模式（Maxwell 和 Kupczyk-Romanczuk，2007；Morley 和 Priest，2001）——都是反映这些观点的新进展。

不过，在全国研究调查的专业博士学位项目里，研究论文占据着首要地位。如哲学博士，一个学生能否成功拿到博士学位取决于研究论文。在研究选题的类型、研究方法等实质性问题上，据称哲学博士和专业博士之间并无差异。研究中所有攻读专业博士学位的学生都认为，他们的研究可以适用于哲学博士项目，而且即使在创意艺术这样的领域，哲学博士也有进行"非传统探索"的空间（学生112，创意艺术）。在两种博士学位之间转换，所有大学和所有学科中都有案例。在从（比如）工商管理学博士或创意艺术博士转为哲学博士的过程中，"我研究的关键特质"可以被保留（学生128，文化研究）。同样，从哲学博士转为专业博士，研究主题的性质和范围也可保持不变：

我更喜欢攻读创意艺术博士学位而非哲学博士学位，哲学博士似乎更多地以研究其他人的工作为基础。我想做这些工作，但我也想考虑自己的写作。

（学生112，创意艺术）

特别是在管理学科中，学生们选择攻读工商管理学博士学位，是因为他们喜欢从事与其工作场所有直接关系的研究。

然而，这种研究在传统项目里也同样可行，特别是在后期转读哲学博士学位的案例中。除了学生个人对攻读专业博士学位而非哲学博士学位的偏好之外，研究的性质、范围和方式都不是区分二者的因素。

一个更加显著的特点是缺乏与行业或职业的深入联系。没有一个专业博士学位项目中,可以找到学生工作场所、雇主或其他职业关系对其题目有所贡献的证据。虽然大部分学生的研究主题来源于他们的职业兴趣和经历,但没有人进行基于工作或行业的研究,而这恰恰是从宣称专业博士学位合理性出发而产生的预期。当时的另一项研究(McWilliam 等,2002)以及更早的研究(Maxwell 和 Shanahan,2001;Trigwell 等,1997)得出了类似的研究结论。少数在工作场所检验其研究的学生担任高级职位,这使他们能够探索其研究在实践中的适用性,并为他们这样做提供了预算。在他们的描述中,雇主知道他们的研究,但只是略感兴趣。不过,担任这样的高级职位并不能防止这些学生在读博期间被裁员,本研究中的几个管理学学生就是如此。接受行业资助、在基于社会科学的专业中攻读哲学博士的学生,也经历了类似的情况,不过在行业资助的自然科学学科和工程学博士中,这种情况没有发生。

这项研究本来期望在博士结构和研究主题中发现一些多样性,这些多样性是基于哲学博士和专业博士的不同原理。虽然该研究的确发现了博士结构的多样性,但这种多样性并不是基于这两种博士学位之间的区别。结构的多样性明显与学科类别以及大学环境有关。大多数博士学位项目都包含课程,而与研究相关的课程类型和上课时间则取决于学科。与项目结构一样,博士研究主题也适用于两种博士学位项目。基于博士类型的潜在差异是不存在的。事实上,学生无须更改研究主题,也可以在不同的博士项目之间顺利切换。

研究选题和指导实践

政府认为,引入基于博士生毕业情况的竞争性资助模式,可以缩短攻读博士学位的时间,并促使大学更加高效地管理博士生的学业进展。如前所述,利益相关者也担忧研究领域及研究方法多样性的降低,而在最近的学术文献(Evans 等,2005;McWilliam 等,2005)中已经出现了针对博士生教育风险管理的讨论。研究结果证实,所有高校的高层管理人员都施加了压力,要求将博士研究选题缩减到合理的规模。人们普遍认为,大学、导师和学生对研究选题的期望,超出了哲学博士在学习期限内——尤其是新政策的资助期限——可处理的范围:

我认为人们需要学会在他们的时间期限内选择易处理的选题,选择能够实现的目标——再次强调下，在限定的时间内并根据自己所掌握的资源。他们越快地做到这一点，越快地将调查研究的范围缩小，对他们越有利。

（高层管理者，132）

管理的重点是确保选题聚焦的时间更短更紧凑。目标是在 3~6 个月内完成初步选题，此前人们接受的时间是 12~18 个月。若这一过程所花的时间长于 6 个月，那么人们就会认为学生需要请一段时间的假，以便他们在这段时间里完善选题。除了一所大学外，在其他所有大学里，都有证据表明研究选题的范围已经发生了变化。从学科的角度来说，对人文学科和基于社会科学的专业所产生的影响是鼓励规模不那么大的研究。"鸿篇巨制的论文"时代已经终结，如今人们关心的重点是在政府规定的 3 年时间框架内"可以完成"的研究。在自然科学学科领域，趋势也是"缩小"研究的规模并"显著降低它们的重要性"。在实验科学和基于科学的专业等研究成本高昂的领域，应对压力就需要对博士研究选题采取更加务实的方法。自然科学内的一位经验丰富的导师解释道：

大学面临着许多压力，所以，导师们现在往往都试图将学生安排到能将延期风险降至最小化的项目中。我们倾向于让学生们加入那些我们已经获得购买设备的经费或已经有了设备的项目中。基本上，我们正试着将圆钉装进圆孔里——学生是圆钉，项目是圆孔……

（大学教师 57，自然科学）

事实上，在自然科学领域和基于科学的专业（profession）中，过去几年政府资助的压力已经迫使两所非常大的工程和物理学院只同意受到行业资助的博士研究选题，选题的关键是与行业直接相关：

它们总是有很大的一部分与实践有关，同时……学生只做我们能获得资助的项目。倘若你想资助你的学生，就必须拿到一个有人愿意支付的项目。如果你找到了愿意资助项目的人，他们不会无限期地等下去……我认为 80%的选题在某种程度上与行业相关……我们不太鼓励没有行业关联的选题，因为如果导师没有资金，那么他们实际上无法填补这些领域的空白……

（大学教师 34，院长，工程学）

在获得行业经费以支持博士生研究的趋势下，导师们越来越注重挑选和分配比以前更局限、风险更小的博士项目。一些导师将这种做法轻蔑地称为"勾选框里"的研究或"生产线"上的研究：

> 成功的秘诀在于拿到精心设计的项目，在物理学领域，从本质上来说你是在探索不同样本的特性……所以这是一条清晰明确的道路，你只需要边推进边在方框中打钩，经过3年左右，你将其整理成文，然后就有了成果。而且，你也知道，这些方法已被证明行之有效，因为之前有很多人用相同的设备测量过其他样本，这给他们提供了摹本……这是博士研究的工厂式路径——就像汽车工厂里的生产线……它面临的威胁在于：创新这种东西，你很难清楚地说出个所以然，但它正是你独立思考和形成独立观点的能力。我以为，如果你采用了工厂式的方法，那么就会把创新抛到窗外，因为你并不是在鼓励人们进行独立思考和形成新观点。

（大学教师 58，自然科学）

显然，这些领域和院系的博士研究选题被认为没有其他科学领域和院系中的选题重要，也不像过去那样重要。在此类研究已经成为标准做法的学院，一些受访学生质疑他们的选题是否真的配得上哲学博士学位：

> 我不确定，有时我会想："好吧，这真的好到可以成为一名博士吗？"因为对我而言，这并不是什么大的飞跃。它不是一种大的飞跃。可以说，它只是用到了一个不同的领域来解决你的问题。我有点疑惑："或许，或许这并不是博士学位，或许这还不够好。"

（学生 80，工程学）

在研究选题和资金方面的压力下，博士生的筛选也受到了明显的影响。对行业资助的研究和时间框架的关注，意味着有必要挑选能够在最多 3 年的时间内完成学业的"合适的学生"。在所有情况下，挑选学生的具体规则都是非正式的、心照不宣的。一般而言，申请非全日制项目的博士研究生是不被接受的，因为非全日制学生被认为需要花更长的时间完成学业。一名不多见的工程学非全日制学生解释了她是如何艰难地完成学业的：

> 我注册入学的时候是全日制学生，没过多久就怀上了我的二女儿。所以我第一年是全日制……我想我一直坚持到下一学年的下个学期，然后休了 6 个月的

假……在这所大学里,尤其是在工程学院,符合申请非全日制博士生的标准并不多,其中之一是你需要全职照顾比如一位老人、一位残疾人,或一个不满5岁的小孩……在工程学院里,他们当然希望你是全日制的,除非出现某种情况——照顾不满5岁的小孩就是其中一种情况……这是以书面形式规定的。所以,你是不能工作的。需要工作来养活自己并不是转为非全日制的理由,他们是不会接受的。我转成了非全日制,我就是这样走到今天的。

（学生 44,工程学）

除了对全日制学生的强烈偏好外,大学还对国际学生避而远之,更多偏好澳大利亚本土学生或至少以英语为母语的博士研究生。澳大利亚最大的一个工程学院里的一位资深导师解释道:

我们会有意识地选择本土学生,因为他们更加主动,拥有良好的基础技能,并且能够指出教职人员的错误,而外国学生就没有这个胆量。所以学生必须更加自立,因为我们不得不在减少教职人员的同时大幅度增加学生数量,所以,是的,这就是一个录取更加自信的学生的问题,这些学生基本上能靠自己实质性地推进项目。

（大学教师 65,工程学）

这种回应表明,在人员配备和研究经费压力很大的情况下,学院采取了务实的方式。面对人员与资金压力,其他至少2所大型工程学院明显地有类似的反映。

在4所研究传统悠久而成熟的大学里,人文学科和社会科学对博士生精挑细选的压力同样明显。缩减研究选题规模和范围的压力也显而易见,正如将学生的研究兴趣与院系的研究更加密切地联系起来一样。这在一定程度上涉及指导方式的转变,向着指导的"科学模式"迈进。导师的目标是同他们的研究生进行个人和小组会议。小组会议是人文学科中的一种新颖安排——旨在建立相互支持的同辈群体,在这个群体中,成员们可以就类似的选题进行交流和讨论。

在人文学科和社会科学领域,这种指导方式对院系规模有所要求。在践行这种指导方式的大学里,院系往往规模更大,涵盖的研究领域也更广泛。他们这么做的目标是通过引入课程要求,在被广泛界定的领域里建立功能性"小组"。在那些人文学科院系较小,或刚有研究基础的大学里,能够进行指导的教职人员数量不多，这种方法并不可行。在这些情况下，学生们对指导会议的频率以及院系提供的整体研究支持不满，教职人员面临着巨大的资源压力。

结论

目前，本章讨论将重心放在了博士生教育的核心方面：项目结构、研究选题和指导实践。这份对 21 世纪早期博士生教育的简要概述，促使人们思考博士生教育的持续发展——尤其是多样性。通过强化对学生和研究选题的选择而实现风险最小化，这种应对政策的力量会对多样性造成损害。对于欧洲大学来说，澳大利亚的案例可能展示出它们感兴趣的发展态势——比如要求改变博士项目结构和期限的压力——从而促进国家体系的转变，迫使高等院校审视它们的实践。特别是这一压力伴随着政府资助的进一步紧缩，并且政府资助基于博士生培养的成果，澳大利亚的案例可能提供有用的启示。

博士项目结构的多样性显而易见，这可谓 20 世纪 90 年代博士生教育发展最重要的成果之一。这种多样性被证明是与学科相关的，而非取决于博士学位的类型。最初作为哲学博士学位的可替代方案而被提出的专业博士学位，被认为是一种通过引入课程来快速跟进博士研究的手段，也是将行业与职业的相关性引入博士研究选题的手段。越来越多的学术文献提倡专业博士学位项目的研究具有独特性。本研究的结果表明，"传统的"哲学博士已经不再存在，结构变化本质上是与学科相关的，因院校背景的不同而不同。课程是大多数博士生教育的一个特征，不过课程类别和时间因学科类型而异。

同样，可以认为相比于博士类型，学科对研究问题的影响更大。人们认为，在同一学科内，与哲学博士学位项目的研究问题相比，专业博士学位项目的研究选题与工作场所有更紧密的联系，相关性也更强。然而，本研究中所有的专业博士生都指出，他们的研究选题无论是在哲学博士项目中还是在专业博士项目中都可以适当地推进。经验丰富的博士生导师也支持这一观点。在博士学习期间，学生们可以随时在这两种学位中转换，这一特点十分突出。此外，将研究的相关性与行业、专业和工作场所相联系，看起来很不确定，且难以在实践中实现。就算职业或工作场所与研究有任何直接的联系，这种联系也是由学生个体的兴趣创造出来的。总体而言，专业博士学位项目缺少与行业、工作场所或职业的联系，这一点令人惊讶。在针对各学科研究的讨论中，区分由学科驱动的（纯粹的）研究和由社会或实践驱动的（实用的）研究是非常重要的。在专业学科中，理论和实践之间的联系按照定义来说密不可分（Becher，1989；Neumann，2002b）。但是，尽管纯粹与实用、理论与实践之间的区别在讨论中看似清晰明确，但实际上它们是重叠的，界限并不清晰（Neumann，1992；Neumann，1993；Rip，2000）。

鉴于专业领域里理论和实践相互交叉，可以说这些学科中的学位应当是专业博士而非哲学博士。然而，真正重要的问题是，哲学博士学位和专业博士学位之间的差异能否继续服务于教育目的。一个更有效的方式将是：在面对改变时保持开放态度、运作比较灵活的组织结构内，维持博士结构的多样性。支持在哲学博士学位和专业博士学位之间做出人为区分，可能意味着二者之间的差异仅在于专业博士学位项目收取学费。在政府政策顾问的推动下（某种程度上作为增加收入的手段），专业博士学位项目尤其是管理学领域的项目，已经被设立成收费研究项目。在本研究中，一些工程和人文院系里的大学管理人员，正在考虑将专业博士学位项目以收费项目的形式引入专业中。最近，公共卫生专业中已经引入了收费的专业博士学位项目。不过，在本章所介绍的这份全国研究中，只有管理学领域的专业博士学位是收费项目。即使在这一领域，学生支付学费的能力和意愿也仅局限在非常少的项目中，而先前针对工商管理学博士学位的研究中有证据表明，几乎没有几个项目能够收取到高额学费（Neumann 和 Goldstein，2002）。

在这种情况下，有必要考虑可能会限制多样性的力量。政府对博士生教育资助的改变以及早些年对大学资助的削减，显然影响着指导实践、博士研究选题的规模与管理。此外，这种影响也波及大学对学生的挑选，以便于它们应对即将到来的资助新时代。在所有学科群组中，都能明显发现人们对最初的选题选择、研究选题的规模以及减少用于完善选题的时间越来越重视，无论是从已经实施的做法还是准备实施的策略中，都能看到这一点。20世纪90年代末，政府资助的大范围削减所产生的影响在自然科学学科和工程学领域尤为明显。为行业资助人快速提供结果的研究选题被描述为"已经结构化了"和"生产线"。人们主要考虑将研究选题选择的风险降至最低,并招到那些可能需要最低限度的指导却最有可能快速完成学业的学生。对于人文学科,高校采取的措施是采用一种自然科学式的指导模式。而由此产生的风险最小化策略,则需要高校选择那些最有可能在 3~4 年的有限时间内完成学业的学生。高校的风险管理方式还要求招收能够在最少指导下推进学业的学生。还有一条不成文的政策,那就是优先考虑可能只需要有限指导的全日制学生,同时避免选择那些来自非英语国家的、可能需要更多指导支持的学生。

本章认为博士生教育正处于转型期,受到政府和全球政策的强力驱动。特别是政府通过资助方式直接干预博士生教育,迅速促使大学重新评估其博士生教育的方法和实践。对博士生按期毕业这一结果的竞争性资助,可能会给博士生研究过程的核心方面带来影响深远的变化。博士生教育的多样性在过去的 10 年里经历了强势的发展,如何确保各种多样性的积极面向得以保留,是大学面临的挑战之一。

致谢

《博士生教育经历:多样性与复杂性》(*The Doctoral Education Experience: Diversity and Complexity*)这项研究由澳大利亚联邦教育科学与培训部(Department of Education Science and Training,DEST)资助。同时对项目工作人员 Clare Holland、Anna Isaacs、Hellen Morgan-Harris 以及 Sarah Wilks 的贡献致以谢意。

参考文献

[1] Becher, T. (1989) *Academic Tribes and Territories: Intellectual inquiry and the cultures of disciplines*, Milton Keynes: Society for Research into Higher Education and Open University Press.

[2] Bourner, T., Bowden, R. and Laing, S. (2001) Professional doctorates in England, *Studies in Higher Education*, 26(1): 65-83.

[3] Chubb, I. (2000) The challenge of making ends meet in postgraduate research

training, in M. Kiley and G. Mullins(eds), *Quality in Postgraduate Research: Making Ends Meet*, proceedings of the 2000 Quality in Postgraduate Research Conference, Adelaide, 13-14 April, University of Adelaide, pp. 15-23.

[4] Department of Education, Training and Youth Affairs (DETYA) (2001) *Higher Education: Report for the 2001-2003 Triennium*, Canberra: DETYA.

[5] European University Association (EUA) (2007) *Doctoral Programmes in Europe's Universities: Achievements and Challenges,* report prepared for European Universities and Ministers of Higher Education. Brussells: EUA.

[6] Evans, T., Lawson, A., McWilliam, E. and Taylor, P. (2005) Understanding the management of doctoral studies in Australia as risk management, *Studies in Research,* 1:1-11.

[7] Golde, C. and Walker, G. (2006) *Envisioning the Future of Doctoral Education: Preparing Stewards of the Discipline. Carnegie Essays on the Doctorate*, San Francisco, CA: Jossey-Bass.

[8] Gordon, J. (2000) The challenges facing higher education research training in M. Kiley and G. Mullins (eds), *Quality in Postgraduate Research: Making Ends Meet*, Adelaide: University of Adelaide, pp. 9-13.

[9] Higher Education Funding Council for England (HEFCE) (2005) *Ph.D. Research Degrees: Entry and Completion,* at: http://www.hefce.ac.uk/pubs/hefce/2005/.

[10] Illing, D. (1997) Further 1 pc cut with few sweetners, *Australian Higher Education Supplement*, 14 May, p. 27.

[11] Kemp, D. (1999) *Knowledge and Innovation: A Policy Statement on Research and Research Training*, Canberra: Commonwealth of Australia.

[12] Lee, A., Green, B. and Brennan, M. (2000) Organisational knowledge, professional practice and the professional doctorate at work, in J. Carrick and C.Rhodes (eds), *Research and Knowledge at Work: Perspectives, Case Studies and Innovative Strategies,* London and New York: Routledge, pp.117-136.

[13] Maxwell, T. and Kupczyk-Romanczuk, G. (2007) *The professional doctorate:*

defining the portfolio as a legitimate alternative to the dissertation, at http://www.une.edu.au/ehps/staff/tmaxwellpubs, php#item2.

[14] Maxwell, T. and Shanahan, P. (2001) Professional doctoral education in Australia and New Zealand: reviewing the scene, in B.Green, T. Maxwell and P. Shanahan (eds), *Doctoral Education and Professional Practice: The Next Generation?*, Armidale, NSW: Kardoorair Press, pp.17-38.

[15] McWilliam, E., Lawson, A., Evans, T. and Taylor, P. (2005) 'Silly, soft and otherwise suspect': doctoral education as risky business, *Australian Journal of Education*, 49(2): 214-228.

[16] McWilliam, E., Taylor, P., Thomson, P., Green, B., Maxwell, T., Wildy, H. and Simons, D. (2002) *Research Training and Doctoral Programs: What can be Learned from Professional Doctorates?*, Canberra: Department of Education, Science and Training.

[17] Morley, C. and Priest, J. (2001) Developing a professional doctorate in Business Administration: reflection and the 'executive scholar' in B. Green, R. Maxwell and P. Shanahan (eds), *Doctoral Education and Professional Practice: The Next Generation?*, Armidale, NSW: Kardootair Press, pp. 163-185.

[18] Murray, K. (Chairman) (1957) *Report of the Committee on Australian Universities*, Canberra: Commonwealth Government Printer.

[19] NBEET (National Board of Employment, Education and Training) (1989) *Review of Australian Graduate Studies and Higher Degrees,* Canberra: NBEET.

[20] NBEET (1990) *Higher Education Courses and Graduate Studies*, Canberra: NBEET.

[21] Neumann, R. (1992) Research and scholarship: perceptions of senior academic administrators, *Higher Education*, 25: 97-110.

[22] Neumann, R. (1993) Academic work: perceptions of senior academic administrators. *Australian Educational Researcher,* 20(1):33-47.

[23] Neumann, R.(2002a) Diversity, doctoral education and policy, *Higher Education*

Research and Development, 21(2):167-178.

[24] Neumann, R. (2002b) A disciplinary perspective on university teaching and learning, in M. Tight (ed.), *Access and Exclusion,* Sydney: Elsevier, pp. 217-245.

[25] Neumann, R. (2003) *The Doctoral Education Experience:Diversity and Complexity,* Evaluations and Investigations Programme, Research, Analysis and Evaluation Group, Canberra: Department of Education, Science and Training.

[26] Neumann, R. (2007) Policy and practice in doctoral education, *Studies in Higher Education,* 32(4): 459-473.

[27] Neumann, R. and Goldstein, M. (2002) Issues in the ongoing development of professional doctorates: the DBA example, *Journal of Institutional Research,* 11 (1): 23-37.

[28] Rip, A. (2000) Fashions, lock-ins and the heterogeneity of knowledge production, in M. Jacob and T. Hellstrom (eds), *The Future of knowledge Production in the Academy*, Buckingham: Society for Research into Higher Education and Open University Press, pp. 28-39.

[29] Scott, D., Brown, A., Lunt, I. and Thorne, L. (2004) *Professional Doctorates: Integrating Professional and Academic Knowledge,* Maidenhead: Society for Research into Higher Education and Open University Press.

[30] Smith, B. (2000) The challenge of making ends meet in postgraduate research in M. Kiley and G. Mullins (eds), *Quality in Postgraduate Research:Making Ends Meet,* Adelaide: University of Adelaide, pp. 25-29.

[31] Trigwell, K., Shannon, T. and Maurizi, R. (1997) *Research-coursework Doctoral Programmes in Australian Universities*, Canberra: EIP, DEETYA.

[32] Wells, J. (1996) Cuts reduce uni flexibility, *Australian Higher Education Supplement,* August 14, p.36.

第 17 章

博士生教育的管控制度

Mark Tennant

　　博士生教育日益成为公众监督、政策讨论和学术分析的对象。传统的博士学位正在遭受批评；新的项目和专业博士学位正纷纷设立；导师的角色得到监督和挑战；此外，博士学位支持创新和经济发展的呼声也日渐增强。这一切都发生在学生数量显著增多、学生群体多样性日渐增强以及国际学生需求量骤增的时期。

　　这一切发生在政府、认证机构和权威机构更加齐心协力地管理与控制大学的背景下，这主要是通过采取更加严格的认证规定、审计机制以及一系列与标准及质量保证过程相关的要求来实现的。事实上，大学自身也已经开始加强对学院和学系活动的管控。

　　对博士生教育来说，情况也如此，其特征之一就是高等院校博士生教育的实践日益集中到学校层面，并被标准化了。这些实践受到了大学设立的中心部门的保护。这些中心部门负责在全院校范围内建立管理博士研究生的战略方向、政策和程序，它们也承担着对大学整体的质量和绩效表现撰写调研报告、进行管理和改进的职责。大学经常在国家政府、政府间机构和/或权威组织的要求下，寻求控制、管理和测量博士生教育的核心要素，因此，此类中心部门（有时被设立为研究生院）正变得越来越普遍。本章的焦点是这些中心部门的运作以及它们如何被纳入更广泛的政策和管理框架。遵循 McWilliam 等的研究，我认为管理和控制就是一种"风险管理"，用于应对所感知的危险，这些风险由高等教育特别是博士生教育的当下趋势所引发（McWilliam 等，2002）。McWilliam 等指出，对风险管理的关注是当代全球高等教育的一个特点，这也促使人们关心更具"风险意识"的高等教育政策环境如何对高等研究学位的管理产生影响（McWilliam 等，2006）。在本章中，我认为这样的风险管理往好里说是自相矛盾的，往坏里说是自我挫败的，因为它否定了创造性和创新性的博士研究中所必需的风险。

风险管理的驱动力

全球的知识经济

研究生教育的管理近来所发生的变化，需要在高等教育中更广泛的全球趋势以及全球化力量的背景下进行审视。比如，知识经济对大学提出了新的要求，大学不再享有通过研究生产知识以及通过出版和教学传播知识的垄断权。人们越来越期待大学能够提供更切合当代知识经济所需要的研究与教育。这种经济体系中的工作者被描绘成这样的人：他们具有创新精神和企业家精神，既能够合作，又可以自我激励和管理，他们灵活且反应敏捷，能够在国际视野下看待自己的工作。知识经济还挑战了大学作为"合法"的知识"看门人"的传统角色，人们越来越认识到工作场所作为知识生产和创新之地的价值，因此出现了"工作知识"这个词汇（McIntyre 和 Symes，2000）。与此相关的是，人们越来越认识到，社区、行业和专门职业所面临的各种问题并非完全属于学科范畴。相反，它们需要跨学科的解决方案。在这种新的经济形势下，海内外对高等教育的需求都有所增加，而其中的很大一部分需求来源于"非传统"学生。

当然，知识传播的传统形式已经被新的信息和通信技术完全改变，这些技术使得采用更加灵活的方式向全球市场输出教育成为可能。这些趋势导致大学需要在全球市场中争夺学生，为更加多样化的学生群体提供教育机会，通过培养毕业生的相关能力来确保就业；在国内外提供在线的和面对面的学习机会，并鼓励跨学科的学习与科研。

发展与多样性

近年来有许多关于博士生教育日益多样化的文章（Bourner 等，2001；Pearson，

1999；Tennant，2004；Usher，2002；Winter 等，2000）。博士学位的提供方式存在多样性（比如传统的哲学博士学位、专业博士学位以及一般的以工作为基础的博士学位）；在不同形式的博士学位内部也存在多样性（比如以实践为基础的博士学位、项目博士学位；"新路线"博士学位；专业博士学位中课程、实践和论文的不同组合）；学生群体存在多样性（比如女性参与程度越来越高、非全日制学生越来越多、年龄构成越来越丰富）。在美国，由美国研究生院委员会（Council of Graduate Schools）和研究生入学考试委员会（Graduate Record Examinations Board）联合实施的研究生入学年度调查中，总结了自 1986 年以来国内"非传统"研究生数量变化的趋势：少数族裔学生显著增多，其数量以每年 4%～6%的速率增长（包括非裔美国人、美国印第安人、亚裔美国人和拉美裔美国人），其中女性贡献了绝大多数的增长。与此同时，白人学生的入学率保持不变（Brown，2006：31）。

除此之外，海外学生占研究生入学人数总数的 16%，在特定的研究型大学中，海外学生占研究生入学人数总数的 26%。Nerad 指出，全世界范围内博士毕业生数量都有所增加，接受博士教育的国际学生人数也在增长。她的报告显示，2003年获得博士学位的国际学生所占比例如下：德国 13%，日本 13%，英国 39%，美国 30%（Nerad，2006）。

正如 McWilliam 等所评论的，多样性并不被认为是不受欢迎之事，相反，它是一种受到欢迎的风险——它既服务于经济目的（为大学打开新市场），也服务于社会目的（通过为所有人提供接受教育的机会来促进社会的公平公正）：

其目标不是"克服"日益成为大学生群体特征的多样性……对于作为组织机构的大学来说，潜在的威胁不在于学生或教职员工群体的多样性，而在于体制的任意性，即在于（适当的）社会不精准背景下的（不适当的）组织不精准。简单而言，其逻辑就是管理体制需要统一，因为个体并不统一，也不太可能会统一。

（McWilliam 等，2002：123）

因此，程序、步骤、标准和成果的一致性使得博士学位的提供方式和博士生群体的多样性成为可能，同时，这种一致性也为博士资格证书的性质和价值提供了保证。

McWilliam 等引用了 Douglas 的研究，在此研究中，风险被概念化为"危险"，而非损失与收益概率的平衡（McWilliam 等，2002；Douglas，1992）。她指出了博士生数量和多样性不断增加可能引发的危险。McWilliam 等将风险管理视为一套由规则、形式和技术构成的体系，它们被用于博士项目的开发、维护和评估（McWilliam 等，2002：120）。此种体系存在于下列事物之中：国家或机构层面上采用的实践准则、新的管理与资助协议、报告要求、质量审查、评估和监督机制，以及一系列最佳实践指南的形成过程。一般而言，风险管理的外部措施和过程往往会推动院校内部措施的产生。本章下面的部分将阐明和剖析通过建立国家、地区和学校层次的统一体系来管理风险的不同方式。当然，风险管理、创造力和创新之间的关系十分复杂，未有定论。因此，由读者去判断下列监管手段和做法是否包含了在 Roffe 看来阻碍了组织创造力和创新的特征（Roffe，1999）：将创造性过程置于系统且理性的序列中；奖励和控制系统强化了规制、过度科层制化的规则与程序以及竭力规避风险的环境。

英国的实践准则

或许国家层次上风险管理方式的最佳范例存在于由英国高等教育质量保证局（Quality Assurance Agency for Higher Education，QAAHE）制定的研究生教育规范中。这些规范之所以具有效力，是因为它们被英国高等教育质量保证局用来评估大学的绩效。序言写道：

行业守则（The Code）认为，考虑到英国范围内一致同意的原则和做法，每所院校都有自己的体系，用于独立核查其质量与标准，以及核查其质量保证体系的有效性……规范体现了高等教育界认为对质量保证和学术标准十分重要的关键原则问题。各院校应该能够证明，它们正在通过自身的管理和组织程序来有效地解决那些规范中所涉及的问题……

（QAAHE，2004：1-2）

研究生培养守则要求各个大学承担起建立内部质量管理机制的责任，人们期待这些内部机制能够遵循守则中概述的 27 条规范。这在很大程度上是可以实现的，鉴于 QAAHE 之后进行的审计，将把这些规范用作指导原则。比如，可以参考《研究生学位项目报告：英格兰和北爱尔兰（2007）》。这 27 条规范涵盖了这些领域：机构安排（4 条）；研究环境（1 条）；选拔、录取和引导学生（6 条）；指导（4 条）；学生的进展和检查（3 条）；培养研究技能和其他技能（3 条）；反馈机制和评估（3 条）；学生抗议、投诉和上诉（3 条）。这些规范如此详细，以至于大学几乎没有自由调整的余地。比如，"机构安排"下的一条规范要求，"院校要制定、实施和审查一条或多条实践守则，这些守则适用于整个院校并包括本章件所涵盖的领域"。首先，国家行业规则规定，各院校必须拥有适用于整个院校的规则（院系几乎没有自主实践的空间）；其次，各院校的规则内容必须包含国家守则中的规范。这些规范都得到了极其详尽的阐述，以至于它们占了文本的 29 页（除了引言的几页和附录），也就是说，对每一条规范的阐释都不止一页。

不仅如此，守则也参照了为研究生科研教育而制定的其他文件。最值得注意的是，附录复制了一份关于通用技能的文件，标题为《研究委员会和艺术与人文研究委员会（AHRB）有关研究生训练技能要求的联合声明》。该文件详细说明了"由研究委员会和艺术与人文研究委员会资助的博士生应该在接受研究训练期间培养的技能"——这通常被称为"一般技能"，它们包括 35 种单独列出的技能，在文件中被表述为"能够……"，并被分为以下几类：

1. 研究能力和技巧，比如能够展示新颖的、独立的和批判性思维。
2. 研究环境，比如能够理解研究资助和研究评估的程序。
3. 研究管理，比如能够通过设定研究目标、阶段划分以及活动优先次序来实施有效的项目管理。
4. 个人效能，比如能够表现出灵活性和开放性。
5. 沟通能力，比如能够用清晰的、合乎目的的风格写作。
6. 人际关系和团队协作，比如在本院校和更广泛的研究界内，能够与导师、同事和同学之间建立起合作关系与工作关系，并进行维护。
7. 职业管理，比如能够理解职业持续发展的需求并进行投入。

（QAAHE，2004：34-35）

这些技能反映了欧洲和澳大利亚的另一项公共政策议程：对狭隘的博士项目局限性的担忧，这些项目仅关注博士学位论文的撰写，忽视了与职业相关的技能以及个人技能的发展。

总的来说，我们能够明显看出国家政府对研究学位质量和标准的强力介入以及资助规定，促使院校与国家政策保持一致。毫无疑问，英格兰和北爱尔兰的情况就是如此，正如《研究生学位项目报告：英格兰和北爱尔兰（2007）》中所描述的那样。此报告审核了 86 个博士学位授予机构，并指出："大部分院校如今都有正式的训练项目，且这些项目的设计参考了《研究委员会英国联合技能声明》"（第 11 页）；"院校是以审慎的方式严格遵循守则"（第 22 页）。值得注意的是，在对各院校管理博士生教育的不同安排进行评论时，此报告透露了这些机构安排试图解决的潜在担忧：

> 这一部分将探讨高等院校制定的一些措施。这些措施的作用在于：维护各高校研究型学位项目的学术标准；根据国家的乃至国际的期望，使这些学术标准能够成功履行。
>
> （QAAHE，2007：3）

此处的关注点应该是"防御"潜在的威胁（此处指学生和项目的多样性）；要符合国家的和国际的"期望"（此处指在全球市场中争夺研究生）。

质量保证的不同方式——欧洲和美国

国家政府对博士生教育的介入，成为其他欧洲国家和澳大利亚日益增强的一个特征（程度不同）。在国家对高等教育管控力较强的法国，博士生教育在"博士生院"中进行组织和管理，同时，法律规定涵盖了博士生教育的关键方面，比如录取和考试的要求及程序、学习安排，以及学位认可。因此，质量保证主要是通过法律规定而非国家标准、国家报告机制和审计来实现。博士生院自 1998 年起就一直存在，正如 Lemerle 所描述的那样：

> 博士生院非常有助于在大学里组织研究活动，对大学组织战略计划的协商也十分重要。法国有超过 300 所博士生院。
>
> （Lemerle，2004：42）

相比之下，虽然德国 16 个州全都有详细的博士学位授予规定，但在不同的州、不同的大学，甚至同一所大学里的不同院系，对博士学位的要求也不尽相同。Hufner 报告称，博士生教育基本上是高度分散和个性化的，没有太多国家或院校的规划（Hufner，2004）。不过，很多权威机构发出了改革的信号，并且这些改革正在推进当中。比如，院长和校长的组织（the peak body of rectors and presidents）建议设立博士生院，科学委员会则建议对博士生教育进行改革。研究生院是以主题为导向的研究团体，目前超过 283 所——不过需要注意的是，它们存在的形式不尽相同，这一点从博士生院的不同名称（Promotionskollegs, Graduiertenzentren, Graduiertenkollegs）中便能看出。尽管还没有得到实现，但毫无疑问德国意识到了这一点：如果想深度参与欧洲和国际舞台，就需要采取一种更加系统、更加透明的博士生教育形式。

Kehm 在 UNESCO 一项重要的有关欧洲和美国博士生教育的比较研究中做出了贡献，她总结了此项研究中 13 个国家所呈现的趋势：

该趋势……是要为博士生教育建立一个相对正式的体系，即废除由教授导师和独立研究所构成的传统的"学徒制"，而在学科或跨学科项目或研究生院中采用更加结构化的研究教育和训练模式。

（Kehm，2004：283）

在美国的研究生院中，结构化的研究生教育可谓历史悠久。然而，这是在缺乏既定的国家认证体制或国家质量保证制度的高等教育体系中进行的。比如，高等教育机构的认证是由地区认证机构（共有 6 个）实行的，这些机构均为学术界控制的私立机构。专业机构或州授权的机构对某些研究领域（比如工程、工商、法律和师范教育等领域）还有额外的认证要求。各个州都承担着认证的角色，并/或在质量评估和基于绩效的资助方面发挥着积极作用，因此，州立高等教育机构对公共资金的使用负有责任并做出说明（Rhoades 和 Sporn，2002）。

Altbach 总结了博士项目的情况：

没有任何一个学科的博士项目接受了联邦或州级政府的质量评估……然而，基本事实是，美国拥有一套由学术界发起并进行管理的复杂且高效的认证制度，这为高等教育体系各个层次的学术质量和资源提供了一条基本"底线"，但美国很少考虑质量保障或质量评估。

(Altbach, 2004: 266)

尽管如此,在国家层面仍然存在一些针对评价和质量评估的制度,比如《美国新闻与世界报道》(*US News and World Reports*)的研究生教育综合排名、国家研究委员会(National Research Council)的博士项目评估(Goldberger 等,1995),以及研究生院委员会的年度报告(Brown, 2006)。同其他国家一样,美国也面临着下列一些重大问题:博士教育向工作的过渡、数量日益增加的国际学生群体(工程学领域增加了约 50%,自然科学领域增加了 40%)、总体上更加多元化的学生群体,以及有关博士毕业所需年限(6~9 年)。

总体而言,人们正在通过战略规划和质量保证机制从院校层面解决这些问题。在美国,这些机制部分由市场驱动,部分由公共问责驱动,但并非像其他国家那样由国家审计、国家实践守则或国家政策与指导方针所驱动。

澳大利亚近期的经历

为了使国家政策议程生效,澳大利亚运用了一系列独特的但却不甚协调的政策工具。例如,基于绩效的资助机制——科研训练计划(它即将被澳大利亚卓越科研计划(Excellence in Research for Australia,ERA)部分取代);国家审计机构——澳大利亚大学质量保证局(Australian Universities Quality Assurance Agency);高等教育院校多年来向澳大利亚教育科学与训练部(DEST)提交的科研与科研训练管理计划(Research and Research Training Management Plan)年度报告;毕业生满意度的全国调查——研究生研究经历调查问卷,该调查由澳大利亚研究生职业指导委员会(Graduate Careers Australia)实施。除此之外,还有为好的实践方式制定指导方针的权威机构,比如澳大利亚大学校长委员会(Australian Vice-Chancellor's Committee)及澳大利亚研究生院院长和主任委员会(the Council of Deans and Directors of Graduate Schools)(CDDGS,2005)。上述这些都是为了监督和评估大学在多大程度上与国家在研究生教育方面的工作重点保持一致:缩短博士毕业所需的年限、将研究生教育同研究议程以及高质量研究环境更加有效地联系起来、为研究生提供就业通用技能的训练、提高研究生的质量并增加其数量、确保提供高质量的指导和支持、将研究商业化的机会最大化，以及提高学生的在读率。

澳大利亚教育局的高级官员 Arthur 指出，驱动博士生教育改革的主要问题包括：在读率和毕业率低得让人无法接受；指导不力、院系支持不充足、基础设施匮乏；研究实力和研究生教育之间的联系不紧密、就业技能和商业化技能不足（Arthur，2002：33）。澳大利亚国立大学校长 Chubb 还补充了一条——全球竞争带来的迫在眉睫的危险：

鉴于北半球——尤其是中国、印度、欧洲和北美——对顶尖大学和技术研究机构的投资规模和速度，以及对知识人才日益激烈的国际竞争，澳大利亚面临着沦为落后地区的极大风险。

（Chubb，2006：17）

澳大利亚各种机制并行的问题是：它们驱动了不同的行为，但这些行为中有些是彼此矛盾的，有些是预期之外的，甚至与质量和标准的提高背道而驰。这些产生效力的做法促使澳大利亚的大学将研究生学位项目的管理与组织集中到学校层面，这主要是因为大学从整体上作为被测量的一个单位（澳大利亚卓越科研计划除外）。如今大多数大学都设立了研究生院或类似机构，此外，还有一个权威机构——研究生院院长和主任委员会，它已经为其成员制定了国家指导方针和政策，相关的简介可参见表 17.1。

2001 年启动的科研训练计划（RTS）可以说对大学的影响最大，主要原因在于它是一种以绩效为基础的资助计划。该计划唯一使用的博士项目测量指标即为毕业生的数量——大致来说，就是毕业的人数越多，所获的资助就越多，无论这些毕业生是国内学生还是国际学生。鉴于增加毕业生人数只能通过下列三条途径：提高在读率、缩短毕业所需时间以及增加入学人数，科研训练计划已经制定了各种策略来改进这些指标。最容易操控的指标是入学人数，因此，大学录取学生的数量超出它们能够资助的数量，国际学生数量也在快速增长，这并不令人意外。这给系统增加了额外的压力，也对项目质量产生了不确定的影响。一些评论员认为，对毕业所需时间的强调会妨碍学生在研究中的创新和冒险，他们会偏向于选择"可行"但乏味的研究，以便在规定的毕业期限内轻松完成（Council of Australian Postgraduate Associations，2000）。在研究生学位项目中，人们也更多强调结构化的阶段进展以及对进展的报告和监督——以有序且可预测的方式规避进展失败的风险。

表 17.1 澳大利亚博士生教育的质量保证、资助和报告

机制/机构	与研究生学位有关的措施和报告
科研训练计划（RTS）——政府资助项目。对研究项目的资助以绩效指标为基础	毕业人数所占比例为50%（其他要素的占比为：研究经费收入——40%；教师发表——10%）
科研和科研训练管理报告（RRTMR）——向澳大利亚教育科学与训练部提交的年度报告	报告要包括下列方面：研究生学位的管理安排；规划和资源分配；培养学生通用技能的项目；导师的发展；毕业生特点；导师的资历和研究活动；工作量和完成情况
研究生研究经历调查问卷（PREQ）——由澳大利亚毕业生职业指导委员会实施的全国性调查。调查结果公开	刚毕业的学生完成一份含有28个问题的调查问卷，内容包括指导、论文、研究的基础设施、通用技能以及研究氛围
澳大利亚大学质量保证局（AUQA）——一所国家质量机构，每5年对大学进行一次审计，并提供公开报告	大学将对其质量保证流程和结果进行自我报告，重点是这些流程是否适合大学的宗旨和目标
澳大利亚卓越科研项目（ERA，计划中）——政府赞助的科研和科研训练资助机制。用于资助一般性研究，资助以研究质量的评估为基础	很可能使用基于研究结果的测量指标

其他手段和机制——科研和科研训练管理报告（RRTMR）、澳大利亚大学质量保证局（AUQA）以及研究生研究经历调查问卷（PREQ）——承担起质量监督与结果保障的重任。虽然这些机制与资助并无关联，但是大学一直热衷于与这些机制的总体旨趣保持一致：用支持高质量研究生教育的流程和策略来衡量质量。澳大利亚大学质量保证局审计工作的第一步是：被审计的大学准备一份绩效集册，这份集册本质上是该大学绩效的自我评估，重点是要强调该大学绩效和质量保证流程之间的关系。澳大利亚大学质量保证局完成审计工作后，会形成一份公开的机构报告，其中包含一系列嘉奖、肯定与推荐。因此，高等教育界的各所大学都开始引入审计人员乐于看到的那些与研究生教育有关的机制。比如，现在大多数大学都设有一个校级中心组织，负责建立整个大学的质量保障和标准化管理的程序。这些部门对导师培训、注册和/或认证极为重视。大学还引进了将导

师录入和移除导师登记册的做法，这主要是因为登记在册的导师如果没有面临着基于绩效的移除风险，效果并不好。这似乎是研究生教育所特有的（当然，课程教学的情况不是如此），也体现了学术指导的特殊地位。大学近来采取的其他措施还包括：基于绩效的研究生资助流程；各种试图将研究生教育与研究实力更加紧密联系起来的资助和政策；对学业进展更加严格的监督；建立结构化的技能训练项目（包括就业技能和商业化技能）；利用学生评估来改进规划。

在澳大利亚的制度中，争取更多的毕业人数和其他政策议程（如在博士生就读期间培养更广泛的技能）之间似乎存在根本性的矛盾。可能有人会说，这些更广泛的技能应当嵌入论文的设计中，但这种想法可以实现的程度非常有限，在现实中，很多通用技能是被单独教授的，这些都是博士项目的额外课程。澳大利亚大学质量保证局的报告记录并且鼓励了很多类似的计划，政府也鼓励大学努力提供通用技能的训练并为此提供资助。比如，政府资助建立了一所网络研究生院，该院为项目管理、创业、领导力、公共政策和商业化等领域的研究生提供在线课程（参见英国研究生项目，UK GRAD）。政府自身还制订了计划，鼓励研究生学习商业转化，甚至提供奖学金，鼓励学生抽出一些写论文的时间来获得研究商业化的正式资格证书。这类计划对学生的时间有极高的要求，因而似乎会对完成学业产生不利的影响。各种监管机制之间明显的矛盾正是政策重心随时间变化的结果——就澳大利亚而言，政策的焦点已经从在读率和毕业率转移到研究实力、质量结果（包括研究产生的影响）以及就业能力要保持一致之上。

总结性评论

在本章的开头，我曾评论道，当代博士生教育正受到前所未有的审视。我认为这是对学生数量不断增加、学生群体更加多样化、全球市场中的国际竞争以及博士生教育与全球经济需要相适应等方面带来的风险的一种回应。虽然不同国家的质量保证机制大相径庭，但它们共同的要旨都是规范、管理、衡量和控制博士生教育的关键方面——录取、引导、发展、指导、资助、毕业生特征、论文要求，以及考核流程。通常，这种标准化过程是通过适用于所有院系的规则、规定和质量保证程序来实施的，这些一般是由研究生院这样的中心管理部门制定的。总的来说，不同的利益相关者可能对何为高质量的研究生教育有相互矛盾的看法（比如在提早完成学业和培养一系列与就业相关的技能之间，可能存在一个协调权衡的过程）。此外，具有讽刺意味的是，富有创造性和创新性的博士研究可能需要那种如今正被严格管理的冒险精神。

参考文献

[1] Altbach, P. (2004) The United States: present realities and future trends, in J. Sadlak (ed.), *Doctoral Studies and Qualifications in Europe and the United States: Status and Prospects,* Bucharest: UNESCO, pp. 259-278.

[2] Arthur, E. (2002) The Commonwealth's role in assuring quality in postgraduate research education, in M.Kiley and G. Mullins (eds), *Quality in Postgraduate Research: Integrating Perspectives,* Canberra: CELTS, pp. 32-40.

[3] Bourner, T., Bowden, R. and Laing, S. (2001) Professional doctorates in England, *Studies in Higher Education,* 26(1): 65-83.

[4] Brown, H. (2006) Graduate Enrolment and Degrees: 1986 to 2005, Washington DC: Council of Graduate Schools, Office of Research and Information Services.

[5] Chubb, I. (2006) The future of research education, in M. Kiley and G. Mullins (eds), *Quality in Postgraduate Research: Knowledge Creation in Testing Times,* Canberra: pp. 17-26.

[6] Council of Australian Deans and Directors of Graduate Studies (2005) Framework for Best Practice in Doctoral Education in Australia, at: www.ddogs.edv.au/dowxiload/207271667.

[7] Council of Australian Postgraduate Associations (2000) Submission to DETYA on the proposed implementation of the Research Training Scheme, at: www.capa.edu.au.

[8] Douglas, M. (1992) *Risk and Blame*, London: Routledge.

[9] Goldberger, M., Maher, B. and Flattau, P. (eds) (1995) *Research-doctoral Programs in the United States: Continuity and Change,* Washington, DC: National

Academy Press.

[10] Hufner, K. (2004) Germany, in J. Sadlak (ed.), *Doctoral Studies and Qualifications in Europe and the United States: Status and Prospects*, Bucharest: UNESCO, pp. 51-62.

[11] Kehm, B. (2004) Developing doctoral degrees and qualifications in Europe: good practice and issues of concern — a comparative analysis, in J. Sadlak (ed.), *Doctoral Studies and Qualifications in Europe and the United States: Status and Prospects,* Bucharest: UNESCO, pp. 279-298.

[12] Lemerle, J. (2004) France, in J. Sadlak (ed.), *Doctoral Studies and Qualifications in Europe and the United States: Status and Prospects*, Bucharest: UNESCO, pp. 37-50.

[13] McIntyre, J. and Symes, C. (eds) (2000) *Working Knowledge: The New Vocationalism and Higher Education,* Buckingham: Open University Press.

[14] McWilliam, E., Singh, P. and Taylor, P. (2002) Doctoral education, danger and risk management, *Higher Education Research and Development,* 21(2): 119-129.

[15] McWilliam, E., Taylor, P., Lawson, A. and Evans, T.(2006) University risk management and higher degree research, abstract of symposium, in M. Kiley and G. Mullins (eds), *Quality in Postgraduate Research: Knowledge Creation in Testing Times,* Canberra: ANU, p.231.

[16] Nerad, M. (2006) Globalization and its impact on research education: trends and emerging best practices for the doctorate of the future, in M. Kiley and G. Mullins (eds), *Quality in Postgraduate Research: Knowledge Creation in Testing Times,* Canberra:ANU, pp. 5-12.

[17] Pearson, M. (1999) The changing environment for doctoral education in Australia: implications for quality management, improvement and innovation, *Higher Education Research and Development,* 18(3): 269-288.

[18] QAAHE. (2007) *Report on the Review of Research Degree Programmes: England and Northern Ireland*, Mansfield: QAAHE.

[19] Quality Assurance Agency for Higher Education (QAAHE) (2004) Code of practice for the assurance of academic quality and standards in higher education, Section 1 — Postgraduate research programmes, UK, September, pp. 1-39.

[20] Rhoades, G. and Sporn, B. (2002) Quality assurance in Europe and the US: professional and political economic framing of higher education policy, *Higher Education,* 43:355-390.

[21] Roffe, I. (1999) Innovation and creativity in organisations: a review of the implications for training and development, *Journal of European Industrial Training,* 23(4/5): 224-241.

[22] Tennant, M. (2004) Doctoring the knowledge worker, *Studies in Continuing Education,* 26(2): 432-441.

[23] Usher, R. (2002) A diversity of doctorates: fitness for the knowledge economy?, *Higher Education Research and Development,* 21(2):143-153.

[24] Winter, R., Griffiths, M. and Green, K. (2000) The 'academic' qualities of practice: what are the criteria for a practice-based Ph.D.?, *Studies in Higher Education,* 25(1): 25-37.

第 18 章

引人深思的观点，变化的实践：
转型中的博士生教育

Bill Green

哲学博士学位正在发生什么变化？研究指导和对研究指导的监督呢？博士生教育呢？这些都是关键的问题，为我们这本吸引人的、及时的、重要的论文集增添了活力。显然，博士生教育领域正在经历一个重要的转变阶段。我们目前正处于一场看上去相当重大的变革之中，与此同时我们正在努力厘清这个最近才兴起的学术研究领域中正在发生什么，以及我们已有的成就和未来的方向是什么。一方面，我们受到外部力量的驱使，另一方面，我们自己也在主动推动变革。作为学者、作为实践者，我们参与了一系列活动，包含研究指导、项目设置、政策制定、高等教育研究、学术领导与大学管理，等等。

知识、研究与博士学位：变动中的世界

博士生教育正在以各种方式、在各个方面发生着变化，从宏观背景到后现代大学中日常生活和学习的微观实践，这种变化日益明晰，本书也对此进行了重点阐述。从最宏观的角度来看，在最近几十年里，知识、知识生产、知识流通以及知识使用价值的主流模式发生了重大变革。在 Castells 所说的网络社会兴起的同时（Castells，1996），一种新的、动态的知识流动的社会技术空间，以及新的全球研究和教育网络也在加速开放。在这方面，最强有力——虽然也极富争议——的解释来自 Gibbons 和 Nowotny，以及与他们的论点相关的种种看法（Gibbons

等，1994；Nowotny 等，2001），这些看法指出，在不同的知识模式或导向之间出现了运作方式与评价重点的转变。这涉及在元范式方面从目前仍然关注学科和现代研究型大学明显支配权（"模式 1"）的传统，向被认为更加世俗、务实的研究和知识形式（"模式 2"）的转变。当然，这种情况从批判辩证的角度来看可以得到更好的理解，它也需要被适度地历史化。不过，对于很多人来说，这个观点很有说服力，甚至显得难以抗拒，当然也颇具挑战性（Nowotny 等，2003）。

与此相关但仍待充分阐释的是，越来越多的研究试图探讨知识经济这一概念，而知识经济本身就是一个在脱离全球化命题的背景下无法被理解的现象。这一切在大约 30 年前 Lyotard 的论著中已被预见（Lyotard，1984），Lyotard 对他提出的后现代状况（postmodernity）以及"最发达的社会中"知识生产与消费的形式和条件的变化进行了强有力且中肯的剖析。这些分析最初是为魁北克政府的大学委员会准备的。特别是 Lyotard 关于操作性社会逻辑的兴起而做出的解释，对 21 世纪的后现代大学世界，仍然具有显著的相关性与启示意义。对知识角色和重要性的新认识已经成为时代主题。不过，就在知识日益成为社会主题的同时，以及由此而采取的种种行动中，它也被商品化并受到人们的盲目崇拜，其价值也随之上涨或降低。如今，知识之所以重要，之所以令人渴望，并非源于知识的内容，而是源于知识的作用。其最重要的背景是经济，在新的多克萨（doxa）中——一个超验物体，将一切吸入它奇特范围中的黑洞——人们必须意识到这一点。极为讽刺的是，正当知识本身在全球范围内被提到政府以及公司等组织议事日程的头条之时，大学作为知识的权威机构却在很大程度上被取代了，或者至少是被重新定位了——包括它在博士生教育及其他研究生教育中的历史角色。然而，正如 Lee 和 Boud 在本书中所指出的（其他人也有所暗示，比如，参见本书第 1 章），博士生科研仍然是知识性工作——确切来说，是知识性工作的一种典型形式。无论是当今还是未来，找到一种方法来更好地理解这意味着什么，正是我们面临的挑战。

除了知识生产与知识应用发生的重要变化之外，我们观察到博士生教育的许多特定领域也发生了深刻的变化。或许最关键的是，传统博士学位已不再是人们关注的唯一对象，也不再是唯一的价值符号。博士学位在宏观层面上出现了数量增加与分化，如今的博士学位也不再局限于哲学博士学位，而是进行了延伸拓展，包含了在诸如教育、工程这些领域内新设置的专业博士学位（比如 Ed. D.、Eng. D.）、基于项目与设计的博士学位，以及通过发表而获得的博士学位，等等。这些实际上是新的"博士学位成员"，它接纳了所谓的博士学位"新变体"（Park，2005）以及哲学博士学位本身的变化。

后面这一点值得简要地评论一下。对于博士学位，是否曾经有过某种程度的一致性或同质性——有时是被想象出来的，有时是"被记住的"——这个问题仍然存在争议。不过，这并不意味着这种尚不能被坐实的观念无法对政策和实践产生十分真实的影响。推动博士学位的内部创新是很受欢迎的，不过这不应该只被用作维持现状的借口。照此方向发展的情形并没有像 McWilliam 概述的那样（第 14 章），增加了管理的复杂性，尤其是在新的风险的背景下；但是，考虑到自组织以及新情况的各种可能性，或许这应当被视为一种机遇而非其他。研究人员和研究管理者都需要培养新的敏感性：一种全新的、条件反射式的研究主观性，能完全适应复杂性的挑战。修订改进博士学位在此处发挥着关键的作用——或许超越了卡内基近来对"管理职责"（stewardship）以及传统的"学科性"的强调。

从新机遇和新挑战不断出现的角度来说，本书中报告的实践和项目研究，需要特别加以注意。我想在此处更加深入详细地探讨前一个类别。至于后一个类别，本书中所描述的"创造性学科中基于项目的研究"（Allpress 和 Barnacle，第 12 章）则非常有趣。这并非仅仅源自研究本身——与建筑学和设计学，或视觉艺术和表演艺术等领域中所做的工作有关——它也来源于该研究对其他以实践为导向的领域可能产生的意义，这些领域也拥有不同的或其他可替代的合理性。这一点在第 12 章中被称为"知识生产过程中不同认知方式的作用"或"其他可替代的知识生产"，它在大学和其他机构的环境中仍然是一个复杂、棘手的问题。所谓的"物质思维"（Carter，2004）、具体化的思维方式、基于艺术的新兴探究（Somerville，2007）、绩效性（performative）知识，以及"非具象思维"（Thrift，1996），在整个博士的科研经济中的地位和价值是怎样的呢？在各个领域的博士生学者都日益寻求扩大智识表达的范围，并呈现在许多对"老前辈"来说颇具挑战性和创新性的知识、学问及洞见的时代中，这个问题尤为重要。在第 12 章对皇家墨尔本理工大学项目进行的描述中还值得注意和称道的一点是，它不仅赋予"项目一个更为广泛的界定：包含但不限于在行业背景下进行的专业实践"，还有意地认可了非工具性的"推理性研究"成为探究的合法形式。这一点在实践相关的博士研究中经常被忽略或被压制。同样，这一点也为研究指导和管理带来了各种各样的问题。

（重新）转向教育

现在，我想要去探讨我认为本书的一个关键性突破：对作为相关活动的组织框架的教育，投入了强烈的、实用主义的关注。在前言中，这被描述为"从研究生科研的组织理念"转向强调"博士生培养与更广泛的博士项目中的教育工作"。作为一个兴趣领域，"博士生科研研究"被明确命名为"博士生教育"，这是我乐于接受的，也是我长期以来一直主张的（Green，2005；Green 和 Lee，1995）。

值得注意的是，到目前为止，该领域出版的学术研究成果一直没有将教育视为统一的、一致的原则，也没有将博士生教育与已有的教育研究领域进行对话，这令人不解。有时候，这会使博士教育研究人员有一种奇怪的倾向，似乎要全盘重来。同时，毫无疑问地也出现了一种做法：战略性地远离更为规范的、以学校为中心的教育研究模式——很多教育学院所做的研究都是以该模式为特征的。不过在此基础上需要补充的一点是，大学里的这种学院通常会被赋予比较低的地位。作为现代大学独特魅力的特征，研究质量本身也很重要，甚至可以说更加重要。我在别的地方曾说过，在这种象征性的经济体中，研究是建立在反对看似更世俗的教育活动之上的，或者说建立在支撑和维持大学高深知识工作的教育实践之上的——Hoskin（1993）和其他人已在历史记录（如 Clark，2006）中清楚地发现了这一点。因此，作为一种组织观念的学科性，被有意地与教学法对立了起来，尽管这两者之间最好被理解为复杂的辩证关系而非简单的二元对立。然而，鉴于研究的重要价值，该领域有时试图与教育本身保持距离，也是可以理解的。

但在这里，我们的关注点在博士生研究教育上。这意味着该领域有充分的教育研究资源可以利用，既可以作为档案，又可以作为实践，更具体地说，它还拥有课程调查领域的资源。这包括我们要了解两个关键概念的悠久历史，这两个概念或许是教育作为研究和实践领域真正内生的概念，即课程和教学法（pedagogy）。需要说明的是，对于我而言，这些将在特定的意义上被理解为硬币的正反面，或者也可能被理解为不同但相关的透镜①。在与 Alison Lee 合作完成的研究中，我曾指出我一直在探索作为再思考研究指导的有效资源——教学法所具有的重要意义（Green，2005；Green 和 Lee，1995；Green 和 Lee，1999），我很快会从一个稍微不同的角度来再次探究这个问题。

本书有两章是直接探讨课程问题的，不过其他一些章节，由于与项目开发有关，也可以说是在处理这个概念。Gilbert 针对所谓的主流课程探究与设计，提供了一个有用的评论（第 5 章）。他将博士学位理解为一系列课程所形成的体系，其重心在于"毕业生从他们的课程中究竟学到了什么"，而这表明了虽然课程体系如今变得更加清晰和模式化，但它始终都在博士研究中发挥作用，不管多么含蓄或隐晦。由于认识到学科知识和学科文化历来都是充当这种框架和资源，他将博士课程描述为"为了产生预期的博士研究培训结果而对经验进行的系统选择和表达"。Scott 和他的同事们描述了全新的专业博士学位（第 11 章），他们也探讨了博士研究中什么知识是有争议的这一问题——即博士生教育中课程与知识之间的关系问题。在重点讨论"两个职业领域（教育学和工程学）中博士层次的专业学习"时，他们特别关注了知识的问题，并借鉴了 Bernstein 后来的知识社会学观点。他们关心的是作为专业实践领域特点的专家知识和专门化的知识，因此也很关心知识和实践之间的关系——就像专业博士学位本身一样。虽然他们的研究并未涉及这一点，但这里还需要考虑一种更深层次的关系——或许更加具体地说是课程理论性质的关系：知识和认同之间的关系。的确，这组关系显然值得进一步探讨。

不过，要进行进一步的探索，除了在这里所讨论的资源之外，可能还需要其他的理论资源和视角。Pinar 将课程理论视为"教育经历的跨学科研究"（Pinar，

---

① 颇为有趣的一点是，Pinar 对课程与教学法也进行过辨析，他认为后者可被简单地理解为"指导"（instruction），或者"教授"（teaching），进而同他有关学习的论述建立联系。他还对学习的概念提供了一种新的关注点（Pinar，2006），我认为将这一理解同 Clark 经典的"科研—教学—学习"联结体概念联系起来的话，将会带来一些很有帮助的探索，此处先不深入展开，待我有其他机会时再来讨论。

2004：2），我认为这个观点有很大的参考价值。在艺术和人文学科、理论和哲学几个学科的基础上（他主要参考了这些学科，但不限于此），他得出结论：课程学者的关注重心应当放在**理解**教育现象上——在本例中，即博士生教育正在发生什么，以及这些事件可能的重要性和意义。Pinar 将课程探究视为智力工作。这种探究包括提出超越功利主义、实用主义和狭隘相关的问题；换句话说，它追求"对人类经验的基本问题进行探究，这种探究可能不会直接促成经济发展和生产力水平的提高"。"这种对课程探究及研究的观点，"他写道，"与自然科学中所谓的基础研究类似，在基础研究中，目标不一定是预先知晓的。"（Pinar, 2004：29）博士生教育中的"基础研究"，即推理性探究，又在何处[①]？

这个问题进一步提出了下列问题：在这个复杂而危险的时代里，是什么愿景塑造并影响着教育，进而影响着博士生教育？可以说，它的核心是审计和问责的意愿，以及对绩效的极大热情。在借鉴 Derrida 和 Deleuze 的基础上，人文学者 Hainge 探讨了哲学和大学，并提出了一个可以被视为真正激进的教育愿景：

> 我们难道不相信，教育有能力阻断历史的一般进程吗？难道不相信，历史上很多因巨大社会变革或技术革新而出现的根本性突破，往往（至少在一定程度上）是教育的结果吗？

（Hainge, 2004：38）

在 Hainge 看来，教育具备他所谓的"无条件的纯粹性"，至少有可能具备。他将这一特性与澳大利亚的实现情况进行了对比（很显然在其他地方也是如此），并问道："如何才能再次赋予教育绝对的纯粹性以抗衡目前正使教育失利受阻的过度实用主义？"（Hainge, 2004：39）他接着提出，教育最好是被视为存在于"绝对纯粹性和经验实用主义之间看似对立的冲突所产生的紧张关系"之中（Hainge, 2004：40）。尽管当代大学话语中存在着知识经济的慷慨陈词，但"研究和教育并不应该遵守这种特定的实用主义，并且创造收入并非研究生教育在社会中发挥实用主义作用的唯一方式"（Hainge, 2004：41）。在我看来，这似乎对博士生教育以及后现代主义大学有特别且具体的启示意义。正如本书所清

[①] 请允许我在此处提到 Rip 的观点，建立一些有启示意义的联系。Rip 认为在知识生产新模式的背景下，"战略研究"作为一个新的理念，有可能成为"基础研究的新类型"。

楚记录的那样，政府对博士研究和研究生教育的兴趣日益浓厚，博士生教育也出现了朝向专业化与理性化的项目设置，在生产力的逻辑框架内重新构建。无疑是提出这样的问题的时候了：这项议程排除了什么？或者说失去了什么？更有抱负地——更加超脱地，而不是那么工具性地去构想博士研究教育，难道不是更好吗？

实践理论与博士生教育

诚然，这在某种程度上是本书的主要关注点。我们在一开始就明确指出，本书的目标之一是对实践这一概念进行强有力的重新评估，因此它十分有效地借鉴了源于所谓的实践理论与哲学的最新研究（比如 Schatzki，1996；Schatzki，2001）。这是一个从诗学到政治学、跨越艺术和科学领域的探索，在我看来，它对重新评估专门职业里先进的知识性工作具有特殊的意义。正如引言中所提到的那样，"实践是构成本书的一系列关键主题的总体概念框架"。这一点在第 2 章中得到了详细的阐述，目的是在"博士生教育实践拓展、扩散和多样化的"整体背景下，将博士生教育首先定义为一种社会实践，其次，其本身也包含着一系列（或一批）不同的研究、教学和管理实践。人们对作为实践的博士生教育和为实践而进行的博士生教育进行了重要的区分，不过在我看来，还是有必要将这两种教育结合起来，或者至少指出两者之间可观察到的以及可能形成的联系。此外，理解下述这一点很重要：这种实践—理论观点所提供的，以及将它与别的有关博士生教育的观点区分开来的，正是它的关注地方性（vernacular），在常规性和物质性的意义上关注日常生活中的世俗实践。作为持续不断的活动体系，博士生教育有哪些反复出现的话语与行为？又发生在何时何地？

在别处，Alison Lee 和我注意到，研讨会是博士生教育的一个显著特征。在研讨会上，未来的研究人员或学者与其导师和同行一起，观察和学习他们将要成为什么样的人：

> 研讨会是一种强有力的手段，那些可以算作学术的智识工作可借此机会进行展示与接受认可……对学生来说，它是经常观察和学习如何存在、如何互动以及如何介入的空间。如何引入和开展评论——无论该评论在这种情况下是多么微薄

无力;如何处理分歧和争论;如何发表言论以及何时发表;甚至是如何把控自己的身体或采取特定的动作和手势(比如"不耐烦")。

(Green 和 Lee,1995:134)

现在,我更加清楚地了解到,研讨会是一种表演、一种实践——它不仅作为对身体动作和声音的编排而发生在一定的时间与空间里,而且还被重复、排练和引用。由此,学术性的科目形成、改变、分化以及相互区别;职业生涯展开、跟进,或者相反。名誉与争议的政治学从此开始,而且此后还在学术实践中得以施行。如今,对我来说同样清楚的是,这种实践主要是在那些校园环境(可以说很理想)中被提供的,是少数人才能享有的优先机会。然而,对于很多博士生而言,例如那些接受远程教育的学生、非全日制学生或处于相对隔绝的环境中的学生——这些可能构成了多数人群体,他们很难将自己想象成"知识主体",并存在于其他主体的虚拟陪伴下。不过我始终认为,博士生学习需要这种想象的行动,它混杂着幻想和愿望。

在这里,我将不再进一步讨论博士生教育的实践—理论的很多内容,而是仅探究一个方面的问题。基于第 2 章中的看法,"在博士学位的核心中存在一组实践,它们既生产了客体……又生产了主体",我想将重心放在博士论文独特的"客体"上。不过,需要承认的是,实际上博士论文本身在不同领域的重要性并不相同,特别是在人文与科学这两个宽泛分类的领域之间。而且,正如 Rip 所观察到的,即使是现在,关于博士研究教育中博士论文的长期意义或价值,我们依然有很多疑问,因为博士论文是"一种在以后的职业生涯中永远不会被需要的产品"(Rip,2004:165)。因此,有必要阐述清楚的是,我这里所指的"博士论文"应当被同时理解成两个概念:一个是从传统上来说,作为博士研究实质性成果的专著;另一个是更具概念性的"知识客体"(Knorr-Cetina,2001)。Knorr-Cetina 将知识社会、研究工作和实践理论结合后,提出了"认知实践"或"以知识为中心的实践"这一概念。她所阐释案例的重要之处是,她强调实践的创造性、创新性和建构性,而非其常规性、反复性和规律性。她关注的是"知识客体",这是一种独特的客体性形式,其特点是本体论的不完整性和非同一性。正如她写道的"知识的客体一贯都是开放的、有争议的和复杂的",而且"它们是过程性的,是投射而非确定的事物"（Knorr-Cetina，2001：181）。很重要的一点是，知识客体"创造意义，产生实践；为实践的相互连接和建构性延伸做好了准备"（Knorr-Cetina，2001：183）。因此，它们激励人们进一步学习和思考，而这种学习思考超越了与其相关的特定（研究）实践的规定，同时也受限于那种特定客体化的实践。至于博士研究教育，它们也必须被视为划出了一个存在和发展着的教育空间，一个新的学术"同一性"。

这里需要说明的是，虽然 Knorr-Cetina 本人并不关注研究生教育，但她的影响显而易见，她的论点可能对更好地理解博士生教育有特别的价值。在我看来，与新兴知识客体互动的研究人员和即将成为研究人员的实习生所采取的行为模式是类似的，不过我们也不应该忘记，这种互动正是后者努力学习的内容。Knorr-Cetina 强调，研究实践中备受争议的是一组关键的关系，她将其描述为"专家–客体"关系，并将其作为"认知环境"的基础性特征（Knorr-Cetina，2001：187）。需要记住的是，对于已被认可的（即持有执照的）研究人员来说，其关注点在于研究本身以及研究对世界产生的结果，而不是对研究的记录。总的来说，在科学领域，毫无疑问是如此，但是在艺术和人文学科领域，情况则比较复杂，原因是研究本身往往被认为与（书面的）记录有关，而这种记录从理想的角度来说就是"书籍"——不过这反过来又因与"文本"（text）和"作品"（work）有关的后结构主义论点而变得更加复杂（比如 Barthes）。然而，迄今为止，博士生教育领域中的多数学术研究都将重心放在了主观性的形成过程上，因此，可能与之同等重要的是博士研究教育中所涉及的独特"客观性"。那么，在博士生教育中所实现的、被认为是客观化的、认知实践之间是何种动态关联呢？

这个问题也可以如此表述：博士生学者，即"博士候选人"与博士论文之间的关系是怎样的？首先，这种关系无论是从字面上讲，还是从福柯学说的意义上来说，都是一个考察的对象。考察可以说是教学记录所特有的，至少是这种形式的考察。它也是 Gilbert 在第 5 章中所援引的课程和评估正式机制的一部分。它本身即为一种分类和评价、授权与认证的机制。但它也是一种有关"阅读"的事情：考官首先会"阅读"博士论文的文本，然后她/他将决定该论文能否"通过"。因此，这个问题又可进一步被重新表述为博士生学者与阅读和写作的关系、博士生学者与语言的关系。

那么，这类博士研究生和语言之间的动态关系是什么呢？这里讨论的是一种特殊的语言观，将语言视为符号性的实践，也即意义的渊薮。这似乎截然不同于对语言工具性的看法和运用，后者可以在学术读写能力或者确切地说是博士生写作能力的解释中观察到（第8章）。不过在这一点上需要保持谨慎，因为实际上存在一种联系，或者更准确地讲，这种联系可以被建立。这意味着博士研究生写作（和阅读）的日常实践以及与之相关联的焦虑可被视为与符号系统的实践联系。但是，博士候选人的身份也是 Knorr-Cetina 所描述的与"知识客体"有独特关联的一个例子，且这种关联性指出了"认知客体展开的、分散的以及指示性的（意为生产）特征"，包括"它们与其自身的非同一性"（Knorr-Cetina，2001：184）。因此，博士论文文本将被视为一种自我存在（a thing in itself）、一种"知识客体"，同时也将被视为研究的替代品、探究的对象，因此也是一种不同的"知识客体"。它的特点是不完整性、非同一性以及差异性。

Knorr-Cetina 恰当地构造出"客观化关系"这个词语，并将其作为认知实践的特征（Knorr-Cetina，2001：185），这个概念也适用于研究教育学（pedagogy），正如它适用于研究实践一样。她写道："知识结构的客体，期望与客体相关的实践能够延伸与展开，并为之提供了条件。"（Knorr-Cetina，2001：185）她在提出这一论点时引用了 Lacan 以及 Hegel 的观点，指出了"一种欲望的结构"，这种结构如她所说，"暗示了一种持续更新知识的兴趣，似乎不会有终极知识能够满足"（Knorr-Cetina，2001：186）。这种解释可以为已有的解释提供有益的补充，有助于理解研究指导中缺乏的主观性以及博士生教育的社会精神病理学（Lee 和 Williams，1999；Green，2005）。被认定为"自我结构性缺乏"的东西，很可能与知识客体的缺乏有关，而且这种关系能够通过参考实践及其表征来得到理解，毕竟博士生研究教育与知识客体之间的关系尤为复杂。不过，引入这种复杂性很可能被证明是最有成效的——这一点本身就是本章和整本书的一个恰当结论。

参考文献

[1] Carter, P. (2004) *Material Thinking*, Melbourne: Melbourne University Press.

[2] Castells, M. (1996) *The Rise of the Network Society,* Cambridge: Blackwell.

[3] Clark, W. (2006) *Academe Charisma and the Origins of the Research University*, Chicago: University of Chicago Press.

[4] Gibbons, M., Limoges, C., *Nowotny*, Schwartzman, S., Scott, P. and Trow, M. (1994) *The New Production of Knowledge: The Dynamics of Science and Research in Contemporary Societies*, London: Sage.

[5] Green, B. (2005) Unfinished business? Subjectivity and supervision, *Higher Education Research and Development,* 24(2): 151-163.

[6] Green, B. and Lee, A. (1995) Theorising Postgraduate Pedagogy, Australian Universities Review, 38(2): 40-45.

[7] Green, B. and Lee, A. (1999) Educational research, disciplinarity and postgraduate pedagogy: on the subject of supervision, in A. Holbrook and S. Johnston (eds), *Supervision of Postgraduate Research in Education*, Coldstream, Victoria: Australian Association for Research in Education, pp. 207-222.

[8] Hainge, G. (2004) The death of education, a sad tale (DEST): of anti-pragmatic pragmatics and the loss of the absolute in Australian tertiary education, in J. Kenway, E. Bullen and S. Rob (eds), *Innovation and Tradition: The Arts, Humanities and the Knowledge Economy*, New York: Peter Lang, pp. 35-45.

[9] Hoskin, K. (1993) Education and the genesis of disciplinarity: an unexpected reversal, in E. Messer-Davidow, D. R. Shumway and D. J. Sylvan (eds), *Knowledge: Historical and Critical Studies in Disciplinarity*, Charlottesville: University of Virginia Press, pp. 271-304.

[10] Knorr-Cetina, K. (2001) Objectual relations, in T. R. Schatzki, K. Knorr-Cetina and E. van Savigny (eds), *The Practice Turn in Contemporary Theory*, New York: Routledge, pp. 175-188.

[11] Lee, A. and Williams, C. (1999) 'Forged in fire': narratives of trauma in Ph.D. pedagogy, *Southern Review*, 32(1): 6-26.

[12] Lyotard, J.-F. (1984) *The Postmodern Condition: A Report on Knowledge*,

Minneapolis: University of Minnesota Press.

[13] Nowotny, H., Scott, P. and Gibbons, M. (2001) *Re-thinking Science: Knowledge and the Public in an Age of Uncertainty*, Cambridge: Polity Press.

[14] Nowotny, H., Scott, P. and Gibbons, M. (2003) 'Mode 2' revisited: the new production of knowledge, *Minerva*, 41: 179-194.

[15] Park, C. (2005) New variant Ph.D.: the changing nature of the doctorate in the UK, *Journal of Higher Education Policy and Management*, 27(2): 189-207.

[16] Pinar, W. F. (2004) *What Is Curriculum Theory?*, Mahwah, NJ: Lawrence Erlbaum.

[17] Pinar, W. F. (2006) The problem with curriculum and pedagogy, in *The Synoptic Text and Other Essays: Curriculum Development and the Reconceptualization*, New York: Peter Lang, pp. 109-120,

[18] Rip, A. (2004) Strategic research, post-modern universities and research training, *Higher Education Polity*, 17: 153-166.

[19] Schatzki, T. R. (1996) *Social Practices: A Wittgensteinian Approach to Human Activity and the Social*, Cambridge: Cambridge University Press.

[20] Schatzki, T. R. (2001) Practice theory, in T. R, Schatzki, K. Knorr-Cetina and E. van Savigny (eds), *The Practice Turn in Contemporary Theory*, New York: Routledge, pp. 1-14.

[21] Somerville, M. (2007) Postmodern emergence, *Qualitative Studies in Education*, 20(2): 225-243.

[22] Thrift, N. (1996) 'Strange country': meaning, use and style in non-representational theories, in *Spatial Formations*, London: Sage, pp. 1-50.